新潟県社会福祉史の基礎的研究
―田代国次郎先生追悼論集―

矢上 克己 編著

本の泉社

はしがき

　2011年より田代国次郎先生とその教え子である立正大学院卒の7人のメンバーで「新潟県社会福祉史の総合的研究」のテーマでプロジェクトを結成し、研究会を重ね、新潟県へ社会福祉史の調査に出掛けている。2013年は新潟市近辺と佐渡島を訪れ、各地の図書館や戦前からある福祉施設を訪れ、社会福祉史の調査を行った。

佐渡島の吉井隣保館訪問調査（吉田博行撮影）

　さらに、2014年は3月下旬に1泊2日で新潟市に、8月上旬及び9月上旬に2泊3日の日程で新潟県の下越地方の図書館等を訪れた。何れの図書館でも、一般には公開しない書庫を閲覧させていただき、数多くの貴重な資料を得ることができた。しかし、その一方、市町村合併などによって、移転の際に資料が処分されたことも認められた。今後の佐渡島、中越地方および下越地方の調査へ思いを馳せているところである。

　筆者ら7人は何れも新潟県外に在住するものである。菊池義昭は「…資料の収集作業を地道に丹念に実施する必要があり、少なくともその機会を最も身近に実現できるのは、地元で生活し、地域の人脈や土地勘などに基づく情報が持ちえ、かつ、それを長期間継続的に使える、地元の

社会福祉史研究者であることは明白である。」[1]と述べ、他県在住者が当該県を研究することには限界があるとしている。この指摘については、筆者らも十分に承知しているつもりである。筆者は長年にわたって地元長野県を調査しているが、南北に長い長野県を調べるには容易なことではなく、身をもってその困難さを実感している。しかし、少しでも早く資料発掘を手掛け、それを基にまとめる作業をしないと、資料の散逸がさらに進み、貴重な社会福祉の実践遺産が消滅することになる。他県の者が調査を行えば、情報不足や誤解を生じ、誤った歴史を描くリスクを多く負うことになるが、それでもそれを敢えて行う意味があるだろう。本研究では研究の担当分野を決め、互いに連絡をとりながらそれぞれの担当分野について、資料調査並びに分析とまとめを行っている。

(研究分担)

担当者	担当分野	担当分野細目
石坂 公俊 橋本 理子	児童保護	産婆、産院、母子寮、乳幼児保護、虚弱児保護、児童相談、常設保育所、季節保育所、育児事業、子守学校、貧児教育、部落学校、労働児教育、感化教育、感化保護、育英
大塚 良一 吉田 博行	障害者保護	盲聾唖学校、低能児教育、不具廃疾保護、精神病院
	医療保護	施療病院、診療所、結核療養所、健康相談所（保健所）、衛生思想普及
畠中 耕 荻野 基行	救護	院内救助、院外救助、救護法関係
	経済保護	経済保護：公益浴場、共済組合・互助会、公設市場、公設住宅、組合住宅、無料宿泊所、簡易食堂、公益質屋、職業紹介、授産施設、職業補導、出稼者保護（女工）、移住組合
	軍人援護	軍人遺家族援護、傷痍軍人療養所
矢上 克己	社会事業関連	社会事業行政、連絡統一機関、方面委員会、方面助成会
	社会教化	社会教化、融和事業、協和事業
	司法保護	免囚者保護事業
	隣保事業	セツルメント事業
	その他	人事相談、災害救済等

　本書を発行するに至ったのは、このプロジェクトの顧問的存在の田代国次郎先生が今年1月に逝去されたのを悼み、この研究に取り掛かって

わずか4年目で研究途中であるが、追悼論集をまとめることになったからである。亡き恩師からは、「まだ時期尚早」とお叱りを受けるのを覚悟で本書を発行することになった。

[注]
1) 菊池義昭「巻頭言 地域社会福祉史研究の役割を考える」『地域社会福祉史研究』第5号、2013、p.3

◆矢上 克己

目　次

はしがき　3

新潟県社会事業史の一断面　―その1―
　　―三浦精翁の社会事業周辺―　　　　　　田代　国次郎　9

新潟県社会事業史の一断面　―その2―
　　―県内隣保館、セツルメント施設小史―　　田代　国次郎　45

新潟県の妊産婦保護事業
　　―乳幼児愛護デーの展開を中心に―　　　　橋本　理子　73

新潟県における児童保護施設の量的分析
　　― 季節保育所を中心に―　　　　　　　　石坂　公俊　91

新潟県における盲・ろうあ教育創生期の趨勢
　　―高田盲学校・長岡盲唖学校の創設者の思想とその背景―
　　　　　　　　　　　　　　　　　　　　　大塚　良一　107

新潟県における医療保護の展開
　　―大正期の済生会と有明療養所を中心として―
　　　　　　　　　　　　　　　　　　　　　吉田　博行　141

新潟県における厚生事業組織の形成
　　―軍事援護・方面事業組織の形成を中心に―　畠中　耕　157

新潟県における「生業資金貸付」事業の展開　畠中　耕　181

大正時代後期の新潟養老院に関する研究
　　―財政面からみた施設運営と入所者の生活を中心に―
　　　　　　　　　　　　　　　　　　　　　荻野　基行　205

新潟県における免囚者保護事業の展開
　―大正初期の動向を中心に―　　　　　　　矢上　克己　225

新潟県における協和事業の展開
　―新潟県協和会の動向を中心に―　　　　　矢上　克己　271

田代国次郎著作目録　289
あとがき　323

新潟県社会事業史の一断面 ―その1―
―三浦精翁の社会事業周辺―

1. 視点一「負」の社会事業遺産

　日本の社会事業史、社会福祉史の最大の弱点、欠点、課題のひとつは、どう考えても地方の歴史研究がきわめて弱体化しており、それを人間の人体に例えれば、五体の中心部分は何んとか谷山恵林、吉田久一らの社会事業史研究であきらかになった。しかし、その中心部分から少し離れた両手、両足、頭等々の主要部分に関しては、これまで充分に解明されてこなかったため、日本の社会事業史、社会福祉史の全体構造が本当は未解明のままになっているのが現状である。したがって日本の場合、とかく中心部分の歴史的解明を持って、さも全体構造までが解明されているかの如くの誤解、錯覚を持つことになっている。それは、谷山恵林、吉田久一らの社会事業史研究が、いわば日本全体から見れば、大都市中心、社会事業有名人、有力者、有名施設、団体等々が中心であり、現在風に言えば、日本列島の大動脈を走る新幹線筋を中心として、その目立った部分に焦点をあて解明した偉大な先行研究でもある。しかし、よく考えてみると、日本の全体構造は、そうした大動脈となる新幹線筋部分からのみで社会は構成されているわけではなく、多くは両手、両足等とある部分が重要であり、多様なローカル線、ローカルバス等々が走っており、そうした地方市町村に人間が多数生活しているのが現実であり、その現実を無視できない。

　しかもその見方によっては、日本の大動脈の発展も、大都市の発展も、経済産業等の発展も、その背後には彪大な地方の市町村があり、人間が生活し、生活基盤があったが、それを大都市等の発展に奉仕させられ、その犠牲のうえに成り立っているという現実がある。そのことを考えると、いわば日本の新幹線筋を中心に、有名どころを切り取った社会事業史研究、社会福祉史研究は、きわめて不完全なものであり、取り残されたローカル支線上での生活研究、地方史研究、地域社会福祉史研究が不可欠な研究課題となるのは必須のことであった。しかし、そうした必須と思われる課題であるにもかかわらず、戦前は勿論であるが、戦後

になっても、あまり注目されず、いわばきわめて少人数の研究者によって細々と地方の地域社会福祉史研究が進められてきた。

とくに戦後になって、先駆的には北海道地方では三吉明（1910～）が、東北地方では筆者が、岡山県地方では守屋茂（1901～1994）が、九州地方では内田守（1900～1982）などが細々と研究を進めていたが、1973年（昭和48）日本で初めて社会事業史研究会（会長、吉田久一）が結成され、ようやく全国的規模の歴史研究が始まったのである。しかし、この時点はまだ「地方」を主題として歴史研究はなく、1975年の第3回社会事業史研究会になって、ようやく「地方史」研究の報告がみられるにすぎなかった。その時の「地方史」研究報告は、三吉明「北海道社会事業史考」、田代国次郎「東北社会事業史研究の動向」、永岡正己「大阪市＜社会部報告＞とその周辺」であり、このほか宇都栄子「各県（地域）別社会事業史文献目録」が『社会事業史研究』（第3号）にのった。しかし、その後も社会事業史学会として「地方」研究を取り上げた研究報告が途絶えていたが、2011年の第39回岡山大会で、久しぶりに「地方」（地域）史研究が主題となる報告がくまれた。すなわち大会テーマが「地域社会福祉史研究の可能性と展望」とし、石井洗二「社会福祉史研究と沖縄」、元村智明「石川県下の共同性と組織化をめぐって」、松本郁代「東北研究からみえてきたもの」、小笠原慶彰「大大阪の形成と社会事業」などの研究報告があった。[1]

しかし、それにしても第3回大会の「地方」史研究から第39回大会まで、すでに36回も疎遠になっているテーマであることに、非常な驚きと、寒々とした落胆の声が主権者市民の間から聞こえてくることを敏感に察知する必要があった。しかも、その「地方」（地域）史研究が停滞していることは、その根底のところで、現実の社会福祉実践が、本当の権利としての社会福祉実践となる市民権も、実は根のない浮草のような、浮遊物的な存在となっており、非歴史的な実践に転落した存在であることを証明しているようなものであった。すなわち、日本の社会福祉実践の最大の弱点は、そうした浮草のような存在である流れから脱却し、その歴史的な積み上げてきた「権利としての社会福祉」（平和的生

存権）を日常生活の中で、生活基盤である地域生活の中で、確実に実現していくことである。すなわち、具体的に生活している市町村の地方自治体の中で「平和の中で人間らしく生きる権利」（平和的生存権）が実現される社会福祉実践であり、それを証明し支援するのが地域であり、その歴史的根拠となるのが「地域」史研究が土台になっていると考える。

　日本の社会事業史研究、社会福祉史研究のあり方の中が、この「地域」史研究がきわめて遅れており、弱点というより欠点ともなっていた。ところが早くからその欠点部分を気付いていた人物も多かったが、それを具体化する研究はほとんどなかった。しかし、その欠点に気付き、地域社会福祉史研究が本格的に研究されだしたのは1970年代に入ってからである。そこには若干の時間差はあるが、北海道地方では1989年平中忠信らによる「北海道社会福祉史研究会」が結成、東北地方では1977年に「東北社会福祉史研究連絡会」の結成、1975年には「千葉県社会事業史研究会」の結成、2001年には「北信越社会福祉史研究会」の結成、同年「中国四国社会福祉史研究会」の結成があり、このほか「関西社会事業思想史研究会」等の団体もあったが、これらの諸団体の「情報交換と連携強化」を図る目的から2000年11月に「地域社会福祉史研究会連絡協議会」が結成されたのである。

　ちなみに、この「地域社会福祉史研究会」の最初の原案では「地域社会事業史研究」となっており、旧来の「社会事業史」という名称であった。そこで設立第1回の会合で私はその「社会事業史」という名称に強い違和感をかねてから感じていたので、原案の名称変更を求めた。少なくとも戦後、この原案提出の2000年には55年間もの憲法上の用語として社会福祉という権利用語が市民権を得ているにも関わらず、あえて戦前帝国主義及び軍国主義時代の「社会事業史」を使用し、歴史を逆もどりさせるのか、非常に理解しがたい問題であった。しかし一部には、いまだに「社会事業史」を学問的立場からか、人殺し戦争時代の用語に固執しているが、それは戦前の社会事業用語であり、戦後の権利用語としての社会福祉まで同一視することは困難である。勿論、表現の自由とい

う問題があるから、どのような表現用語をつかうかは自由である。
　しかし私の考えでは、戦前日本の社会事業の多くが人殺し戦争に荷担し、あるいは協力させられ、人殺し戦争を賛美していった現実がある。すなわち、資本家の利益、自国の利益獲得のために侵略戦争をくりかえし、市民から多額の税金を収奪し、国家権力を持って、近代的殺人兵器を増産し、人間の「いのち」を奪うため大量の軍人、民間人なども動員させられ、酷使させて、公然と人間の「いのち」や財産、領土を奪うという殺人的行為を繰返し実行してきたという日本の忌まわしい戦前史がある。この人間の「いのち」等を公然と奪うという侵略戦争に荷担した日本の社会事業は、本来あるべき人間の「いのち」等を徹底的に守るという重大な使命を放棄することになった。つまり人殺し戦争に徹底的に反対し、反戦運動に使命をかける必要があったが[2)]、それを実行してこなかった。第2次大戦だけでも戦死者は350万人以上にのぼり、海外引揚者も約380万人になり、ヒロシマ、ナガサキでの死傷者も30万人にのぼるまで甚大な人間の「いのち」が侵害されたのである。こうした人殺し戦争の暴挙を阻止する役割を、人間の「いのち」等を守る使命が社会事業実践として当然であったはずなのに、逆に人殺し戦争の増強に貢献し、人間の「いのち」を奪う側に荷担したのである。この公然たる人殺し戦争への荷担した社会事業実践は、とても許しがたい行為であり、それを評価することは、どのような理由があろうとも、断じて承認することはできない。そのため戦前の人殺し戦争に荷担した社会事業実践は、本来あってはならない犯罪的行為であり、いわば戦前社会事業の「負」の遺産でありうる。その為そうした行動は強く否定され、猛省を促し、その戦争荷担責任をはたす為に、戦後は人殺し戦争、人間の「いのち」を奪う戦争に対し、反戦運動、核廃絶運動、平和運動等々に積極的に参加し、その先頭に立つ必要があり、「負」の社会事業遺産としての証明を明らかにする必要があるのである。
　したがって私は、戦前日本の慈善事業、社会事業施策をほとんど評価しないし、その社会事業実践上においての有効性と積極的な意味あいを持っているとは考えていない。持っているのは、社会事業の有効性では

新潟県社会事業史の一断面 ―その1― ―三浦精翁の社会事業周辺―

なく、むしろ逆に、戦前社会事業が残した残酷な「負」の社会事業遺産に対して反省点を見いだし、その責任のあり方にこそ、強い関心と興味と関心が引かれる。すなわち、戦前の人殺し戦争に荷担し、人間の「いのち」等を侵害、侵略して軍国主義社会に変貌させられていく過程と、そこに社会事業が便乗し、大きな批判もなく、関係者と市民が洗脳され、支配コントロールされる支配行政のたくみさ、したたかさ、保守右翼化、無批判迎合化、無関心化、侵略中心主義化等々を生みだす人間社会の無責任風潮をどう解析していくかが重要な課題になる。

しかも、日本人の悪劣な特徴、性格がひとつに、戦前の侵略戦争を推進した帝国主義、軍国主義が暴走し、敗戦になると、一夜にして、軍国主義から一回転して民主主義、平和主義に急転する早業である。そのため人殺し戦争を実行した責任はどこかに完全に吹っ飛んでしまい、戦争責任などがどこにも無いような振舞い。そして、平気で戦前の行為を踏襲していく姿に、日本人の特性が見事に浮彫りになった。すなわちその結果、敗戦後間もなく、再び人殺し戦争を待望する人々が増産されるという悪回転になった。したがって、その意味からでも、戦前日本の社会事業が抵抗なく人殺し戦争に荷担していった事実。人間の「いのち」

等を侵害していった事実を真摯に受けとめ、その反省を深めていくなかで、2度とそのような殺人的犯罪を起す社会事業実践のない歴史的認識を形成し、「平和的生存権」体制を作りあげていく必要があるからである。

ところで、これから本稿で取り上げる人物三浦精翁＜日碓＞（1886～1977）は、戦前新潟県地方課救済主事から、埼玉県社会事業主事（社会部長、社会課長）を経て愛国婦人会隣保館長、同社会部長などの経歴を持つ人物で、一般に知られているのは1933年S・クウィーンの「socialwork in the light of history.1922」の訳本『社会事業史』（文部書院）を出版した人物でもある。しかし、この三浦精翁に関する紹介は、戦後出版された社会事業史、社会福祉史テキスト、研究者などには一斉のこってこない。たとえば、日本の社会事業史研究の先駆者である吉田久一著『改訂増補版現代社会事業史研究』（吉田久一著作集、[3]）に於

いても三浦精翁の名前は登場してこないし同上著『社会事業理論の歴史』（一粒社）にもその名前はない。また、私の小著『地域社会福祉史入門』（社会福祉研究センター）に於いても三浦精翁を取り上げてこなかった。しかし、その名前と訳書には購入して知っていた。

しかし、今度の新潟県社会事業史研究プロジェクトに参加して、再度三浦精翁が新潟県社会事業行政の先駆者となる人物として内務省から派遣された主事であり、さらに埼玉県社会事業主事、社会部長等として活躍する専門の社会事業主事である。戦前の愛国婦人会隣保館長及び部長として、セツルメント事業に深く関与した人物であることから、「負」の社会事業遺産検証として歴史的に取り上げる必要性があると考えたからである。しかし、日本の社会事業史研究の場合、とくに繰返し、他国への富と支配権強奪に主力を注ぐことになった強欲な資本家と支配者による侵略戦争、また植民地獲得など政策に便乗させられ、人殺し戦争を繰返す日本のあり方に、厳しく批判を迫る必要があった。とくに社会事業、社会福祉が目指す実践が、人間の「いのち」、「くらし」、「じんけん」等を守ることを基本とし、使命とするならば、きわめて人殺し戦争とはまったく異質な行為であり、その正反対側に位置しなければならない行為なのである。したがって、そうした戦前社会事業実践の犯罪性、侵略戦争荷担性に関して、厳しく問う作業をしないと、きわめて異質な実像になり、「負」の社会事業遺産が美化される恐れがあり、それが深刻な悪質化した問題になると考えられるからである。

2. 三浦精翁（日曜）の人物素描

これまで、日本の戦前社会事業史研究の中で三浦精翁（日碓）とその社会事業活動に関して、ほとんど取り上げられてこなかった。そのため三浦精翁に関する先行研究もなく、しかも三浦本人による活動内容に関する資料収集、総括資料の文献リストなども現在のところ見当たらない。したがって三浦社会事業の全貌もあきらかに出来ない状況である。そのため、現時点で散逸している三浦に関する文献から、その全貌の全

てを把握するのは困難で、その一部分を素描することによって、これから後輩らによる地域社会福祉史研究上、とりわけ戦前社会事業史の「負」社会事業遺産解明にさいし、その人物史解明に少しでも貢献できればと思っているところである。

しかし近年は、2003 年「個人情報の保護に関する法律」（法律 57）が実施されたのに伴って、個人情報調査に関してのデータが開示困難となり、個人史研究がかならずしも正確な全貌解明に繋がらない状況になっている。たとえばこの三浦精翁のケースでも、これまで誰も積極的にこの人物に関して研究してこなかった事もあるが、現代のような情報過多の時代になっても、その情報量は少なく、しかも散逸しているので、その全貌をあきらかにするには困難であり、多くの時間が浪費される。

たとえば三浦が 1919 年（大正 8）4 月 33 歳で新潟県地方課救済主事として赴任するが、この人事は県行政としては最初の専門的社会事業行政マンという意味がある。いわば画期的な人事であり、年俸 1,200 円という破格の高額支給であった。星野吉曹氏の研究によれば、当時の県職員月俸は 40 円程度であり、師範学校長でも年俸 1,000 円程度であったと推測されることから、三浦の人事は異例に近いものがあったと考えられる。しかも、こうした異例の人事を実行させたのはその背後に内務省地方局救護課長であった田子一民（1881～1963）らの推挙があったのではないかと星野吉曹氏は推測している。[4] しかしその推測を決定づける根拠は、田子一民の文献からは読みとれない。[5] しかし、それ以上の状況証拠として考えられるのは、1817 年（大正 6）新潟県知事に内務省地方局長の渡辺勝三郎が就任していることで、知事の出身母体である内務省地方局内でこの人事が検討されたものと考えられる。三浦は、田子一民より 5 歳年下であり、東京帝国大学卒業も、田子一民の方が 3 年先輩であった。三浦は東大哲学科卒業であるが、哲学科の内味は社会学系の学問が多く、いわば社会事業の基礎的科目が多くあったと云われている。哲学科の 2 年後輩には家族社会学の創始者戸田貞三（1887～1955）がおり、大原社会問題研究所の所員になった人物がいた。また、同時期には京都帝国大学哲学科出身で社会事業研究者となった大阪の山口正

(1887～1943) も 1915 年哲学科を卒業している。[6]

さらに知事となった渡辺勝三郎は、内務省地方局長であると同時に

〈表1〉 三浦精翁（日曜）略年譜[3]

年月	三浦精翁（日確）の活動
1886年9月（明治19年）	広島県芦品郡に生まれる
1897年3月（明治30年）	有磨尋常小学校卒業
1903年3月（明治36年）	組合立品治高等小学校卒業
1908年3月（明治41年）	東京私立綿城中学校卒業
1911年7月（明治44年）	第7高等学校卒業
1911年（明治44年）	東京帝国大学哲学科入学
1914年（大正3年）	同上大学卒業後大学院に進学
1915年（大正4年）	千葉監獄教務主任（教講師）
1919年4月（大正8年）	33歳で新潟県地方課救済主事に就任（年報1,200円）
1922年（大正11年）	新潟県社会事業協会常務理事に
1923年7月（大正12年）	埼玉県社会課社会事業主事に就任（社会課長、社会部長に）
1931年8月（昭和6年）	埼玉県社会課社会事業主事（高等官4等）退任後、愛国婦人会隣保館長、同社会部長等に就任
1933年4月（昭和8年）	S.クィーン（訳）『社会事業史』（文部書院）出版
1935年3月（昭和10年）	千葉県仏教社会事業協会評議員に就任
〃 12月	著書『児童を対象とせる社会事業』（行政協会）その他数冊出版
1951年（昭和26年）	法華宗大僧正（大本山鷲山寺九十世貫首）
1977年9月（昭和52年）	1977年9月7日没、90歳、精翁院と号す

1924年(大正13)から財団法人中央社会事業協会評議員となっており、社会事業への理解があった。また、渡辺勝三郎知事の後任の知事は小原新三(任期1923～1925)であり、彼も内務省参事官から和歌山県知事をへて着任したが、やはり財団法人中央社会事業協会評議員を1831年以降続けて就任している。[7] 小原新三知事は退官後、1931年愛国婦人会事務総長に就任し、やがてそこに三浦精翁を呼び寄せて愛国婦人会隣保館長、同社会部長につかせるのであった。しかも、愛国婦人会新潟支部は、愛国婦人会創立した1901年(明治34)の翌年(1902年)支部結成をしており、県庁社会課内の事務所が置いていた。そのため愛国婦人会新潟支部の活動はいわば社会課の活動を兼務したような性格を持ち、とくに軍人遺家族援助、妊産婦保護、託児事業、母子寮等の設立に貢献しており、三浦もそうした活動に関して理解を示していたと思われる。

3. 新潟県黎明期社会事業と三浦精義

1919年全国的な貧民蜂起となった米騒動の余波が残る新潟県に、何故三浦精翁が県救済主事として派遣されてきたのだろうか。それも千葉県の監獄教務主任という職を放棄しての就任であるが、たぶん彼にとっては千葉県と新潟県での仕事上ないし血縁上などの深い関係があってのことではないと思う。考えられることは、内務省地方局内での人事検討がどのような内容であったか知るよしもないが、たぶん何点かの理由があがったものと考えられる。その第1が、米騒動で蜂起した貧困者の治安対策、貧困対策、犯罪対策等々の困難に対し、その対応にふさわしい人物であること。その第2は、その分野の知識と経験、学歴等の条件がそなわっている人物であること。その第3は、知事との関係が良好であると同時に、その人事権が国及び内務省に握られていた点である。

とくに三浦が新潟県に配置された理由の最も大きな背景には、1921年(大正7)に発生した米騒動が新潟県内でも発生しており、その対策にかかわる施策が急務であったものと考えられる。その新潟県内の米騒動に関する先行研究は多くあり、とくに井上清、渡辺徹編『米騒動の研

究』(第3巻)の中で新潟県内米騒動の実態が詳細に論述されているし、私の著作『日本の貧困階層』(童心社)の中でも新潟県米騒動に関してふれている。しかし、現在から考えてみると

〈表2〉 新潟県内の米騒動

月日	発生地住所	参加人員	参加階層	生活状況と蜂起
8・16～17	新潟市	600人	職工、日雇、車夫、下層・中級階級	困窮者・160戸、537人の他諸物物価騰貴のため中産階級まで窮乏
8・17～18	長岡市	数百人	職工、日雇、車夫、大工、細民	米価騰貴のため下層労働者甚だ困窮
8・18	三島郡雲崎町	不明	町の細民	米価騰貴のため細民の窮乏

(注) 著者『日本の貧困層』(童心者)昭和43年、176ページ

　その米騒動による県内各地の貧困状態がどのような実態であったかの全貌は、かならずしも把握されているとは思えない。その理由のひとつは、当時、県内の貧困調査を全県下で実施されていない。とくに米価高騰と不安定就労の下層労働者生活には深刻な打撃が与えられていたと考えられる。さらに、いわば「水呑百姓」といわれた小作農民の生活実態は、米価高騰によって大きく打撃を受け、子どもの食生活が貧しくなったと考えられるなど想像以上の影響があったものと思われるが、その実態は正確には把握されていない。

　新潟県内の自治体において、その対策として米の安価販売、施米、下級官吏への手当等々を実施していたが、すぐには生活安定とはならなかった。むしろ治安対策の方に力点がおかれ、この新潟米騒動によって市民が公務執行妨害罪などによって警察署に連行され、刑法犯となった市民が、名前が判明し、起訴された人数は新潟市で12人、長岡市で21人にのぼったのである。[8]

　こうした新潟米騒動によって浮上した県下貧困層の存在とその治安の必要性に関してと、同時に貧困層に対する救済対策に関して、それらの施策を整備することの担当者として三浦精翁が指名されたものと思われ

る。しかし、その中でも内務省地方局人事という性格から、三浦が担当すべき分野は県下の貧困対策をいかに整備するかであった。そのため県地方課に救済主事ポストが新設され、三浦が高年棒で就任したのである。

とくに渡辺勝三郎が1917年新潟県知事に就任し、翌年（1918）新潟県慈善協会創立に尽力し渡辺が協会々長となった。しかし、1919年渡辺が長崎県に転任することになり、その後任に三浦が就任早々にもかかわらず新潟県慈善協会理事及び評議員になったのである。[9]

その後三浦の仕事がどのような内容であったかは正確には把握されていないが、星野吉曹氏の指摘によると、それは県下の下層労働者が最も必要とされた託児所設置の推進と、新潟養老院の設置等ではないかと述べている。それは、すでに日本で最初の託児所（保育所）とされる1890年（明治23）設立の守孤扶独幼稚児保護会が新潟市内にあったが、それではまったく不足していたのである。[10] そのため1820年以降新潟市内に新潟保育園という名称で4園設立し、そのほか1937年までに7保育園の創設を奨励している。

さらに長岡市においては、1925年（大正14）愛国婦人会長岡託児所を最初に設立させ、その後市内に4つの託児園を設立させた。高田市においても、最初は1925年愛国婦人会高田託児所（北本町保育園）が開設され、あとの2つの保育所は市立託児所であった。三条市にも2つの保育所が開設されたが、あとは郡内町村ごとに暫時保育所が設立していった。

また、三浦が設立奨励をしていた新潟養老院も1923年（大正12）1月27日開設した。

そこでは定員20名としたが、新潟市内の利用者が多かった。1913年（大正12）9月1日関東大震災が発生したことにより、その被災者がこの養老院を利用することになり、19名緊急入所している。[11] このほか、この養老院（新潟市古町通り13番）の敷地内には、新潟県社会事業協会経営の公設無料職業紹介所が併設されていた。しかも三浦は、この1913年7月急遽埼玉県社会課社会事業主事として転出することになり、

新潟県社会課等での仕事は1919年4月から約4年間で終了しているのである。

4. 三浦精翁訳となるS.Aクイーンの歴史書

　私が初めてS.Aクィーン（1890～）を知ったのは1950年代であり、大学で社会福祉の勉強を開始してからであった。最初は戦前に三浦精翁訳『社会事業史』（文部書院）であり、1933年（昭和8）の古い文献であった。当時、その文献に対する印象はあまり良くなく、戦前の古い文体での訳本であり、しかも、アメリカ社会事業も、イギリス救貧法等の知識も十分なかった学生時代でもあり、その文献そのものの評価をくだすことなど出来なく、たんに、S.Aクィーンの訳本があるくらいの認識しかなかった。しかしその後、1961年高橋梵仙訳『西洋社会事業史』（ミネルヴァ書房）が刊行されたことにより、いわば戦前の三浦精翁訳よりは幾分か読みやすくなり、アメリカ、イギリス救貧法、セツルメント（隣保事業）、中世社会の相互扶助等々の歴史研究にとって参考になる貴重文献のひとつであるという認識にかわったのである。

　しかし私は、その研究関心領域がアメリカ社会福祉史、イギリス救貧法史研究等というジャンルではなく、その研究主領域を日本の社会事業史、社会福祉史としており、その中でも地方（地方自治体）の地域社会事業史、地域社会福祉史に焦点を当てているという研究手法をとっているため、S.Aクィーンの歴史研究がそのままストレートに援用するという場面は少ないのである。しかし、そうした絞り込んだ歴史領域の文献としてではなく、世界史的な社会事業史、社会福祉史研究にとっては、いわば先行研究文献という普遍的レベルとして登上してくるのがS.Aクィーンの業績であると考えられる。そのことは、日本国内においても、1922年S.Aクイーンの「Social Workin the Light of History」が発刊されて以降、多くの関係者によって注目され、その引用が相次いだからである。

　戦前日本の社会事業研究の中でも、早くから著作、論文等に引用され

だすが、たとえば 1927 年（昭和 2）の海野幸徳著『社会事業概論』（内外出版）の中でも 1922 年の著作だけでなく、1925 年の「Social Pathology」まで登用している。さらに、1929 年刊の『社会事業とは何ぞ』（内外出版）でも、E・デバイン（E・T・Devine）や A・ザロモン（A・Salomon）と並んで S.A クィーンの文献が引用されている。[12) また、1934 年発刊の山口正著『社会事業研究』（日本評論社）の中では S.A クィーンの 1922 年著作から、その社会事業発展の 6 段階説を引用して、研究を発展している。[13) さらに、1936 年には明治学院大学の三好豊太郎（1894 〜 1991）による著作『社会事業大綱』（北斗書房）の中でも「アメリカにおける概念」の代表的な社会事業概念として S.A クィーンの文献を引用している。[14) このほか生江孝之著『増訂・社会事業綱要』（1936 年）においても「増訂・社会事業綱要主要参考書目録」を掲載し、その目録中に三浦精翁（訳）著『社会事業史』と「S0cial Pathology、1925 年」を紹介されている。[15) これらのほか小島幸治、布川孫市等々の研究者によっても注目されていたようであるが、しかし、これが社会事業研究者以外の現業従事者及び一般社会人にまで S.A クィーンの本ないし訳本が読まれ、波及していったかどうかはさだかではない。しかし、1933 年 4 月この訳本が公刊されたことは日本では唯一の社会事業専門雑誌『社会事業』（第 17 巻第 13 号）に「新刊紹介」として掲載されている。しかし、この「新刊紹介」には少しばかりミスがあり、とくに発行所を「文教書院発行」としているが、正確には「文部書院」発行であり、定価は 1 円 80 銭、全ページ数が 287 ページで、箱入りである。

　ところで三浦精翁訳のこの訳書が、非常に難解であるために邦訳に相当の年数がかつている。しかし、その間に部分訳が完成したところから社会事業関係雑誌に投稿しており、たとえば第 2 編の第 4 章「産業革命と社会事業」は、『社会福利』（第 17 巻第 2 号）にほとんどそのままの形式「産業革命と社会事業」として掲載されている。

　さらに、たとえば第 3 編第 11 章の『英国救貧法の発達』では、同様の形式で「英国救貧法発達の概況」として雑誌『済生』（昭和 4 年 9 月他）に掲載されている。また、第 2 編第 8 章「隣保事業」に関しても、

「隣保事業（セツルメント）に就て」という訳文があり、その現物が同志社大学図書館生江文庫にあるというようにである。[16)]

このようにS.Aクイーンの訳本に関しては、すでに部分的ではあるにせよ、関係雑誌に掲載されていたものであったが、その訳本への理解、とりわけ欧米社会事業史関係には、その分野の研究者等でなければ、あまり注目されなかったのではないかと考えられる。そのため訳本の紹介、宣伝等には少なからず配慮しなければならなく、1935年12月三浦自身の自費出版本となる小冊子『児童を対象とせる社会事業』（行学協会）、『売られ行く娘の問題』（行学協会）等を出版し、その本の奥付裏面全体に訳本『社会事業史』の宣伝文をのせている。しかし、この小冊子（全32頁と33頁）は1部10銭であったが、その発行所となる「行学協会」は三浦自身の住所地である東京都杉並区堀之内1-209番地であり、自宅内に協会があり発売元でもあった。そのためか、この小冊子が売られた範囲が限定的であったものと考えられ、この小冊子が社会事業界に広く行き渡ったとは考えづらい。戦前の社会事業文献として国立国会図書館や『近代日本社会事業史文献目録』（日本生命済生会）などにも全部の小冊子名がのこっていない有様である。

ところで戦後になると、とりわけ1950年代後半になると社会福祉関係大学と社会福祉労働者養成講習会等が各地で開催されるようになり、社会福祉テキストや社会福祉研究者が少しつつ増加するようになった。私が大学で「社会事業概論」のテキストとして購入したのが森永松信著『社会事業概論』（立正大学社会学研究室〈非売品〉）1958年発行のもので、まだ戦前の社会事業という名称が多く使用されていた時代であった。このテキストの中ではS.Aクイーンについては論述されていないが、たんに「参考図書」リストの中に1922年の原書名がのっているだけで、訳本が出版されているという記載はなかった。その後も、森永の著作ではS.Aクイーンの1922年本を正面から論述したものは見当たらない。

戦後の社会事業研究の中でいち早く研究書となった一冊が孝橋正一（1912～1999）著であり、1953年の著『社会事業の基本問題』（ミネル

ヴァ書房)であった。とくいに、その著作中の「第7章私的社会事業の展開」、「第8章資本主義の発展と公共救済」の文中ではしばしばS.Aクイーンの文献が援用されており、最後の「主要参考文献」リストにもS.Aクイーンの文献が明記されている。

また、これも戦後いち早く「社会福祉学」なる創語をつくりだし、社会福祉テキストを出版した田代不二男(1910～1992)も、1955年の著『社会福祉学概説』(光生館)の中でとくに「英国救貧法の発達」部分に於て、1536年英国救貧法成立要因の説明をS.Aクイーンを引用して論述している。このS.Aクイーンを引用しての論述スタイルは、同署の新版(1960年)、全訂版(1976年)においても同様であり、S.Aクイーンを多く参考にして執筆したのが1958年出版の『英国の救貧制度―成立と発展―』(有斐閣)であると考えられる。

田代不二男の社会福祉学より1年遅れて1956年岡村重夫(1906～2001)の主著『社会福祉学(総論・各論)』(柴田書房)が出版されている、その中でも(総論)部分で、とくに「第2章社会福祉の展開」の中にS.Aクイーンの文献を多く引用されている。また、関東地方では、1964年一番ケ瀬康子著『社会福祉事業概論1』(誠心書房)、がテキストとして出版され、社会福祉労働者養成上で広く流布されたが、その本の中にS.Aクイーンの名前は出てくるが、1922年本については登上してこない。むしろ、S.Aクイーンの1922年本が多く登上してくるのは、1963年発刊の一番ケ瀬康子著『アメリカ社会福祉発達史』(光生館)からである。とくにそれは高橋梵仙訳『西洋社会事業史』(ミネルヴァ書房)が1961年訳本として出版され、容易にその内容が理解されたことに基因していると考えられる。

さらに関東地方では日本社会事業大学教授、学監でもあった木田徹郎(1902～1971)による1967年の『社会福祉事業』(川島書店)においてS.Aクィーンが主張する社会事業発展の要因としている6要素を引用して論述している。また戦後日本国内では1950年代後半から社会福祉労働者養成の4年制大学等で使用する「社会福祉概論」標準的テキストとして広く使用されたのが1959年発行の『社会事業要論』(ミネルヴァ書

房）であった。その文中の「第2章社会事業の史的発展―欧米の部（中村幸太郎）―」参考書としてS.A クィーンの1922年本が紹介されている。この『社会事業要論』は1975年に大幅に執筆者をかえて『社会福祉要論』（ミネルヴァ書房）とした。その中では「海外」の参考文献としてS.A クィーンの高橋梵仙訳『西洋社会事業史』が紹介されている。

このように、1961年高橋梵仙訳本が市中に出回るようになるとS.A クィーンの援用がふえることになるが、それとともに戦前の三浦精翁訳本が姿を消すようになり、当時の訳者であった三浦精翁に関しても注目されなくなっていった。1960年代私はアメリカやイギリス等の海外社会事業、社会福祉により深く関心はなく、いわば常識程度の関心しかなかった。そのため三浦精翁に関しても、S.A クィーンに関しても特別に、取り立てて追求することはなかったが、1971年拙著『社会福祉研究入門』（童心社）発刊するに当って海外の社会事業概念を検討するなか、そのひとりとしてS.A クィーンの定義を取り上げておいた。その1922年原書の中で社会事業定義がどのように邦訳されているかというと、三浦精翁の訳と、高橋梵仙の訳とでは、基本的には同様であるが、若干異なつた訳をしている。ここでは、戦前の訳となる三浦精翁訳を紹介しておこう。

「社会事業とは、人間関係を調和する技術即ち困難の起つた時に之に打勝つ為めに援助する技術」と定義したら最も能く其の意味を表はし得ると思ふ。例へば土地子と他郷生れと間に、或は労働者と資本家との間に、又は学校と家庭との間に起る紛争を「調停する技術」これは社会事業と言い得る。」[17]

このようにS.A クィーンの見解はいわば「技術論」的な立場に立っており、人間関係の調整技術を持って援助するのが社会事業であるという規定をしているのである。しかも、そうした仕事をする社会事業家は「ある特種の研究をなし又は人間社会に於ける難事を虚聾する科学的方法」の訓練を受けた人物であり、専門的職業人としての社会事業家が必要であると述べている。すなわち、1922年原本出版時点でアメリカ社会事業の進展に関してS.A クィーンは明確に「専門的社会事業は吾人

に取って有益なる者として20世紀に於ては重要なる地位を占ひるのである」[18] と結論づけているのである。

　1920年代アメリカの社会事業界では各地に社会事業学校が開設され、社会事業従事者が増加していく時代であり、M.リッチモンドによっては1917年に『社会的診断論』（Social Diagnosis）が出版され、ついで1922年に「ソーシャル・ケース・ワークとは何か」（Whatis Social Case Work?）が出版されており、いわば社会事業の専門職化が始まっていたのではある。また、アメリカ社会事業に関して最初に体系的な本になったとされるE・デバイン（E・T・Devine）著『社会事業』（Social Work）が1922年に出版されている。

　また、ドイツ社会事業成立に貢献するA・ザロモン（A・Salomon）が1921年出版の『社会事業入門』（Leitfaden der Wholfanrtspnege）、Aドット（A・J・Todd）、R・マッキーバー（R・M・Macirer）等々によって海外社会事業の動向がある程度紹介されることになつているが、その中でもアメリカ社会事業成立に貢献する研究をなしとげたE・デバインの1922年原書がいまだに完全な日本訳本になっていないのは不思議なことである。[19]

5. 三浦精翁と愛国婦人会新潟支部

　戦前の三浦精翁は、地方行政官僚としての社会事業主事等の仕事をするだけでなく、彼自身が寺の住職であり、仏教徒（法華宗）として千葉県内に本興寺があったりしたことから、千葉県帰性会、千葉県各宗教会、千葉県仏教社会事業協会評議員等々の役職にもっている。[20] また、愛国婦人会と関係が深い愛国女学校教頭、帝国商業女学校、帝国高等家政女学校副校長、関東工科学校等々にも関係していた。しかし、その中でも一番深く関係したのが、後に述べるように愛国婦人会隣保館長であり同社会部長等であったと思われる。

　ところが、そもそも三浦精翁と愛国婦人会との関係がいっ頃から始まったのであろうか。具体的には三浦が1919年4月新潟県地方課救済主

事として赴任した時点から始まったものと考えられる。すなわち地方課内にはすでに1902年（明治35）5月愛国婦人会新潟支部発足会式が終えた婦人団体があり、新潟県庁がその婦人団体を物心両面から支援していたからである。その背後には、新潟県が北陸地方でも最大に近い軍人の供給基地であり、したがって戦争が勃発すると、ただちに兵士として多くの農村から若い男性が人殺し戦争に刈り出されていったからである。その結果、戦死者、負傷者、病人、留守家族等々の問題が発生し、生活が破壊されることになった。愛国婦人会は、そうした戦争に刈り出された出征兵士とその遺家族等を救護、慰問等をするために組織された婦人団体であった。

たとえば、新潟県内ではすでに日清戦争時代から多数の兵士が戦場に

〈表3〉 日清戦争の郡市別戦没者数

郡市名	戦没者数
	人
新潟市	24
北蒲原郡	81
中蒲原郡	※44
西蒲原郡	39
東蒲原郡	39
三島郡	8
古志郡	43
北魚沼郡	28
南魚沼郡	14
中魚沼郡	22
刈羽郡	53
東頸城郡	23
中頸城郡	80
西頸城郡	24
岩船郡	29
佐渡郡	32
本籍不明	31
合　計	638

（注）1）『新潟県終戦処理の記録』より作成
　　　2）※は『中蒲原誌』で補正した。

〈表4〉 日露戦争における新潟県の戦死・戦病死者数

郡市名	人数	郡市名	人数
	人		人
新潟市	78	南魚沼郡	83
北蒲原郡	385	中魚沼郡	148
中蒲原郡	358	中頸城郡	379
西蒲原郡	285	東頸城郡	105
南蒲原郡	226	西頸城郡	120
東蒲原郡	39	刈羽郡	235
三島郡	191	岩船郡	139
古志郡	257	佐渡郡	148
北魚沼郡	142	県合計	3,318

（注）『新潟県尚武会雑誌』第1号より作成

〈表5〉 中蒲原郡における日清・日露戦争の戦没者比較

	従軍者数	戦没者数	戦病死者数	計
	人	人	人	人
日清戦争	709	7	57	64
日露戦争	4,180	284	179	463

（注）『中蒲原郡誌』上編より作成

刈り出され、そのうち5638人もの戦死者を出している。なかでも北蒲原郡内で81人、中頸城郡内では80人もの戦死者を出しているのである。さらに、日清戦争後から10年たった1904年（明治37）の日露戦争の場合でも全国から約100万人余の兵士が戦地に送り出され、そのうち約11万人余が戦死、戦病死者となっている。新潟県内で見ると、その戦死・戦病死者は3,318人となっているが、これは日清戦争による戦死・戦病死者（638人）に比較すると約5.5倍もの多数にのぼっているという。なかでも戦死・戦病死者が多かったのは北蒲原郡の385人、中頸城郡の379人、中蒲原郡の358人という状況であり、とくに中蒲原郡内からは4,180人もの兵士が出征していったのである。[21]

すなわち侵略戦争というのは、相手となる人間の「いのち」を一方的に奪う武力行為、殺人行為であり、最悪の集団的殺人行為である。それに加えて領土を侵略し、土地、財産、生産物等々を奪い取り、行政的支配権、経済支配権等々まで奪い取るという侵略行為であり、とくに国家権力、財政権力等を持つ資産階級が中心になって進める侵略戦争がその本質となっている。この極悪非道の侵略戦争を本格的に始めるのが日清戦争であり、それに続く日露戦争でもあった。しかも、そうした極悪非道の侵略戦争に流れるのは、日本が先進諸国の中にあって弱小国ではなく、「一等国」[22]の仲間入りをしたいという一方的な理由で自国の富と権力、軍事力、経済力等々を獲得する強欲な欲望を達成するために、弱小国を侵略して、土地、生産物、資源等々を奪い取るという戦略、国策をでっちあげ、実行することであった。しかもそうした国策、戦略を支持、推進したのが資産家層であり、政治家、官僚行政たちの支配者層によってであり、農民や、一般市民ではなかった。ところが、そうした資本家の欲望による侵略戦争に動員されたのは、日常的には他国との侵略行為、政策とは関係のない農民、一般市民であった。

ところが、侵略戦争を実行してみると膨大な戦費がかかり、それに多数の人殺し集団としての出征兵士が必要になる。その軍資金の調達も、兵士の調達も、多くが日本の貧しい農民層、一般市民の負担にのしかかることになってきた。新潟県内でもその負担の多くは、日清戦争が始ま

ると、戦争体制を支援するために出征兵士や留守家族支援、出征兵士への餞別、軍資金拠金の励行、倹約貯蓄奨励などさまざまな戦争支援体制がつくられるようになる。そのために、新潟県内では各町村に「尚武会」が設立されたのである。しかし、この「尚武会」活動だけでも限界があることから、1902年の愛国婦人会新潟支部が設立され、とくに民間の富裕層婦人などが中心となった組織体とし、上流婦人の立場から侵略戦争への協力と出征兵士とその留守家族、遺家族等への支援等の実施に当たることになった。しかも、愛国婦人会新潟支部は県庁内社会部（地方課）内に事務所をかまえており、後には日本赤十字新潟支部内にうつるなど関係が深まったことから農村部への支援にも県行政からの指示があり、とくに出征兵士が多く動員される農村漁村地帯がターゲットとなった。すなわち、「強い軍人」を多く産出する農山村では乳幼児の死亡率の低下、死産児の減少、堕胎防止、妊産婦保護等々の対策を強化する『強い軍人』増産方策にでたのである。そのため1919年（大正8）には愛国婦人会新潟支部によって妊産婦保護の国策から新潟市、長岡市、高田市の3か所に診療所（産婆）が設立される。さらに、農山村に児童保護を目的とした季節託児所や常設託児所が設立されるようになるが、新潟県内ではこの種の施設が最初につくられるのは1925年（大正14）北蒲原郡中浦村（豊浦町）の天王季節託児所だとされている。その後、県の設置奨励や愛国婦人会新潟支部などの働きかけによって次々に増加することになった。

　たとえば常設保育所の増加は1926年（昭和1）に10か所であったのが1930年に26か所、1935年で36か所に増加しており、公立8施設、私立28施設になる。そこで働く保母職員は180人にのぼると報告される。季節保育所も1926年は20ヶ所、1930年は80ヶ所に急増し、1935年には109ヶ所の開設となっている。しかし、季節託児所の開設場所が小学校付属託児所となっているケースが124ヶ所以上ある。これは農繁期には両親などが多忙のため、幼児などの世話が困難になるケースが多くなる。そのため小学生などが子守りをする必要が多くなり、そのため学校を欠席することになる。それを防止するため弟妹などを伴って登校

〈表6〉 新潟県内の保育所

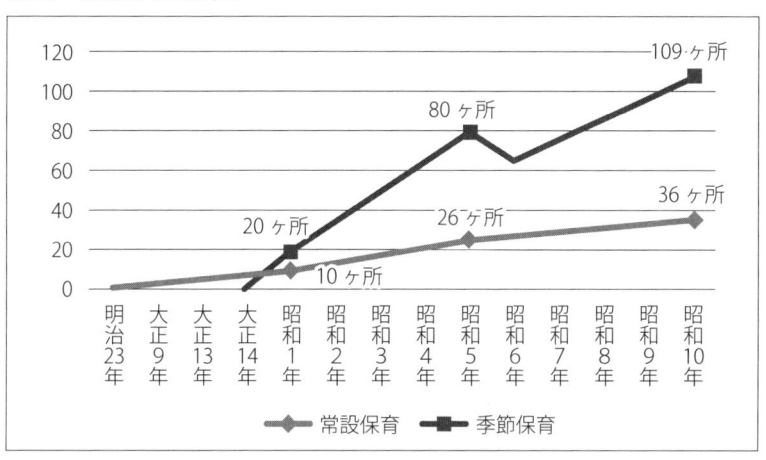

年	常設保育	季節保育
明治23年		
大正9年		
大正13年		
大正14年		
昭和1年	10ヶ所	20ヶ所
昭和2年		
昭和3年		
昭和4年		
昭和5年	26ヶ所	80ヶ所
昭和6年		
昭和7年		
昭和8年		
昭和9年		
昭和10年	36ヶ所	109ヶ所

し、空教室などを使用して保母などを雇用して託児をするという対応を取っている小学校が多くなっているからである。県はこうした貧困学童に児童修学奨励資金より補助金を交付して運営を支援するという仕組みを作っていたと考えられる。[23]

　こうした農山村での託児所設置を進めたのは県社会課の報告によると「県並愛国婦人会新潟県支部の設置奨励」[24]案が大きな役割を果たしているのではないかとしているが、そのほかにも新潟県社会事業協会によって仏教寺院及び個人有志等によって託児所開設が進むようにと奨励していた。[25]また、愛国婦人会新潟支部が関係した施設として1930年代の戦時体制下になると軍人遺家族授産所が県内に13ヶ所余が開設され、1939年には刈羽郡柏崎町に傷疾軍人療養所が設置されている。また、1941年には新潟市内に愛国婦人会県支部により愛国母子寮が開設しているが、1942年愛国婦人会県支部が大日本婦人会県支部に吸収され、解体さるのに伴って、愛国母子寮も県社会事業協会に譲渡することになった。新潟県の愛国婦人会県支部もこの時点で終焉となるが、三浦精翁はすでに新潟県救済主事、埼玉県社会事業主事などを1931年頃退任し、同時期に、かつて三浦の上司であった小原新三が愛国婦人会事務総長と

いうトップ管理職に就任していたことから、旧知の仲であった三浦精翁を愛国婦人会隣保館長として呼び寄せたものと考えられる。

6. 戦前「負」の社会事業遺産としての愛国婦人会

　人間が考えだす最悪の行為は、人間の「いのち」を一方的に奪うことである。しかも、それを大量に人間を殺すのが戦争であり、なかでも卑劣な侵略戦争こそは、絶対に許される行為ではない。しかも、それは、いわば他人の領土、土地、人家、畑、資源等々にまで潜入して、それらを暴力的に奪い取り、自分たちの所有物にし、支配する行為である。しかも、そうした卑劣な行為によって富を分捕り、富を蓄積し、富によって他を支配し、権力等まで支配することになるからである。強欲な人間たちは、そうした卑劣な行為を繰返し、侵略戦争として何世紀にわたって実行し、殺され、負けた側「負け組」は悲劇の谷間に突き落される。勝った者「勝ち組」は富を独占し、豪華な生活をするという「天と地」のちがいが歴然とするのも戦争である。

　これから問題にしようとする戦前「負」の社会事業遺産としての愛国婦人会は、その意味からすると完全に「勝ち組」に属し、いわば侵略戦争を賛美、奨励、促進、荷担するという立場の婦人団体であり、しかもその団体の構成する主要メンバーは、日本国内にあっては富裕層、金持ちブルジョア層が中心であっては富裕層、金持ちブルジョア層が中心である。地域社会にあっては資産のある有力者であり、そのため日本の地域社会では、その多くが財閥、資産家、地主、議員、政治的官僚等々であるという立場に君臨することが多い人々であった。しかも、そうした「勝ち組」が中心になって引き起す富の収奪競争でもある侵略戦争は、その犠牲となった民衆には、大きな悲劇と苦難、不幸となる諸問題が発生したのである。人殺し戦争に動員された多数兵士の問題、出征兵士家族の問題、戦死、傷病兵士、遺家族等々の生活保護問題等が山積するのは当然のことである。

　そうした侵略戦争で犠牲となった戦死者、傷病者等の遺家族の諸問題

に同情、慈悲、憐み、憐欄の情などからその援護、慰問等に手をかしたのが愛国婦人会の創立者奥田五百子（1845～1907）であった。[27]その創立者奥田五百子に関しては、これまで多くの人が人物評伝等で発表されているので、あらためて詳細は論述しないが、その略歴だけ見ると、1845年（弘化2）九州唐津の東本願寺波高徳寺の長女として生まれる。結婚、離婚、再婚などをするなかで3人の子どもを産み、育て、さらに東本願寺の朝鮮布教にも参加するようになる。1900年（明治33）朝鮮での北清事変の日本軍慰問と、戦地での兵士たちの悲惨な実情を視察したことにより、とくに戦死者、戦傷病者の救護と、出征家族の救護等の必要性を感じた。帰国後、そうした出征軍人の戦死者、戦傷病者、遺家族等々の救護の必要性を各地で訴えると共に、とくに皇室、貴族、上流階級婦人、軍部、行政等々に訴えて賛同者をあつめ、それら「勝ち組」を有力ブレーンとして、さらに皇室、公爵、侯爵、子爵等々のブルジョア婦人たちが中心会員となって1902年（明治34）愛国婦人会が結成されたのである。会長は、侯爵岩倉具定夫人の岩倉久子であった。

さらに、愛国婦人会設立の協力者のひとりであった忠君愛国思想をもった女子教育者でもある下田歌子（1854～1936）らによって「愛国婦人会趣意書」等が起草されている。[29]

それによると、「名誉の戦死を遂げ不起の病に罹り、異郷の鬼となれる者」等が戦争によって出現し、その救護が不十分であるため、その救護のために「博愛に富み」、「慈善」によって、「軍人たちが後顧の憂」なく、「皇国」の為に人殺し戦争をせよとの撤文になる。しかも、その費用は「半襟一掛」分を節約することによって会員になることが出来、しかも救護活動をすることによって侵略戦争は達成されるとアピールしている。

しかも「会規則」によると、第1条は上記のような目的であるが、問題は第3条の会員になるための会費である。とくに特別会員となる会費は10年間毎年2円を納入するか、1時金として15円を納入すること。一般会員でも10年間毎年1円を納入するか、1時金7円を納入するものとした。

愛国婦人会規則

第一條　本会は戦死者及び準戦病死者の遺族を救護する事、及び重大なる負傷者にして、廃人に属するものを救護するものを以て目的とす。

第二條　本会は愛国婦人会と称し、本部を東京に置き、支部を各地に置くものとす。

第三條　本会会員を分ちて左の三種とす。

　（一）名誉会員は貴族を推戴す。

　（二）特別会員は会費として、十カ月間毎月金二円を縮むるか、若しくは一時金十五円以上を納むるもの

　（三）通常会員は会費として、十カ月間毎年金一円を納むるか、若しくは一時金七円を納むるもの、一時金二十銭以上を縮むるものを賛助員とす

第四條　本会は多少に係わらず有志者の寄付金を希望す。

第五條　本会に収入したる金円は、確実なる銀行に保管せしむるものとす。

第六條　本会へ収入したる金円は、総裁の允許を経て、被救護者へ贈与するものとす。

第七條　本会は左の職員を置く。

　　　　総裁一名

　　　　会長一名

　　　　理事若干名

　　　　評議員若干名

　たぶんこの会費金額は当時の一般庶民の経済水準からすれば、かなりの高額負担になったものと考えられる。しかし、会員数は創立当初は1万4,000人余りであったが、1904年の日露戦争が勃発し、日本軍が多くの戦死者、傷病兵士等を大量に発生させることになると、その対応策がどうしても必要になり、愛国婦人会活動もさかんにならざるを得なかっ

た。そうした背景から地方支部が各地で結成されることになり、会員増加をはかることになる。日露戦争勃発時には約26万人だった会員が、その翌年の1905年（明治38）には約46万人余に急増している（表7）。しかし、その後も日露戦争による戦病者、戦死者、遺家族等の問題は継続して残ると同時に、戦争後には戦後反動恐慌がはじまり、景気沈滞となる。しかも、1913年には東北地方大凶作となり、東北地方の農山村は疲弊化した。その翌年には再び第1次大戦が勃発し、日本がそこに参戦することになった。こうした状況の中で1914年頃から鐘淵紡績社長であった武藤山治（1867～1934）らによって戦死者遺家族や廃兵等に対しする国家保障を求める運動が起こることになり、1917年7月には軍事救護法が公布されている。[29] これにより1904年（明治37）公布の「下士兵卒家族救助令」は廃止された。この軍事救護法では、その第1条に「傷病兵、其ノ家族若ハ遺族又ハ下士兵卒ノ家族若ハ遺族ハ本法ニ依リ之ヲ救護ス」とし、その救護対象になる条件を詳細に規定している。さらに、法律条文そのものの解釈も難解であると同時にその手続も面倒であった。しかも本法では「出願主義」を取っているため、救護出願をしない場合、あるいは複雑な事情があって出願できなかった場合なども、この救護対象からこぼれ落ちることになった。すなわち出願しないで現役兵役義務の延期ないし免除を望む者、地方によっては軍事救護法そのものの存在を知らない者、救護を受けていることにする地域内、兵営集団体の陰湿な中傷差別、スティグマ等々が作用して、かならずしも完璧な軍事救護法ではなかった。とくに軍事救護法では、兵役義務を履行した結果、それが原因で生活困難に落ち入った軍人関係者に限定しての救護制度であり、そこには権利としての救護ではなく、「国家に忠誠をつくした軍人遺家族」[30] に対して特殊な救護制度であった。

このように1917年軍事救護法が制定されたことによって、不完全ながら公的な軍人遺家族等への救護体制が出来上がった。[31] そのため、愛国婦人会の軍人遺家族等の支援活動にも影響が及び、さっそく同年7月定款中の一部改正を行い、軍事救護以外に、地方の実状により一般の救済事業まで実施することに方向転換している。とくに、その背景には

〈表7〉 愛国婦人会の会員増加数

明治34年	13,409人	大正10年	1,159,495人
明治35年	18,780人	大正11年	1,238,966人
明治36年	45,303人	大正12年	1,281,638人
明治37年	268,421人	大正13年	1,323,929人
明治38年	463,766人	大正14年	1,391,791人
明治39年	563,884人	昭和1年	1,439,626人
明治40年	707,584人	昭和2年	1,447,001人
明治41年	758,320人	昭和3年	1,496,097人
明治42年	782,696人	昭和4年	1,519,022人
明治43年	798,891人	昭和5年	1,525,506人
明治44年	806,887人	昭和6年	1,534,915人
大正1年	821,564人	昭和7年	1,691,715人
大正2年	846,292人	昭和8年	2,049,783人
大正3年	882,083人	昭和9年	2,199,422人
大正4年	913,633人	昭和10年	2,354,763人
大正5年	927,480人	昭和11年	2,579,797人
大正6年	958,456人	昭和12年	3,386,014人
大正7年	995,674人	昭和13年	4,200,000人
大正8年	1,041,558人	昭和14年	不明
大正9年	1,107,869人	昭和15年	6,000,000人（余）

　日本の農山村の貧困問題があり、児童の貧困、身売り、不就学児童等々だけでなく、小作争議、出稼ぎ、保健・医療問題、乳幼児死亡率の高率化問題等々が存在していた。しかも、そうした農村の窮乏化や小作人の生活難、小作争議、農民運動へ発展していった。そうした中で1918年日本の下層労働者、小作農民など貧困市民が蜂起する米騒動が全国各地で発生し、いかに貧困市民が都市部だけでなく、地方山村にも拡大して存在していることが判明した。

　さらに、その後も日本経済は経済不況が繰返され、1923年の関東大震災による災害者貧困化も加わり、不況克復が充分なされない状況下で昭和経済恐慌に突入していった。そうした社会背景の中で労働運動、農民運動もさかんになり、いわば社会主義思想が導入され、資本の側は危機感を強めていった。そうした時、いわばマルキシズム思想の氾濫を防止するために、強固な皇国主義的活動をしている愛国婦人会のようなブルジョア婦人団体を育成、助長することによって、大きな危険思想の防波堤にっながると考えられ、愛国婦人会を皇室だけでなく、軍部、行政

官僚、富裕支配層などが物心両面から協力に支援することになった。とくに内務省社会事業行政は民間婦人団体として、慈悲、同情、博愛、相互扶助、良妻賢母、社会奉仕活動、愛国精神高揚等々と情緒に訴えた美辞麗句を並べたて侵略戦争推進への支援体制が強固なものにするため、たくみに市民を洗脳し、浸透させていくのであった。

　しかも、そうした侵略戦争推進への洗脳役を買って出る人物が当時きわめて多いが[32]、なかでも社会事業関係者もその中には多く存在した。それは愛国婦人会が発行していた機関誌『愛国婦人会』の中に多くの関係者が執筆している。たとえば井上友一、留岡幸助、小河滋次郎、渋沢栄一、相田良雄、桑田熊蔵、原胤昭、呉文聡、久米金彌等々であった。（明治期のみ）その中で、たとえば小河滋次郎により、1906年（明治39）7月号に「婦人と社会事業」『愛国婦人会』（第108号）が投稿され、欧米の婦人問題を紹介するなかで、日本の場合は良妻賢母の女性こそが「社会事業」に尽力する天職であると述べている。

　ところが、実際に愛国婦人会が社会事業分野で活動を広げだすのは、すでに述べた如く1917年軍事救護法制定後であった。そこで愛国婦人会では1920年には、東京市内に児童健康相談所を開設し、それを山口、香川、京都、長崎、大阪、静岡、山梨、長野等各地に開設している。このほか各地に婦人職業紹介所、婦人宿泊所、授産場、愛国夜間女学校はどこも開設されたが、1924年には愛国婦人会隣保館（婦人宿泊所、婦人職業紹介所、児童図書館、課外授業、託児所、児童健康相談所等）を開設している。そこでようやく愛国婦人会規定改定が1925年実施され、従来の軍人救護の他に「小児婦人等の保護其他社会の福祉に関する救済事業を施設す」（第9条）と改正されたことによって、社会事業分野への進出がはかられることになった。

　しかし、実際上の組織体としての愛国婦人会が定款上に「社会事業」という専門的名称を使用して活動するのは1932年（昭和7）からである。すなわち、従来まで「救済事業」（第9条）であった文言を、この改正で「社会事業」という専門的名称に完全に切り替えた改正をしたのである。しかも、この「救済事業」から「社会事業」へという切り替え

は、そこには元新潟県知事であった小原新三が、前任者である愛国婦人会事務総長柿沼竹雄が辞職したことによって、その後任に小原新三が新しく事務総長というトップの座についたのである。さらに同時に三浦精翁を愛国婦人会隣保館々長として招聘し、社会事業体制を整備しようと計画していたからと考えられる。しかし時代は、すでに、まともに社会事業体制を整備していく社会的状況は消えていた。昭和初期からの世界経済恐慌にまき込まれ、永久失業者が300万人を上まわり。中小企業が没落し、米価も大安値となり、農業危機も深刻化するような状況となっていた。さらに1931年秋から東北地方、北海道などでは大凶作となり、農村の貧困化が進行することになった。しかし、日本の富裕層、資本家は海外侵略を模作しており、ついに1931年侵略戦争の満州事変が勃発したのである。さらに翌年には日本の陸海軍と中国軍との交戦となる上海事変が発生し、武力行動が拡大化すると同時に軍事産業も活発化することになった。この軍事拡大化がやがて日中戦争につながり、準戦時統制時代になっていき、日本の社会事業は富裕層、資本家、政治官僚、軍部などが強力に進める海外進出、植民地化、そのための侵略戦争すいしんに完全にのみ込まれていくのである。

【注】

1) 第39回大会での「地方史」関係の報告は『社会事業史研究』（第40号）2011年に掲載されている。

2) しかし、日本国内でも、戦前、信念を持って反戦、非戦運動に立ちあがった日本人がかなり存在したことも事実である。くわしくは拙著『社会福祉学』（本の泉社）2011年、拙著『苦悩する社会福祉学』（社会福祉研究センター）2004年など参照。

3) 戦後残した三浦精翁（日確）の履歴によると、教育歴として、千葉・埼玉両県巡査教習所教官、愛国女学校教頭、帝国商業女学校、帝国第1高等女学校、関東工科学校、帝国高等家政女学校副校長等になつており、厚生事業関係としては、千葉県帰性会、千葉県各宗教会、新潟育児院、新潟保育園、埼玉済生会、埼玉県社会事業協会理事等として関与。また、

愛国婦人会関係では、隣保館長、社会部長、婦人職業紹介所長、平井学院理事、更全学園長、財団法人在外邦人子弟教育協会教務部長等々と記されている。これらの内容は、法華宗（本間流）宗務院の取材協力によっているが、まだ不明のところも多い。また、1935年千葉県仏教社会事業協会評議員に就任しているが、この仏教社会事業協会活動史などに関しては、まだ未解明のようである。

4）星野吉曹「実業家富山虎三郎の社会事業家への転身と人物像について」『地域社会福祉史研究』（創刊号）2005年、43ページ。

5）たとえば、田子一民編纂会『田子一民』（昭和45年）など参照。

6）戸田貞三、山口正に関する紹介は、合川隆男、竹村英樹編『近代社会学者小伝』（勤草出版）1998年を参照。

7）渡辺勝三郎、小原新三の両知事が中央社会事業協会評議委員であったことに関しては『財団法人中央社会事業協会30年史』（非売品）1935年発行に役員氏名として掲載されている。たとえば、小原新三（1873～1953）に関しては、彼が1931年愛国婦人会事務総長に就するまでには、東京帝国大学法科卒業後、内務省参事官、保健課長、奈良県内務部長、朝鮮総督府地方局長、和歌山県知事、新潟県知事などを歴任し、1925年退官。その後愛国婦人会の事業トップに入り、1942年回団体解散まで在職し、1953年6月死去、80歳。小原新三の発言等に関しては、別稿にて論述することにしたい。くわしくは「和歌山県史」（第2巻）1971年参照。

8）井上清、渡辺徹編『米騒動の研究』（第3巻）454～458ページ。

9）新潟県庁『新潟県慈善協会第1回会務報告書』（大正8年7月）6ページ。

10）筆者らは2011年この日本で一番古いとされる保育所、守弧扶独幼稚児保護会の「赤沢保育園」を訪問調査している。そこでいくつかの史料を見たが、平成12年発行の『あかざわ―創立百拾周年記念誌―』を拝受してきた。

11）新潟養老院の設立状況に関しては、星野吉曹氏による詳細なレポートがある。星野吉曹「戦前期新潟県の養老事業小史（1）」『北信越社会福祉

史研究』(第6号) 2007年参照。さらに、新潟県内の戦前社会事業施設、団体関係人物等に関しても、星野吉曹「新潟県における社会事業施設・国体の形成過程」『北信越社会福祉史研究の総合的研究―科研費研究―』(第6回北信越社会福祉史学会) 2006年、同上『明治期新潟県社会福祉資料 (第1集～第3集)』(自費出版) などの文献がある。

12) 海野幸徳の著作『社会事業概論』176～177ページ、246ページなど。『社会事業とは何ぞ』7ページ、92ページなど。

13) 山口正書『社会事業研究』89～91ページ参照。

14) 三好豊太郎著『増訂・社会事業大綱』6ページ参照。

15) 生江孝之著『増訂・社会事業綱要』(増訂・社会事業綱要主要参考書目録) 517～523ページ。

16) 三浦訳となる第2編・第8章の「隣保事業」に関しては、訳文として同志社大学図書館に「生江文庫」

があり、そこに所蔵されている。くわしくは「生江文庫目録」102ページ。

17) 三浦精翁訳『社会事業史ｊ』(文部書院) 昭和8年、6ページ。

18) 前掲書、286ページ。

19) しかし、戦前の岡山県社会事業協会機関誌『連帯時報』に生悦住求馬訳「デイヴァイン・社会事業」として昭和2年から約1年間にわたりE・デバインの1922年著作を途中まで訳し、さらに、途中から平田隆夫訳となり中断。なお生悦住求馬 (1900生まれ) は、1924年東大法科卒業後、内務省に入るが、1時期岡山県社会課長。その後1941年佐賀県知事、宮城県知事などを歴任している。

また、ザロモンについては、増田通子、高野晃兆訳『社会福祉事業入門』(岩崎学術出版) 1972年がある。

20) たとえば『千葉県仏教社会事業協会概要』(仏教社会事業資料第1輯) 1936年によると、1935年協会創立当初から評議員として就任している。9ページ。

21) 日清、日露戦争に関しては『新潟県史』(通史編7、8) など参照。

22) わが国の権力支配者、「勝ち組」の富裕層が考えている「一等国」とは、軍事大国のことであり、いかに軍事力、強い兵隊、武器等々を保持して

いるかである。しかも国全体が帝国主義的体質になっているかによって「強い国」の仲間入りを考えていたのである。

23) 県内の常設託児所、（農繁）季節託児所の増加状況に関しては『新潟県社会事業概要』（1936年）にくわしい。ここで少し全国の状況を見ると、（農繁）季節託児所は、1933年には全国で5,745ヶ所の開設があったとされるが、このうち愛国婦人会が関係して開設したのが2,383ヶ所にのぼり、約4割までが愛国婦人会に関係していた。また、1932年以来で農村救済施設として農村託児所設置にあたっては、愛国婦人会から約30円前後の補助金が交付されて開設がうながされ約200ヶ所ぐらいが開設したとされている。三浦精翁著『児童を対象とせる社会事業』（行学協会）1935年くわしく報告されている。

24) 前掲、22) 112ページ。

25) たとえば新潟県社会事業協会『寺院ヲ中心トスル社会事業』（社会事業参考資料第5輯）昭和3年、参照。

26) なお、愛国婦人会新潟支部活動に関しては、この支部発足から1941年3、月解体させるまでの約42年間の活動が、支部自身でまとめた報告書、愛国婦人会新潟県支部清算事務所編『婦人報国之足跡』（全197頁）1942年がある。しかし、ここで約42年間の活動内容を紹介、分析するのはスペースの関係からも不可能である。そこで、ここでは目次のみを紹介し、後日に別稿でその内容に関して分析を加えることにしたい。

　　第1章まへがき＜序＞
　　第2章当支部創設と奥村刀自の来越遊説
　　第3章明治27、8年戦後に於ける活動と行賞
　　第4章其の後の余勢発展
　　第5章世界大戦中に於ける活動
　　第6章満州国成立と当支部
　　第7章平時の社会的施設
　　第8章会務の整備
　　第9章支那事変から大東亜戦争へ
　　第10章記年事業計画

第11章婦人団体の統合に就いて
　　　有功者名簿、県内5市、16郡
なお、この「足跡」を編纂したのは小林存（嘱託）と元愛国婦人会新潟県支部の元主事、塚田榮策であった。しかし、ここで編纂された記録はあくまで当該県支部内の資料であり、この県支部活動に参加させられた一般市民から見た記録ではない。すなわち、愛国婦人会といういわば上流階層、富裕層婦人たちが中心になった婦人団体であるだけに、その地方支部を支配した上流婦人たちが存在したことが考えられるし、また、いかに侵略戦争に荷担していったかの検証も必要になってくる。

27）なお、奥田五百子に関しては、これまで多くの先行研究と文献があるので、ここでその人物研究を再度実施するという余裕がない。そこで、ここで石黒チイ「奥田五百子」『続社会事業に生きた女性たち』（五味百合子編著）ドメス出版、1980年をあげておきたい。

28）とくに「愛国婦人会趣意書」は『愛国婦人会』（第1号）明治35年3月27日付で発表されているが、「愛国婦人会趣意書」は明治37年9月に発表されている。井村勝重著『愛国婦人会史』(1913年）参照。しかし両者とも大きな変化はない。また愛国婦人会の歴史に関しては、守田佳子著『シリーズ・愛国婦人会』（太陽書房）7冊がある。

29）たとえば、金太仁作著『軍事救護法ト武藤山治』（東京堂）1934年。

30）とくに「国家に忠誠をつくした軍人遺家族」の救護法であるとは、山崎戯著『救貧法制要義』（良書普及会）1931年、316ページ。

31）この軍事救護法が完全な立法でなかったことは多くの研究者によって指摘されている。たとえば郡司淳著『軍事援護の世界』（同成社）2004年などがある。

32）この洗脳役を買って出た学者、文化人、政治家、官僚、軍人、女子教育者等々がいかに多いか。
彼らが機関誌『愛国婦人会』に投稿している。しかも、その編集人に三浦精翁もなっている。くわしくは、小山静子「愛国婦人・解説」『愛国婦人〈明治期復刻版〉解説』（柏書房）2008年を参照。〈注〉なお、蛇足ながら、新潟県社会事業協会機関誌「越後社会事業」に13回連載で「新潟県

社会事業史序論」（中野財団）がある。しかし、その内容は新潟県社会事業史に関しての論述はなにも無く、歴史学通史の一般論が書かれており、参考にならないものである。また、本稿の続編に当たるような論考は、拙稿「戦前『負』の社会事業遺産―三浦精翁と愛国婦人会」『東北社会福祉史研究』（第31号）2013年に掲載予定である。

新潟県社会事業史の一断面 —その2—
—県内隣保館、セツルメント施設小史—

新潟県社会事業史の一断面 —その２— —県内隣保館、セツルメント施設小史—

はじめに

　これまで私は、戦前日本国内に設立されてたいくっかの隣保館、セツルメント施設等の発掘をしてきた。たとえば東北地方では、宮城県内の「宮崎村隣保館」、「気仙沼隣保館」、「観音寺セツルメント」、「広淵村隣保館」、「塩釜町社会事業協会尾島隣保館」、同上「北浜隣保館」、「中新田社会事業協会隣保館」、「真坂隣保館」等々の発掘レポートである。[1)]山形県内ではユニークな地域活動をした「高揃村社会事業協会隣保館」を発掘する。[2)]さらに関東地方では、東京市にあった「愛国婦人会隣保館」を戦前Ｓ・クインの『社会事業史』（文部書院）を邦訳した三浦精翁（1887〜1977）館長とあわせて発掘しておいた。[3)]また、関西地方では、大阪市内の佐伯祐正らが設立した「光徳寺善隣館」[4)]を紹介し、さらに、中国地方では広島市内に設立されていた公立の「広島市東隣保館」、「広島市西隣保館」のほか、東京の「尾久隣保館」での現場経験がある伊藤恕介（1900〜1979）らによって設立された「宇品学園隣保館」を発掘し、呉市では渡辺重一（1881〜1940）らによって設立された「呉四恩会館」（隣保館）等々を発掘レポートしてきた体験を持っている。[5)]

　しかし、戦前日本のセツルメント施設関係は約373施設あったと推定されていることから、そのほんの一部分施設を発掘したにすぎない。しかも日本の場合、そうした戦前のセツルメント施設史の発掘研究は非常に少なく、全国的研究に関しての先行研究は非常に少なく、全国的研究に関しての先行研究があるかどうかすらも、知らされていない状況である。

　私が隣保館、セツルメント関係に関心を持つようになったのは、1960年代都市スラム問題の研究を始めた頃からである。それは、都市スラムの発生地域を研究してみると、そこが都市貧困者の集中地域であったり、いわゆる被差別地域（同和地区）であることが多く、いわば社会保障、社会福祉ニーズが集中して出現している地域であったからである。

さらに、私が大学院卒業後に最初に所属したのが「日本社会福祉研究所」であり、その所長が日本のセツルメント施設実践の先駆者である谷川貞夫（1900〜1989）であった。さらに、その研究所に所属していたのが、これも日本のセツルメント研究では先駆者である西内潔（1905〜1971）であり、1967年から仙台にある福祉系大学で同一職場になり、ご一緒することになった。

そこで先輩から日本セツルメントに関するさまざまな問題を聞くことが出来たが、ある時、西内先生から、かつて1959年に出版した『日本セツルメント研究序説』が古くなり、新しい資料を加えて補筆訂正の増補版を出版したので、どこか出版社を紹介してほしいという依頼を受けた。そこで、私の著作を多く出版していただいていた童心社にお願いし、1968年『増補・日本セツルメント研究序説』（童心社）が出版された。[6] 当時、福祉系学生の中には学生セツルメントに関心を持っていた学生も多く、実際に学生セツラーをしていた学生もした。私は、そうした学生セツラーに関心を持っている学生に、セツルメントの目的や考え方をレクチャーしたり、西内先生の本を貸し出して学習してもらった体験を持っている。仙台市での大きなセツルメントは「仙台総合セツル」であり、仙台市内の各大学から学生が多数参加していたものである。

戦後セツルメント活動の復興は早く、なかでも1949年関東地方を襲ったキティ台風は、予想以上に被害が甚大であったことから、その復旧に苦戦していた。その災害救済活動に学生たちが参加することになり、学生セツルメント活動が各大学等で始まった。しかし、各地域や大学等でバラバラにセツルメント活動していては、本来のセツルメント活動が発展していかないのではないかと危機感が高まり、関東セツルメント連合が母体となり、1955年全国的学生セツルメント組織として「全国セツルメント連合」が結成された。[7] この連合には北は札幌医大セツルから、南は九州大セツルまで参加し、連合書記局が東京大学セツルに置かれた。当時、そこに参加した学生セツルメント団体は約40団体（未加入20団体）にのぼり、参加学生が約2,000以上の学生セツラーにのぼったとされている。しかも、その学生セツルメントが基本にしていたの

が「平和と民主主義」を守り、作りだすという思想であった。しかし、その重い課題をかかえてのセツルメント活動は、現場での活動の場で苦戦しながらも若いエネルギーにより、それと格闘しながら、克服していかなければならなかった。

　しかし、1970年代後半から保守政権が支配するようになり「権利としての社会福祉」が後退、崩壊の危機にさらされ「福祉"冬"の時代に突入していった。その中でも保守政権側は巨大収容施設コロニー設置を進め、人間を一定の場所に大量にとじこめて収容管理する方法を取り始める。それは「人間らしく生きる権利」を制限する恐れが充分あり、人間の「歴史の進歩から、逸脱する危険性があった。しかも、この頃から福祉系学生の質が変化し、これまで民間の自主的社会福祉研究会などに大勢の福祉系学生が参加していたのが、急激に減少化する時代に変化していった。しかも、この頃から学生セツラーからの声が減少しだし、しだいに停滞、衰退への道に歩みだしたのではないかと考えられる。

　一方、社会福祉分野においても、戦後思った程のセツルメント、隣保館等の発展があったかどうかの評価は、たぶん担当者、利用者市民によっても異なるものと思われる。とくに隣保館活動は被差別地域（同和地区）との関係が深いため、日本全国どこの地方地域にあるとは限らない。しかし、日本国内では戦前から多くの隣保館があり、同和対策を推進してきた歴史がある。そのため、戦後になってもその継続があるものと考える関係者も多かったと思われるが、戦後制定された1社会福祉事業法」（昭和26年、法律第45号）には「隣保館」事業は完全に欠落しており、社会福祉分野の事業としての位置づけは皆無だったのである。それが、ようやく社会福祉分野の事業として認められたのは、戦後も12年たった1957年「社会福祉事業法」改正によって、ようやく第2種社会福祉事業として「隣保事業」の項目が追加されたのである。かくして少額ではあるが、隣保館への厚生省からの公費補助金が配分されるようになるが、その背景には、戦後の1948年から厚生省後援の下に社会事業研究所が主催して隣保館、セツルメント施設の「隣保教化事業施設最低基準案」検討会が進められており、そこでの検討案が参考になって

「社会福祉事業法」改正に当たり第2種福祉事業として「隣保事業」が追加された。とくに、1956年第1回全国隣保教化事業関係者会議が隣保館活動では日本国内で有名になっていた金沢市で開催された。[8)] そして、この会議において厚生省に対する「決議」要望書として「隣保教化事業を社会福祉事業法の第2種事業として追加し、且つ、之が助成の途を講ずるよう要望する」という決議文になったのである。また、「厚生省及び文部省は、早急に隣保教化事業としての事業と公民館事業の限界を明確にすると共に、両事業の提携協力の方途を明示するよう要望する」という決議文になっている。これは同和教育を進めるうえでも、また、地域の文化的活動を推進する公民館活動との連携がいかに築かれていくか、大きな課題となって浮上し、それは現在になっても重要なテーマになっている。

　「隣保事業」にだけ限定してみると、被差別地域（同和地区）対策としての隣保館事業には1969年「同和対策事業特別措置法」が公布され、1982年には全国水平社創60周年記念集会にあわせて「地区改善対策特別措置法」が成立する。とくに1987年には「地域改善対策特定事業に係る国の財政上の特別措置に関する法律」が成立するなど、地域改善対策事業として予算化することが、はたしてどうなのか。いつまでも「特別」措置の地域であることが、はたして社会的矛盾としての地域対策になるのかどうかが、問われた。しかし、それらの「特別」措置財源によって公立の隣保館施設は大幅に増加することになる。全国の隣保館は1997年ピーク時には1,282施設まで増加したが、2010年には約256館減少して1,026施設になっている。しかも、これらの隣保館は、名称を隣保館としないで、たとえば「福祉交流プラザ」、「ふれあい会館」、「ふれあいセンター」、「交流センター」、「コミュニティセンター」、「公民会館」等々と呼ばれる名称に変化し、隣保館という名称が消えていく状況が見られる。

　さらに、名称の変化と同時に活動内容にも多様化が見られ、その施設ごとに活動内容が異なり、独自性を地域ニーズによって変化させているが、地域の社会教育施設である公民館活動との類似性も生じることがあ

る。しかし、隣保館事業が「社会福祉事業法」の第2種事業の規定されたことにより、社会福祉分野の事業とする立場を取るならば、その活動内容も社会福祉分野にふさわしい内容に活動が展開される必要性があり。ところが、地域の利用主権者市民からすれば、そうした隣保館施設が地域内になかったり、遠方にあり、交通等が不便で、しかも参加したい情報、事業内容でなかつたりすると、しだいに施設との関係が疎遠になっていく。いま私の住んでいる住宅団地は、まさにそのような状況であり、隣保館も公民館も近くにはなく、参加することが非常に困難である。それに、隣保館が本当に社会福祉分野の活動をすることになれば、そこの職員スタッフには専門職の社会福祉職員と、館長のすぐれた社会福祉運営責任者が配置されているのが当然の条件となる。とくに、この分野は地域福祉分野に所属するのが一般的であるとすれば、そこでの研究発表等がさかんに実行されていることが求められる。しかし『地域福祉事典』(中央法規)の「地域福祉関係文献・論文一覧」を見ても、隣保館活動に関係する研究文献は見当たらない。しかも、隣保館活動と類似の地域福祉活動をしている市町村社会福祉協議会組織が各地域内に設置されているのが一般的であるが、それが隣保館活動にどのようにリンクしているかに関しては、利用主権者市民には理解されていない。利用主権者市民側からすれば、市町村社会福祉協議会は、それが市町村福祉行政の「下請け」機関としか認識されていない面が広がっている。

　本稿では、そうして隣保館、セツルメント活動の戦後史にまで踏み込んだ研究は出来ない。

　とりあえず、その前段階として、戦前新潟県内の隣保館、セツルメント施設に関して、少ない資料しか発掘できない中で、その概要を紹介するにとどめたい。そのことは、これまで新潟県内隣保館、セツルメントに関する先行研究がまったくないのと、それに関係する資料の散逸と、発掘が不十分であるが、すでに公文書類が焼却処分されたり、当時の関係者がすでに物故したりしていることから、かならずしも施設全貌があきらかにならなく、その一断面を垣間見ることしか許されない状況に近く、これまで郷土史研究などにも取り上げられることは少なく、それが

新潟の社会事業専門誌であった「越佐社会事業」紙上にも隣保館レポートがほとんど掲載されない。これは、戦前新潟県社会事業対策の重要度からすればそのランク付けが下位であり、むしろ重要度の高かったのは（1）救護事業（軍人救護など）、（2）失業保護事業（出稼者保護など）、（3）医療保護事業（農村医療など）、（4）児童保護事業（保育対策など）などが重要視されており、隣保事業などはあまり関心が示されなかったケースであったのかもしれない。[9] そのためか、戦前には隣保館が5施設、セツルメント施設が1施設のみであり。そのうち佐渡セツルメント施設施設は1936年に解散している。

　また、隣保館設置者の多くは仏教者であり、また多くは保育施設等を併設していた。そのため農村の母子労働、保育負担の軽減には役立っていたが、しかし、「丈夫な子どもを育てることが、」やがて、ゆくゆくは「立派な軍人」になること、そして人殺し戦争のために出征する男性をっくり多くの人間を殺す人になることが国のため（軍国主義と侵略戦争）、天皇のために役立つことが尊い使命だとする子育て保育が主流になっていく風潮こそ、きわめて根本的な誤認があり、人間としては絶対にしてはならない認識であり、そのことに、気づかねば、ならなかった。すなわち、戦前の保育政策には、残念ながらそうした国策として、危険な策略が密かに導入されていたことを見抜く必要があった。ところが、その危険な策略を見抜かれないように、国民は「天皇の赤子」であり、絶対的存在として位置づけさせられ、洗脳され、ファシズム体制下で侵略戦争に奉仕することが美徳になっていった。そのため、人殺し戦争によって数百万人、数千万人の「いのち」が無惨に奪われ、地獄のどん底につき落とされたのである。この侵略戦争に荷担し、協力したのが日本の社会事業であり、それは、とうてい許しがたい行為でしかなかった。そのため、この戦前の社会事業「負」遺産として発掘し、二度とそのような人間の「いのち」を奪うような行為を引き起こさない運動を社会事業実践史から学ばなければならないのである。こうした視点がない限り、日本の社会事業史、社会福祉史研究が、再び人間を人殺し戦争にまき込まれ、あるいは荷担し、侵略戦争に侵略戦争を正当化することに

荷担することになる。こうした、あやまった認識に洗脳されやすいのが日本人である。いずれにしても、こうした明確な視点を持って地域社会福祉史研究を実行していく必要がある。こうした視点が欠落した研究は、私たち社会福祉、社会保障の利用主権者市民からすれば、それは私たちが人間らしく平和のなかで生きたいという「平和的生在権」を破壊する、とんでもない悪質な研究であることを明確にしておかなければならない。

〈表1〉 戦前新潟県内の隣保館

施設（団体名）	代表名	設立年月	所在地	継続確認年月
吉井隣保館	計良浄諦	1928（昭和3）5	佐渡郡吉井村	現存
新潟隣保館	高橋助七（他）	1932（昭和7）4	新潟市	現存
広沢会館	獄岡悦安	1931（昭和6）3	北蒲原郡新発田町	昭13確認
天王隣保館	市高徳厚	1925（大正14）9	北蒲原郡中浦村	昭13確認
佐渡セツルメント	堀部春光（他）	1933（昭和8）7	佐渡郡河原田町	昭11廃止
田麦山村隣保館		1941（昭和16）4	北魚沼郡田麦山村	昭18確認
浦田村隣保協会		1941（昭和16）	東頸城郡浦田村	昭18確認
牧村隣保協会		1941（昭和16）	東頸城郡牧村	昭18確認
安塚村隣保協会		1941（昭和16）	東頸城郡安塚村	昭18確認
岩室村隣保協会		1941（昭和16）	西蒲原郡岩室村	昭18確認
菅名村隣保協会		1941（昭和16）	中蒲原郡菅名村	昭18確認
根岸村隣保協会		1943（昭和18）	中蒲原郡根岸村	昭18確認

〈1〉天王隣保館の歴史

　新潟県内で一番早く隣保事業を設立したのが天王隣保館だとされている。創立者は、北蒲原郡中浦村の富豪であった市島徳厚であり、1925年9月始めは天王秀節託児所として発足した。設立費用も全て本人の自己負担で捻出し、まったくの個人経営であった。最初は「テント張ノ屋舎」[10]で開始されたが、2年後の1927年には「木造瓦葺」の保育施設に改造し、その所長に天王小学校長（磯部秀松）と兼務するという運営体制をとっていた。

　1925年の保育施設の状況は、定員80人（当時、69人：男子34人、女子35人）で天王小学校通学区域が入所対象であり、1期（5・6月）、2期（9・10月）にわけ、朝7時から午後5時頃までとした。保育料は1ヶ月30銭であり、保育内容は、集団会、自由遊び、唱歌、遊技、童

話、手技、昼食、睡眠などであり、スベリ台、ブランコ、ハンモック、オルガン2台等々があった。子どもの多くは農家の子どもたちであり、そこに保母が3人であるが、そのうちの1人は東京で保母資格を取った有資格者であった。

隣保館的活動を開始したのは1926年6月からであり、それが「天王健康相談所」である。

この相談所の開設には新潟医科大学小児科医師の岩川博士、三条学士らの後援をもとに4人の嘱託医を配置し、4月から11月まで毎月1回診察日とし、受診料は無料とした。診察内容は、投薬、相談、病院紹介、滋養品販売、衛生講話、映写会であるが、その場所は託児所内を利用して実施され、その開所日などは各戸ごとに宣伝ビラと、村内の要所ごとに掲示をした。その結果、毎回の受診者は平均25人にのぼった。これが後に「天王隣保館」と呼ばれる施設になった。その背後には、この地方地域が無医村状況、医療サービス過疎状況があったのと、農村女性への苛酷な農作業労働、衛生環境の粗悪化があったものと考えられる。

〈2〉吉井隣保館の歴史

新潟県内で2番目に古いとされるのが「吉井隣保館」である。しかし、この「吉井隣保館」の名称は、1936年発行の新潟県社会課編集『新潟県社会事業概要』にも、1938年発行の新潟県社会事業協会編集『新潟県社会事業便覧』にも記載されていない。しかも、創立者である計良浄諦（晋門寺住職）、計良綱常（後に隣保館長）らが記録した文献には「吉井隣保館は、昭和3年5月6日創立」と記しているが、別のところでは「昭和12年3月事業拡張のため独立園舎建築を計画し、吉井隣保館と改称する」と明記している。また、1940年宮内省から「吉井隣保館」に「御下賜金」が交付されることになり、それを伝える地元新聞には「昭和9年8月託児所を吉井保育園と改められ、同12年回園舎を建築して吉井隣保館となり」と記実されていることから考えられるのは、創立継承した当人たちは「隣保館」という名称そのものには、あまり固執していなかったものと考えられる。

戦前この「吉井隣保館」が主に実施した活動は、あまり体系的に整理された記録ではないが、以下のような事業を実施していた。
　（1）健康相談事業、乳幼児検診等の実施
　（2）修徳塾―農村の青年男女修業場
　（3）母の会―農村栄養研究、乳児保育指導
　（4）保健衛生思想普及講習会主宰及び会場
　（5）愛育村指定事業
　（6）その他―満州開拓団支援

　なかでも1944年侵略戦争末期になると、多くの男性群は戦地にほとんど狩り出され、残った女性に対しても、激しく人間の「いのち」を破壊する侵略戦争への協力を求めてきた。たとえば大日本婦人会、女子青年団活動に対しても「決戦下二於ケル重大使命」[11]が女性群にあるとし、そのための講習会、指導会等々を開催するようにせまられる。とくに婦人会は「赤ちゃん大会」に経費捻出と実施に協力するよう保健所長からの要請があった。すなわち1944年12月には第1回思想善導、保健衛生講習会が「吉井隣保館」で開催され、思想善導で相川裁判所検事が、保健衛生では相川保健所長が、貯蓄指導では計良綱常館長が講演している。

　国が強欲な資本支援配属によって侵略戦争が開始されるが、その実行のためには人間の「いのち」が多数奪われ、奪うことになることを、大人たちは当然知っていないわけがない。とくに、その人殺し戦争に狩り出されるのが、農村出身の男性たちであることも、すでに過去の戦争経験上知っていたのである。しかし、農村で「丈夫な子どもを育てる」ことが、国策上の侵略戦争に荷担し、人殺し要員として動員されたことの策略に、どれほど見抜け、反対できたであろうか。大義名分として「お国のため」、「天皇の赤子」としてという洗脳戦略が、ごく少数の人には見破られ、反対されたが、それすら封殺された。すなわち当時の「思想善導」は、まさに侵略戦争に疑問を持ったり、反対したり、協力しないような住民を、いかに危険思想の持主であるかを察知し、未然に防止するよう「思想善導」するかが課題であった。

また、1944年吉井村が愛育村に指定されたことから「吉井隣保館」が中心になって事業の促進をはかることになった。そもそも、愛育村の指定制度は、1934年恩賜財団母子愛育会によって進められた事業で、全国の農山漁村を中心に1,800町村が指定をうけ、母子支援事業として「丈夫な子どもを育てる」活動をするのが目的であった。そのために家庭訪問、家庭看護、困りごと相談等々の活動がなされた。しかし、間もなく日本は敗戦の日を迎え、事業は頓挫することになった。

　戦前から戦後にと「吉井隣保館」（保育所主任保母は、計良房枝で、昭和9年から昭和53年まで就任）は継続されたが、創立者であった計良浄諦が1951年逝去したことから計良綱常が2代目館長となり、社会福祉法化した。計良綱常は、1951年佐渡郡社会福祉協議会が結成されると同時に副会長に就任し、県民生委員（戦前の1936年に県方面委員に任命されていた）や保護司（1955年面識を退任）になり、1955年佐渡地区保育事業研究会の会長に就任している。その後1956年には新潟県私立保育園連盟創立と同時に会長になり、1961年財団法人日本保育協会創立により常務理事に就任している。さらに1974年政治結社日本保育推進連盟結成時には理事（後に副会長）となり、自由民主党新潟県連合会常任総務党紀委員にもなっている。かくして、計良綱常は保守右翼政党支持者として、囲われていった。しかし、地元の「吉井隣保館」は活動を続けており、これまでの活動とほぼ同様な内容であった。

・乳幼児保育　　┬──託児年齢──出生より学齢まで
　（常設保育所）├──期　　間──四月六日～三月二十八日まで
　　　　　　　　└──給　　食──当分農繁期のみ実施
・健康相談　　　┬──乳幼児検診年三同法により定例検診実施
　　　　　　　　├──母性補導員訓練指導
　　　　　　　　└──母親学級、育児衛生指導訓練
・母　の　会　　───随時開設育児衛生修養講座、講演会
・日曜学級　　　───毎日曜日開設、保育終了生集い、晋門寺日曜学校
・修　徳　塾　　───十七才以上未婚女子並びに青年男子を生徒として毎日曜日開設、宮城県内勤労奉仕を希望者に実施
・人事相談指導並びに生活保護法調査指導
・図　書　部　　───自由閲覧
・関　係　事　業───佐渡郡保育事業研究会、遺族会、文化連盟、各事業所を置き、連絡指導に当る

なかでも特徴的なことは「吉井修徳塾」であり、敗戦後の1946年から村の青年男女を集めて「祖国再建」は青年の力によって実現出来ると考え、そのための教養を身につけることを目的に開設している。講師には前第1師範学校長であった加藤寛亮、小児科医の内海治市、婦人科医の源田博二、華・茶道の畠山三春、謡曲の菊池汎、その他4人の講師に来てもらった。さらに、そうした修徳塾生には皇居構内で農作業、花畑造り、植樹作業等々の勤労奉仕に1948年を第1回目として、1953年の第5回目までの5年間継続して皇居構内勤労奉仕に40人前後の男女が参加させたのである。

とくに歴史的な審判からすると、日本国民の数百万人の「いのち」が奪われ、焼塩に落し入れた責任を負うところに。まだ多くの市民が飢えに苦しんでいる敗戦直後に、とても考えずらい勤労奉仕であった。しかし、そのため間もなく、1950年反戦学生同盟が結成された2年後の1952年保安庁（警察予備隊、海上警備隊を統合）が新設され、1954年には防衛庁、自衛隊の発足となり、戦前の旧軍隊が復活してくるのである。日本の隣保事業、セツルメント活動がどの方向を向いて実践活動をしなければならないのか、真摯に過去の「負」社会事業遺産から学ばなければ、権力支配を持つ体制側の戦略に洗脳され、再びとんでもない過ちを繰り返す危険性があることを認識する必要があった。

〈3〉広沢会館（隣保館）の歴史

新潟県内では3番目に古い仏教系の隣保館が「広沢会館」である。しかし、この隣保館に関係する史料発掘が不十分であることから。その全容を正確に論述することは、いまのところ困難である。後日、若手の研究者によってその全貌を正確に伝える日が来ることを強く期待している。ここでは、現在手元にある1、2の資料によって、その概要の一端だけを紹介するにとどめたい。この「広沢会館」（隣保館）は北蒲原郡新発田町寺町に曹洞宗の宝光寺住職・獄岡悦運（慶応元年9月8日生まれ）によって1931年4月20日に創立されたものである。創立者の獄岡住職は1928年新潟県方面委員制度が全県下に普及した時に県方面委員

として任命された。ところが、新発田町内には、これといって目立った社会事業施設が無いことを痛感した。そこで、本人自身がすでに老境に達していたのと、1931年県方面委員を退任するに当って、何か地域の社会事業に貢献できることはないかと考え、寺院内に隣保館を設立することを考えついた。

1928年当時、新潟県当局も県内寺院に対し『寺院ヲ中心トスル社会事業』（新潟県社会事業協会発行）なるパンフレット資料（資料第5輯）を作成し、県内の寺院に配布していた。そうした県当局からの寺院のあるべき社会的貢献として、寺院による社会事業施設創立の啓蒙があって隣保館設立に着手したものと考えられる。そのため1930年私財9,500円を投じて木造瓦屋根2階作り、横コンクリート張り1棟を宝光寺境内に設立し、そこを「広沢会館」（隣保館）と命名したのである。会館内部は、2階部分を隣保館とし、1階部分を「広沢託児所」とし、男女の幼児90人が利用できる保育所とした。しかし、開設当初の託児所では、満3歳以上の幼児なら150人位までなら利用できるとし、保育料も1ヶ月80銭位と考えていた。その料金は、1人当りの1日給食代が3銭位かかり、保母も4人が必要としての試算であった。[12] また、2階の隣保館では、住民の無料健康相談、無料宿泊所とし、さらに地域の新発田婦人会、大正婦人会、仏教会などの活動の場に提供するとしている。ところが、無料宿泊所開設によって、1932年4月より1。月までの6ヶ月間に宿泊所を利用した人数が延人数387人と「多キ上達セリ」[13]と記載されているが、この異常に多い宿泊延人数の理由が何であったかは記されていない。ただし、この時期は昭和初期から経済恐慌が長びいており、失業者も300万人以上となり、米価も大安値となり農業危機が深まっていた。都市での失業者が地方農村に帰農する貧困者が多かった。とくに1931年には東北地方、北海道、その他北国は大凶作となり、貧困者が続出した時代でもあった。こうした時の無料宿泊、低廉料金での宿泊は非常に助かることは云うまでもない。

ところが、1933年1月新潟地方の大雪によって施設が倒壊した。しかも創立者の獄岡住職も逝去したが、しかし、創立者の意志をついで2

代目となる獄岡悦安によって、日慶福会から1,000円の交付金を受けて1934年に再建したのである。[14] しかし、この頃になると寺院が経営する隣保館活動のあり方に関しの情報も多くなり、仏教者の仏教社会事業にかかわり方にも変化が起こってきてたかも知れない。その隣保館実践モデルケースが大阪に1921年創立された佐伯裕正の「光徳寺善隣館」であったと考えられ、その具体的な隣保館運営について1931年『宗教と社会事業』(顯眞学殖出版社) 中で詳細に論述されている。仏教者の隣保館運営者にとって非常に参考になる文献のひとつになっていたものと思われる。

〈4〉新潟隣保館の歴史

　新潟県内で4番目に古いとされる隣保館が1932年設立の「新潟隣保館」であり。財団法人新潟市社会事業助成会が経営主体で、新潟市田中町427番地に開設されている。そもそも助成会の歴史は1924年(大正13) 新潟市方面委員援護会として組織化されたものであったが、1928年新潟市社会事業助成会と改称し、翌年隣保館設立に尽力する高橋助七(1854～1933年) が会長に就任している。そこで、1932年古い「恤救規則」が廃止され、新しく「救護法」が制定され、方面委員活動も重要性をましていた。そのため「救護法」救済水準に近い貧困層の存在が大きな問題となり、都市部の貧困層対策のいっかんとして都市型隣保館と保育所の必要性をなった。

　かくして、新潟市内では貧困層が多数居住する都市スラム的な地域になっていた市内古町通り13番町の俗称「イロハ長屋」付近の民家2階家を借用し、1932年「隣保館」と名付けた施設を開館したのである。翌1933年創立者高橋助七が私財を投じて市中田中町427番地に新築の2階建て隣保館がオープンした。しかし、創立者(初代館長) が1933年に逝去したことから、急遽2代目館長に高橋助七(1874～1957) が就任し、新潟市社会事業助成会理事長にもなっている。戦前「新潟隣保館」主に実施した事業内容は以下のようなものであったと記録されている。[15]

(1) 各種講演会―講習会、学習会
(2) 娯楽活動：講演のあとの余興として講談、童謡舞踊、幻灯、映画、民謡、福引等
(3) 生活指導
　イ．人事相談
　ロ．代筆
　ハ．職業紹介
(4) クラブ
　イ．針友クラブ
　ロ．少年クラブ、少女クラブ―少年少女の会
　クラブ員達は読書会、談話会、幻灯映写会、作文発表会を行なう。
(5) 年中行事
　イ．天長節祝賀子供会
　ロ．乳幼児愛護デー
　ハ．花祭り
　ニ．端午節句
　ホ．クリスマス
　ヘ．野外集会
　ト．新年童話会
　チ．針供養
　リ．ひな祭り

　しかし、実際には、これらの事業内容のほかに、他の隣保館ではあまり実施していないユニークな「結婚相談所」を1933年から開設している。[16] ところで、この時期に何故に隣保館事業として結婚相談所の開設が必要であったか。たぶん、若い男性の多くは1931年の満州事変から始まる侵略戦争である15年戦争に狩り出されるか、都会に出稼ぎか流出しており、または昭和初期からの経済不況、失業者の増大、東北大凶作などの影響で農村の貧困化が深刻化しており、いわば安心して結婚

し、家庭をつくることが困難になっていた。また、若い女性の多くも都会に出稼ぎ、女工、女中等々に出払うことが多くなっていた。そのため地元でも結婚が困難になり、男女の出逢いが少なくなっていった。しかし、他方では、国策としても「丈夫な子どもをたくさん産んで」、「お国のために奉公」、「強い軍人をつくる…」等々策略によって人口増産の風潮を進めていた。それは「開設趣意書」にも記載されているように「国家社会の発展に寄与貢献」することになるとアピールしたのである。この結婚相談所を伝えた記事によると「7、8月中には相当申込みがあった……」と伝えている。

　「お国のために役立つ人間」を育成するという大義名分の政策は、本当は日本の侵略戦争勝利への暴走、妄想でしかなかった事実を見抜けなかったことに最大の問題があった。しかも多くの国民をそうした妄想を持つように洗脳した策略が、ある少数の反戦者を投獄し、その生活、生命まで抹殺した。この歴史的事実、現実を不問にしたり、認識できないようであれば、その恐ろしさと弊害は、また歴史を逆回転する保守勢力、人殺し戦争賛美者を肥大化させる結果になるだけである。「新潟隣保館」も侵略戦争が始まって15年戦争へと発展するなかで、「強い軍人」を育成する必要から、さらに出征兵士留守家族の支援を強化する国策に協力するため、これまでの隣保館事業を打ちきって「保育部」を設置し、「隣保館保育園」に改称し、保育事業をすることに改変されていった。戦後は、1947年12月児童福祉法が成立したことにより保育所として認定をうけ、現在に至っている。

〈新潟結婚相談所開設趣意書〉
　結婚は人生の根本にして、一生の禍福一家の盛衰は之れに胚胎し、延いては國家の興勤、民族の消長も亦結婚其の宜しきを得ると否とに因るところ甚だ大なるものがある故に洋の東西を問はず古来より結婚を人生の一大儀礼として重んじ萬全の注意と厳粛なる典儀とを以てとり行ふを例とする。
　然るに最近動もせれば結婚の根本義を軽んじて徒らに地位、名誉、財

産、容色等を重んじ婚儀に際しては繁雑なる虚礼と莫大なる費用に悩まさる、ものあり、或は神聖なるべき男女結合を単なる官能的遊戯として弄ぶものあるは洵に憤慨に堪えないところである。

社倉の複雑化と経済生活の不安はさなきだに結婚適齢期にある者を苦悩せしめつ、あるの時、如斯弊風を除去し神聖なる結婚を奨励助長することは社會改善の第一義であると信ずる。

吾人は口に鑑みる所あり同志の協賛により新潟結婚相談所を設立し別紙規定に基き以て従来の弊風を改善し、健全なる家庭を造り些か國家社倉の発展に寄与貢献せんとするものである。

希くば本所開設の趣旨を称賛せられん事を

〈新潟結婚相談所規約〉
　　一、目的及事業
一、本相談所ハ、社會事業ノ一端トシテ結婚ノ媒酌斡旋ヲナシ兼テ結婚ニ関スル弊風ヲ改善スルヲ目的トス
二、本相談所ハ前条ノ目的ヲ達スル為ニ左ノ事業ヲ行フ
　（一）求婚者ノ調査、斡旋、媒酌
　（二）結婚儀式ノ改善
　（三）結婚ニ要スル冗費ノ節約
　　二、名称及事務所
三、本相談所ハ新潟結婚相談所ト称シ有志會員ヲ以テ組織ス
四、本相談所開設ノ趣意ヲ賛シ維持費トシテ一時金弐圓ヲ供出セラル、方ヲ以テ會員トス
五、本相談所ハ事務所ヲ新潟市田中町四百二十七番ノ四（新潟隣保館内）ニ置ク但シ必要ニ雁シ支所ヲ置クコトアルヘシ
　　　　　　　　（以下略す）

〈5〉佐渡セツルメントの歴史

新潟県内の隣保館事業の中で唯一「セツルメント施設」という名称を使用して活動したのが「佐渡セツルメント」である。戦前県内でセツル

メントという名称で活動したのは、施設団体を含めて「佐渡セツルメント」が最初で最後であると考えられる。それは、これまでの県内隣保館創立者や運営の中心には仏教者僧侶が多く、いわばその設立理念の中には仏教社会事業的な性格が濃厚にあったものと考えられる。ところが、この「佐渡セツルメント」は、そうした仏教社会事業的な保守的性格はほとんどなく、むしろ反対に近代的思想になるキリスト教思想ないし社会主義思想に影響を受けた人々が中心であり、「佐渡無産青年同盟」の有志たちによって「佐渡セツルメント」が 1933 年 7 月県立佐渡中学校（現佐渡高等学校）下の中原に開設されたのである。[17]

この「佐渡セツルメント」創立提案し、実行に参加した主な人物は、二宮村中原の堀部春晃、真光寺の山本浄海、新穂村湯上の後藤奥衛、河原田町の斉藤淳、歯科医の本間林三、岩野慧一、船山博等々の若い社会主義思想に関心を持ったグループであり、後述するように、それは「佐渡無産青年同盟」に参加していた人々が中心であった。このセツルメントの目的ないし特徴は、農村医療の貧困に挑戦し、実費診療を広めることによって貧困農民、貧困患者の健康を守るという活動が力点におかれていた。そのために医療部を組織し、内科、歯科、花柳病科（泌尿科）の 3 部門に分かれ、医者の後藤衛門、本間林三、伊藤一雄等も加わって低費診療、実費ないし無料診療によって農村地帯の地域医療保障に大きく貢献することになった。

こうしたセツルメント活動として実費診療を午前、午後、夜間にも定期的に医療費の半額ないし無料で実施するという活動をするという背景には、いかに新潟県内ないし佐渡郡内には貧困農民、貧困患者が多く存在し、病気になっても、まともな医療サービスが保障されず、苦しみながら「いのち」が奪われていった患者が多かったかということである。すなわち県内、郡内にはいかに多くの小作貧困農民がおり、山間部、農山村地帯には医療過疎地帯、無医村等が広がっていたかである。そこには新潟県が、全国的に見てもトップクラスの「地主王国」といわれ、それは秋田県につぐ大地主地帯が新潟県であった。しかし。1889 年（明治 19）の時点では全国一の大地主地帯といわれ、50 町歩以上の土地を

所有する巨大地主が多く、地価1万円以上の地主は戸数428戸おり、全国平均の2倍、その所有地価比率は全国平均の約3倍に達していたといわれる。しかも巨大地主を頂点に、以下順に大地主、中小地主、在村耕作地主、自作農、自小作、小作農という序列的構造になっており、うち7割以上が零細小作農民であったとされる。[18] 少なくとも新潟県内には500町歩以上の巨大地主が各郡内に12人以上もおり、零細小作農民も全国平均より多く、そのため土地所有の面積も少ない貧農が県下には多かったのである。

　しかし、そうした貧富格差、地主支配の構造は、しばしば小作争議発生の基盤となり、小作争議の多発地帯が県内に多く存在した。とくに1921（大正10）年頃から小作争議が本格化しはじめ、農民運動がさかんになり、小作組合の設立が目立つようになった。とくに風水害、病虫害、不作、凶作、天候不順等による不作時には小作料減免、あるいは永久減免等を要求することが圧倒的に多く、地主と小作人との争いは絶えることはなかった。とくに多かったのは昭和初期経済不況からの農村窮乏化、1931年からの東北地方大凶作、1934年からの東北大凶作へと続くなかで、小作争議も多発していった。

　すなわち、巨大地主支配による問題は、零細小作農民がいくら働いても生活が楽にならないばかりである。そのことは「小作農民は、収穫の半分以上をもっていかれる高額小作料が、自分たちの農家経営の前進にとって、どんなに足かせになっているかを自覚した。米価がいかにあがっても、小作料を納めたあとの販売米はほんのわずかであり、零細農民に至っては、飯米さえ残らないのである。しかし経営費、なかでも肥料代は、かさむ一方なのである。こうした小作農民の苦窮をよそに、米を致富の手段とする地主は、小作の収奪をいっそうきびしくせまり……」[19] 零細小作農民を窮地に追い込んだのである。そのため、窮地に追い込まれた零細小作民たちは、日々の生活費に困るだけでなく、日常の飯米にもこと欠くような生活状況であった。そのため病人が発生しても病院にも、医者にかかることなく、死の世界に追いやられた。とこくその地域が無医村であったり、医療過疎地帯であったりすると、零細小

作農民の「いのち」は常に危険にさらされることになった。

　たとえば、新潟県委託の済生会が1930年（昭和5）にあきらかにした「医師のいない町村」[20]数は111ヶ町村にのぼっており、そのうち28ヶ町村に巡回診療する計画だとしているが、それは無医村111ヶ町村のうちのごく一部への巡回診療でしかなかった。そのため県内のある村（東村）では「19ヶ字に亘る大村ですが、村内に1名も医師が無く、雪中他村から態々頼みますと、1回に少なくも7、8円の往診料を支払わなければなりません。随って中以下の者は病人が出来ても、医師を迎える力が無く、富山の売薬や、草根、木皮の民間薬で間に合わせて置く関係上、遂に手遅れとなって、あたら一命を損する例も少なくありません。また、治療代に苦しまない程度の人々も、医師に故障があったり、夜中交通が不便であったりするために、救うべくして救われない急病人も多いのであります。いや、医師はおろか、産婆さへ無い村がある……」[21]と、無医村の窮状を伝える村民がいる。

　このような無医村あるいは医療過疎地帯では安く実費診療や夜間診療をしてくれる「佐渡セツルメント」（診療部）の活動は、そこで暮す住民にとって非常に助かることであった。日本国内にはこうした貧困市民を対象に安く医療サービスを提供する施設として明治末期から社会主義思想を持った加藤時次郎（1858～1930）それを支援した鈴木梅四郎（1862～1940）らによって実費診療所が設立され、低料金による診療事業がひろがっていった。[22] すなわちその目的は「疾病によって直ちに貧困に転落せんとする危険を防止する」ことを主目的としていた。そのために「医療の普及、社会化をめざし、主として少額所得者、所謂中産階級及びそれ以下を対象として、一般開業医に於けるよりもはるかに低廉なる料金、いわば実費を以て診療を行い、以て病によって直ちに貧困に転落せんとする危険を防止する……」[23]ことを目的とする医療民主化活動になると考えて、実行したものである。

　昭和初期からの農村恐慌、凶作、貧困化等々を背景にして東北地方の多くのところで無医村、医療過疎地帯が出現したことにより、医療に苦しむ貧困農民を苦境におとしいれた。そのため東北地方だけでなく、各

地にも実費診療所や医療利用組合、無産者診療所などが設立された。なかでも、たとえば1929年に、全日本無産者芸術団体協議会機関紙『戦旗』(同年4月号)において「労働者農民の病院を作れ」(労働者農民の病気を労働者農民の病院で治せ)と題するアピールが発表され、各地にこの医療民主化運動が波及していく。少なくとも東京だけでなく、東北地方、新潟地方、大阪、京都、愛知、山梨、千葉、群馬、浜松など23診療所と1病院にのぼり、このほか実費診療所と提携したり、医療組合と協同しての診療所が設立されている。[24]

たとえば新潟県内では、1931年中蒲原郡五泉町(五泉市)を中心に日本無産者医療同盟新潟支部設立が準備され、翌年実費診療所の開設することが出来ているし、南蒲原郡三条町の農民組合によって南蒲原医療相扶組合が設立されている。佐渡郡内でも1931年6月21日佐渡無産青年同盟創立大会が開催され、その「綱領」において「無産青年の立場より労働者農民無産市民その他一切の被圧迫大衆の日常利益の援護伸長のために斗ふ」と決議している。こうした決議をもたらした原因は、「寄生的地主土地所有者は、農業危機を招来せしめて貧農小作人の生活を半飢餓の状態に突き落としている」からであるとアピールしている。「佐渡セツルメント」は、こうした「佐渡無産青年同盟」の有志によって設立されたものである。このほか佐渡青年同盟の「任務」として「青年の経済的、社会的地位は全く劣悪であり、官制青年団、希望者、修養団等に反動的教育、訓練を強いられ、無気力化」になっている、ことから、その反動的体制と斗う必要があるとしている。そして「任務」のひとつとして、人間の「いのち」を一方的に奪う侵略戦争の反対であり、「反戦半軍」の闘争こそが青年に果せられた最大の課題だとしている。[25]

こうした医療民主化に関連してのセツルメント活動では、すでに東京で1923年関東大震災後に設立された各種のセツルメント施設が設立されており、そのうちのひとつに東大セツルメントがある。また、そのなかに医学部を中心として東大「柳島セツルメント医療部」が設立されている。この「医療部」セツルメント設立には、ちかくの本所綱町に馬島個が設立していた無産者診療所があり、そこのアドバイスをうけて創立

したとされているという事情があり、[26]医療民主化の運動の影響を受けていると考えられる。新潟県佐渡の「佐渡セツルメント診療部」も、こうした日本国内の無産者診療所、実費診療所の医療民主化活動から影響を受けての活動であったと考えられる。設立後には佐渡セツルメント事務所により「宣伝ポスター」が佐渡郡内に配布され、くわしく担当医名と診療日時などが記されている。しかし、当時のくわしい内容はあきらかではなく、戦後になって断片的に当時の様子が伝えられているにすぎない。たとえば、戦後の『佐渡新報』（昭和23年12月22日）によれば、「歯科医療はぼくが受持で、月12回出張したものだった。1日50人の患者を診て、中には被綴技工のセットなどをすると、夜1時頃までかかることがあった。それでも尚仕事が終った後で、思想を論じ文芸を論じて……疲れを知らない物すごい精力だった。それでも毎回議論ばかりしているわけではない。春は花、青葉の夏、秋の幾夜、はてはしみじみとして雪降る冬ともなれば、ポータブルを持ちこんでレコードをかけ、ベートーヴェンがかけられ、ラロがかけられ、サラサーテがかけられた。それなかりか流行歌の「故里欲しや」と云うのが圧倒的な人気を呼んで、此の歌はセツルメントの寮歌の様になっていた。堀部、岩野、名古屋（建次）、かさ井、ぼく等は、全く身をていして心行くまで此の歌を歌った。

心の故里を失っていた当時の青年達は、コムミュニズムの行き詰まりや非常時の社会情勢で「ひそかな夢」すら明日に托することが出来ず、まるでロシヤの1880年代の様に、みんなニヒリスチックだった。「故里欲しや夢欲しや」と云う歌詞を、綿々と歌い続けていたセツルメントの常連達は、恋に逃れたり、恋に破れたり、酒に隠れたり遊とうに溺れたり、乱れるだけ乱れた。そこへ本間唯一が清新の気を入れるかの様に「社会主義的リアリズムの研究会」と云うのをセツルメントへ持ち込んで来て、見知らぬ青少年が厳粛な顔をして出入りした。……本間唯一は彼の信奉するコムミュニズムの立場から、セツルメントを新しく組織立て様と努力した風だったが、セツルメントが疲れて来るのをどうすることも出来なかった。第1主幹役の岩野（慧一）が全く虚無的になって、

自殺を計ったり、恋愛のいざこざが内部に起ったりして、セツルメント
は崩壊しそうになっていた。堀部は真面目に出直そうと創作研究会を起
して、第1回の小説発表会をやった、ぼくは本間唯一の新しい組織にも
賛成で彼と幾度も協議したし、堀部の創作研究会にも賛成で自分で小説
を内緒で書いて見たりした。然しセツルメントの疲れは自からも自己放
棄の如くなり、昭和10年の大雪の時に1時休んだのがもとで、遂に閉
鎖してしまった。足かけ4ヶ年。ぼくは全く朝に星を仰いで起き、夜深
更まで働き学び論じた、まるで苦学生のような生活だった。……」[27]
と述懐している。

しかし、「佐渡セツルメント」が崩壊していったのは施設内部の不調
和だけではない。すでに日本が侵略戦争に突入して、1931年満州事変
が勃発する。その侵略戦争を勝ちぬくために「非常時」体制が流行語に
なっていた。地方農村から若い青年が人殺し戦争に狩り出されていき、
青年たちに夢も希望もなくなっていく閉塞時代になっていった。それ
に、社会主義思想が濃厚な「佐渡無産青年同盟」グループが中心である
ために危険思想とみなされ、思想犯として「特高」から目をつけられる
ことになる。さらに「一年を過ぎる頃から財政難に陥って」[28]いたこ
ともあり、診療所の設備も充分ではなかったが、若い医師たちの情熱
と、支援者農民の支持があって、4年間も持ちこたえたのである。それ
が1935年10月佐渡郡金井村に産業組合佐渡病院が創立されたことが契機となり、1936年4月閉鎖された。しかもその後、1937年から本格的な戦時経済体制となり、戦時国家独占資本体制へと移行と、国家総動員法が公布された。1939年には第二次世界大戦が勃発し、ますます社会主義的運動への弾圧が強くなり、進歩的な社会運動、農民運動等々のすべてが弾圧され、解体をせまられた。し

たがって、1941年には新潟県内では古い五泉町の日本無産者医療同盟の実費診療所（五泉診療所）や、同系列の北蒲浦郡葛塚にある葛塚医療同盟診療所などが弾圧閉鎖に追い込まれたのを最後に「戦前の無産者医療運動はそののど首を完全にたち切られた」[29]とされ、それが新潟県だけでなく、日本の医療民主化運動が侵略戦争を進めた、とんでもない愚行、犯罪により閉鎖されていったのである。すなわち、人殺し戦争を讃美、推進するような政治支配体制は、とんでもない愚行、犯罪であり、絶対に許してはならないことを歴史研究の中から学ぶ必要がある。

[注]

1) たとえば、宮城県内の隣保館関係の発掘レポートに関しては、その多くが拙著「東北地域社会福祉史」（田代国次郎著作集2）の中に入っている。

2) くわしくは、拙稿「東北社会事業史研究（1）―山形県高擶村社会事業協会の歴史―」（社会福祉研究シリーズ No.3）昭和47年参照。

3) くわしくは、拙稿「戦前「負」の社会事業遺産―三浦精翁と愛国婦人会―」『東北社会福祉史研究』（第31号）2013年参照。

4) 拙稿「戦前日本のセツルメント施設史序説」『広島女子大学文学部紀要』（第21号）1986年参照。

5) くわしくは、拙著『日本地域社会福祉史』（田代国次郎著作集3）2002年参照。

6) 西内潔の研究業績に関しては、拙稿「故西内潔教授著作目録」『東北福祉大学論集』（第11号）1972年にくわしい。

7) 「全国セツルメント連合」が結成される前後の状況について、くわしく全国セツルメント連合書記局編『同じ喜びと悲しみの中で―学生セツルメント運動の記録―』（三一新書）1957年にくわしく記されている。

8) 「隣保館」事業が第2種社会福祉事業に指定される前後の状況は、西内潔著『増補・日本セツルメント研究序説』（意心社）昭和43年にくわしく記されている。なお、最近の「隣保館」事業に関しての研究として、大北規旬雄著『隣保館―まちづくりの拠点として―』（解放出版社）2012年がある。

9) 新潟県であまり隣保館事業が重要視されなかった理由のひとつに、県内にも被差別部落があまり多くなかったことが背景にあると、考えられる。新潟県社会課の昭和3年5月現在の調査によると、県下403市町村の内、被差別部落は59部落（1村に5戸以上の集団）があり、1,124戸、7,917人である。主な職業は農業（1,304人）日雇（1,096人）、船乗（443人）などで、その他が4,192人と報告されている。その生活程度は「非常に低い」と記入されている。それは県内約200万人の人口からすると、7,917人は少ないようであるが、差別と貧困は深いものがあった。くわしくは、福嶋正雄「隣保事業を提唱す―融和促進のため―」『越佐社会事業』（10月号）昭和3年10月、39ページ。

10) 新潟県社会課『新潟県社会事業概覧』（昭和5年3月）35ページ参照。

11) 吉井隣保館に関しては『感謝の生活90年―社会福祉事業の足跡・計良綱常―』（平成7年発行）によったが、計良綱常が病気で2年余も入院していることから、この本の編集が檀家の渡也昭三、神蔵嘉治によって完成したものである。そのためか記録内容について精査されていなく、出典等も明記されていない部分も散見されたため、あいまいな点があることを了承されたい。

12) くわしくは「本県最初の社会館―託児所は地蔵様主義―」『越佐社会事業』（昭和6年5月号）、70～72ページ

13) この宿泊人数と、その多さの原因については、記述されていない。「功績調・獄岡悦運」『越佐社会事業』（昭和8年3月号）、70～71ページ

14) くわしくは『新潟社会事業概要』（昭和11年12月）、49ページ。

15) くわしくは新潟市社会事業協会『創立50周年記念誌』（昭和55年）参照。

16) 「新潟結婚相談所」開設に関しては「隣保館の新しい試み―結婚相談所の開設―」『越佐社会事業』（昭和8年9月）、74～75ページ。

17) くわしくは『佐和田町史』（通史編3）平成13年発行（非売品）395～396ページ。

18) 新潟県の小作農民と巨大地主（地主王国）に関しては、くわしくは『新潟県史―通史遍7、8―』「地主王国」、「地主王国のかげりと農民運動―」

など参照。

19)『新潟県史』(8)、104 ページ。

20) 県内の無医村数を「医者のいない町村」として、111 ケ町村と報告『越佐社会事業』(第 2 巻第 7 号) 昭和 5 年 7 月、97 ページ。

21) 桑原亮太郎「本県社会事業は如何に進むべきか」(昭和 5 年 4 月号) 14 〜 15 ページ。

22) 実費診療所を設立していく加藤時次郎、鈴木梅四郎に関しては、成田龍一著『加藤時次郎』(不二出版) 1983 年、106 ページからや、『加藤時次郎選集』(弘隆社) 1981 年などがある。

23) くわしくは、社会事業研究所著『近代医療保護事業発達史』(上巻、総説篇) 日本評論社、昭和 18 年、376 ページ〜参照。

24) 増岡敏和著『民主医療運動の先駆者たち』(全日本民医連出版部) 1974 年、23 ページ、その他。

25)『新潟県史』(資料編、19) 759 〜 765 ページ。なお、「佐渡セツルメント」ポスター、その他「佐渡無産青年同盟」に関する原資料を所有している人は、佐渡郡金井町の渡辺慎吾氏が所蔵していると聞いている。

26) くわしくは、滋賀秀俊編『東京帝大柳島セツルメント医療部史』(新日本医学出版社) 昭和 54 年、202 ページその他、福田正夫 (他) 編『回想の東京帝大セツルメント』(日本評論社) 1984 年など参照。

27)『佐渡新聞』昭和 23 年 12 月 22 日付

28) くわしくは、『佐和田町史』(通史遍川)〈非売品〉平成 13 年、393 〜 395 ページ参照。

29) 富岡次郎著『日本医療労働運動史』(勁草書房) 1972 年、3 ページ。

新潟県の妊産婦保護事業
―乳幼児愛護デーの展開を中心に―

I．はじめに

　妊産婦保護事業は、諸外国と比較して高い妊産婦死亡率、乳児死亡率、死産率の減少を目指し、都市部においては1920年代の初期から、農村部では1920年代後半から乳幼児保護と一対として行われたものである。その背景の一つには乳幼児の死亡率は単に妊産婦や乳児の問題であるだけでなく社会生活に深く根を下ろした問題であり、乳児の属する家族や婦人、さらに国家の文化水準の指標ともなるものと捉えられていたことがある。

　妊産婦・乳幼児の高い死亡率に注目が集まり始めた大正時代後半は児童保護の成立期であるとされ、思想や処遇の理念が「感化」「救済」から「保護」に変革された時期であることはよく知られている通りである。「児童保護に積極的意味を与えたのは妊産婦及び乳児保護である[1]」といわれ[2]児童保護理念への転化にも重要な役割を果たしたものであるが、妊産婦保護事業を社会福祉の視点から詳細に明らかにしたものは少ないと考えられる[3]。

　本稿で取り上げる乳幼児愛護デーは妊産婦・乳幼児保護の啓蒙的側面の担うものとして1927（昭和2）年より全国一斉に行われた事業であり、名称や実施上特に重視する部分は都道府県によって異なる地域性の強いものであった。また内容や目的、名称の変更を繰り返し「児童のための児童保護から戦争に役立つ『人的資源』のための児童保護への転化を見出さざるをえない[4]」と評価されるように時局と共に戦争遂行のための政策へと変化させられてきた歴史がある。戦前は「児童保護」戦後は「児童福祉」いわれるが[5]、その間にある戦中の児童福祉政策を検討することは歴史の連続性を考えるうえで重要なことであり戦時下の福祉政策の解明と反省が求められている[6]。本稿においては言及しないが新潟県における幼児愛護デーの展開を解明することは地域レベルでは社会事業が戦時厚生事業へといかに変質し、現場ではそれをどう受け止めていたのを考える一助ともなろう。

本稿では、前提として乳幼児愛護デーが全国行事となる前に行われていた妊産婦保護・乳幼児保護のための啓蒙活動を確認した上で、新潟県における乳幼児愛護デーの展開の詳細を明らかにし、本運動が妊産婦保護さらには母性保護に与えた影響を考察することを目的とする。引用に際しては、カタカナをかなに、旧漢字を常用漢字に改めた。

Ⅱ．乳幼児愛護デー開始前の啓蒙活動

妊産婦・乳幼児保護の啓蒙活動の契機として、1920（大正9）年に、内務省保健衛生調査会総会において建議された15項の「児童及び妊産婦健康の増進に関する件」があげられる。その12項目にある「児童週間の実施または児童衛生展覧会の開催による児童保護衛生思想の普及」に応え、内務省主催の児童衛生展覧会が開催されている。この展覧会は保健衛生調査会の委員の中から児童問題に関係のあるメンバーを委員とし、乳幼児の保健に関する講演が行われたほか、お産や乳幼児育児に関する写真や医療器具の陳列、さらには来場した児童の身体検査が瀬川病院と慶応病院を主として行われたものであった。展覧会は予想外の好評であり一日の平均入場者は7,000人を超えていたという[7]。

また、1921（大正10）年より大阪児童愛護連盟によって行われた「子供愛護宣伝デー」や「赤ん坊大会」が乳幼児愛護デーの萌芽としてよく知られている。1922（大正11）年には、東京でも大阪児童愛護連盟と連携した児童愛護に関する運動が行われているが、このことはあまり先行研究ではあまり取り上げられてこなかった。これは倉橋惣三（1882～1955）を陣頭に各幼稚園の保母たちが総出で児童愛護の講演会並びに児童製作品などの展覧会を催し、ポスターやビラの配布を行ったものである[8]。

その他にも、日蓮宗大学コドモ会では子供の健全な成長のための親への注意と子供の生活習慣と保健衛生について書かれた四万枚のビラを大崎町内に配布[9]、1927（昭和2）年からは、東京仏教各団体連絡会において、花まつり行事の一環として児童愛護や母性礼讃に力を注ぎ、4月

7日8日9日の三日間を児童愛護デーとして各所で愛護デー講演の実施、児童の作品展覧会を催すなどの取り組みが行われている[10]。様々な主体が多くの目的をもって児童愛護の啓蒙を目的とする活動を行っていたが、根底には子供の権利と生活を支えようという思想がある。

　新潟県では、1921（大正10）年1月、衛生思想の向上を図るため市町村や女子教育会の主催で家庭衛生講習会を開くことが決まり[11]、同年3月には二日間の日程で南蒲原郡村松町において家庭衛生講習会を開き70名近い聴衆を集めた[12]。1922（大正11）年6月には愛国婦人会新潟支部と新潟市幹事部、篤志看護婦人会新潟県支部によって出産保護講習会が開催され、新潟医科大学産婦人科医長が模型図を用いて妊娠分娩と不妊症について説明している[13]。その後も各地で講習会が実施されてはいるものの、都市部での多様な運動と比べると県からの指示に従った形式的なものであったといえる。

Ⅲ. 新潟県乳幼児愛護デーの展開

　乳幼児愛護デーの展開を、運動の目的や内容の変化に注目し3つの時期に区分して詳細を確認していく。

1. 1927（昭和2）年から1931（昭和5）年の状況

　新潟県第一回乳幼児愛護デーは「妊産婦並びに乳幼児保護に関する知識の普及並びにこれに添った適当な社会的施設の普及徹底を図る[14]」ことを目的に行われた。幼児審査会、育児講演、パンフレットの頒布、乳幼児愛護標語・子守唄・童謡の募集が実施され、中でも幼児審査に力が入れられており発育優良者に対して記念品の贈呈を行い、選外児のために無料健康相談週間が実施されている[15]。新聞報道より内容を具体的に確認すると、愛国婦人会新潟県支部による子供自慢会の開催・子供の育て方の活動写真の映写公開、県社会課主導で県下各地にポスター五千枚および新潟医大の編纂による「妊婦心得」「育児心得」のパンフレットを頒布[16]、商品陳列所で文部省選定の「コドモの育て方」2巻・

「手を携え」2巻などの映写、県社会事業協会では内務省衛生局の発行する「夏と子供」「冬と子供」「医師の来るまで」「お産の前後」「乳児の育て方」「妊産婦の心得」その他三種の小冊子を一組とし実費の五十銭で県下の女子中等学校上級生の希望者と一般希望者への実費頒布、県社会事業協会主催、新潟市内十二の婦人団体協力による赤ちゃん大会（幼児審査会）の実施などが行われており、「良い子を沢山産み、丈夫に育てませう」と大々的に宣伝を行っている[17]。その他この年の5月5日の新潟新聞には、「託児所の目的」「募集した乳幼児愛護の標語・童謡・子守唄当選者決定発表」など様々な記事が掲載されており、関心が高く盛況であったことが伺われる。

　1929（昭和4）年には、県社会事業協会が県下の市町村女子中等学校、郡市医師会、産婆組合に乳幼児愛護の宣伝をするよう通達したところ以下のような行事の実施が報告されたと報じられている。県下女子中等学校小学校において乳幼児愛護の講話、県社会事業協会主催による「赤ちゃん大会」の入選者の選奨式の開催、産婆組合による4日5日6日の三日間無料診察、またこの間に同組合員の助産により分娩するものに対して祝いの記念品を贈呈、仏教協会の託児所で日曜学校の開設、高田市ではポスター掲示、印刷物配布、乳幼児健診、優良児の選奨、育児に関する展覧会、刈羽石地町ではポスター掲示、小学校児童に講話、乳幼児愛護に関する標語の募集、新潟市産婆組合では妊産婦の無料診察、当日分娩せしめるものに限りガーゼを贈呈、長岡市医師会では4日より6日まで妊産婦並びに小児の無料診察などがあった[18]。実施は県民にも広く浸透しており、1930（昭和5）年には、県内全域の市町村で5月5日を中心に医師会等の協力により児童健康相談所が開設し無料診療が実施されている。報告されているだけでも2833名の利用があった[19]。その会場となったのは、役場、小学校、医師の自宅、地域の病院と多様であり、実施期間も1日や3日、毎月1日を無料相談日と設定している地域など多様である。

　このような多様な活動が実現した背景には、乳幼児愛護デーの実施を県社会事業協会が主導していたことがあげられよう。県からの画一的な

指示ではなく、協会から「準備打ち合わせ会の決定事項に基づき県内に市村当局並びに各団体に極力之が実施すべき様県当局に依頼[20]」する形をとっており、各郡市町村や団体それぞれが企画し実施していた。このため乳幼児の死亡率低下や保健増進のため地域の実情にあわせた様々な活動を行うことができ、その実施方法も地域に任されているという特徴がある。

　第一回乳幼児愛護デーにおける新潟県の標語は「家の寶はよい子供　国の寶もよい子供」であり国家主義思想を感じさせる。また県知事挨拶でも「日本の国運を一層隆昌ならしむために、又、日本が真に世界に雄飛するようになす為には健全なる多数の日本人を作らねばならぬ・・・健全なる赤ちゃんを健全に仕立てることが国家に忠なる所以である[21]」と述べられている。また、1930（昭和5）年の『越佐社会事業』巻頭言においても「乳幼児愛護といっても、それは結局強健なる次代の小国民を育て上げるということになるのだ。国家の興亡に大関係をもつことになつているのだから、一種の物好きな運動のように考えてはならないものであることを警告する。[22]」と記されておりこれらの運動は国力増強のために行うことが位置付けられていたといえよう。

2. 1931（昭和6）年から1937（昭和12）年の状況

　1931（昭和6）年より乳幼児愛護デーは全国的に乳幼児愛護週間として一週間の行事に拡大され、本県が設置の先駆けと言われる出産相扶組合の設置推奨[23]、交通道徳の遵守による交通事故の防止が独自の項目として実施要綱に組み込まれる。1935（昭和10）年には全国的に児童栄養週間等を併合し「児童愛護週間」と名称が変更されている。1936（昭和11）年の新潟県の週間のプログラムは、児童保護連盟が計画を立て、5月2日：週間宣伝日（関係者総出動にて趣旨を宣伝する日）、3日：清潔日（散髪入浴トラホーム治療、蚤とり、虫下し等をなす日）、4日：相談日（健康相談育児相談妊産婦相談日）、5日：栄養日、6日：自慢日（体重胸囲身長等の計算、赤ちゃん大会の日）、7日：母の日（母の会、母子会等の開催日）、8日：笑いの日（週間の反省は将来への企

画日）と示され、県内である程度統一されたプログラムが実施されている[24]。

　1931（昭和6）年から1937（昭和12）年は、母性の保護への注目が高まった時期でもある。『越佐社会事業』では、1930（昭和5）年から5月号で乳幼児愛護特集号を、1935（昭和10）年から1940（昭和15）年までは、児童愛護特集号を発刊し関連する作品を多数掲載している。本誌は、新潟県社会課内に置かれ、県とも強い関係にある新潟県社会事業協会の機関誌を拡張したものである。新潟県社会事業協会は新潟県の社会事業団体の取りまとめ役となっていた団体でもあることから、この機関誌には新潟県の社会事業の担い手の思考が現れていると考えることができよう。本誌より妊産婦保護がどのように捉えられていたのかを確認していきたい。

　（表1）「『越佐社会事業』にみる妊産婦保護思想」は『越佐社会事業』の「巻頭言」と「編集後記」から妊産婦及び母性の保護について言及された部分を抽出したものである。この内容をみると、当初は乳幼児死亡率を低減させるためには母親の育児知識の普及だけでは不足であり、この問題を社会的問題として捉えた上で施設を設置することが主張されていたこと、また、乳幼児愛護は婦人にふさわしい運動と考えられており、この運動を通して女性の社会進出をも求めていたことがわかる。しかし、「家庭ならびに社会におけるその地位の封建的劣悪性、貧困の犠牲（過労・栄養不良など）の過半を婦人が背負わざるを得ない社会的発展段階[25]」に長く置かれていた女性たちにとって、この運動への参加が容易ではなかったことは想像に難くない。

　続いて母性保護の重要性が述べられていく。母性保護の目的はあくまでも乳幼児死亡率低減のためであり、母の権利が認められたものではなかったが、母自身の精神状態や経済生活に目が向けられるようになっていき、児童と母の置かれている低い地位を疑問視するようになる経過が読み取れる。

　1936（昭和12）年5月の巻頭言では「五月の颯爽たる姿を仰ぎ見よ。誰か人の子を健やかに育ち行くことをおもわざるものがあろう。五月の

新潟県の妊産婦保護事業 ― 乳幼児愛護デーの展開を中心に ―

〈表1〉『越佐社会事業』にみる妊産婦保護思想

1931（昭和6）年	「母親の育児知識が立派に発達していても、その周囲即ちその家庭における諸条件が具備していない限りは、或いは遺憾なき結果を示すことが困難であるかもしれない。単に家庭ばかりでなく、広く社会的諸条件に於いて欠陥があるならば、是又此問題の解決に困難を期するものとも考え得られる」…「されば乳幼児愛護の運動は、結局社会的に重大性のあることを認識しなくてはならない。…」 「乳幼児愛護の運動は一面には一家の幸福を増進する所以でもあり、一面には社会の福祉を進展させる所以でもあるのだ。…斯くの如き運動から婦人が社会的進出を試みることこそ、真に婦人の社会的価値を発揚するものと言う司きであろう」
1932（昭和7）年	「此の問題の原動的解決は、直接婦人の智能を更に一段と向上せしめる施設が緊要だと信ずる」 「乳幼児愛護運動は、なんといつても婦人団体の活動に待つこと甚だ多し」「昨年各郡市婦人団体長会議に於いて乳幼児愛護運動の具体的参考方法を決定したのであるがこれは今年も同様実施したほうがよいことと信ずる」
1933（昭和8）年	「児童保護と共に当然起こって来たのが母性保護の問題である。何れも社会政策上の問題として夫々発達の経路を辿っていることは、社会の福祉を増進する上に貢献する所甚だ大なるものありというべきであろう」 「児童保護と母性保護とは問題が二つに分かれているが、然し究極の到達点は同じく乳児及び幼児の死亡率を減少せしむるに存ず。乳幼児保護を完全にするには、自ら母性の保護を完全にする必要がある。したがって児童保護ということを強調するならば、直ちに母性保護ということを併せ強調するのが至当だということが出来る」
1934（昭和9）年	「我国の母性が其の児女に対して、人情に於いては世界無比の献身的熱愛を捧げて居る乍も、其の育成の成績に於いて常に遺憾の点太だ多きを示して居ることは、一面に於いて集団的の保護施設に及ばざる点があるからと認められることは自明の理であると確信される」
1935（昭和10）年	「吾人は乳幼児愛護の根本は、何といつても母性の賢明に基づくことが甚だ多いことを考えずにはいられない理由があると思う」 「母性の賢明を求むる為めには結局女性の自覚に負う所の多いことも自明の理でなければならない。母性をして賢明なしむる為には、自ら社会教化の施設が更に一層完備する必要を痛感せざるを得ない。処が現在各方面に於いて、此点に就いて計画する所の極めて不足であることを遺憾とせざるを得ない。吾人は此機会に於いて、乳幼児愛護運動の為に母性教育の新運動を起こさんことを強調するものである」 「母自身の精神生活、経済生活にまで立ち入つて考えられなければ、本当の目的を達成することは難しいように思われる」
1937（昭和12）年	「健全なる児童を育成する為には、児童の保護は無論であるが、更に母性の保護が加えられねばならぬ。『その母と子』！それは常に虐げられる対象ではなかつたか？」 「余りにも大きな矛盾である」

青い空に翻る鯉幟こそ、躍進日本、健康日本の姿たることを疑わない[26]」と日和見的な表現が使われており、同年の2.26事件に端を発する大衆的陳情運動の禁止といった準戦時体制へ配慮したと推測される。

3．1938（昭和13）から終戦の状況

　1938（昭和13）年は活動の大きな転換点である。全国の変更より1年早く「国民精神総動員第12回全国児童愛護週間」と名称が変更され、実施の目的に「一には慶召軍人遺家族の児童を保護し、二には銃後における人的資源たる一般児童の愛護に努め、三には来年一月より実施となった母子保護法の普及徹底を図る等[27]」と加えられる。新潟県軍人扶助地方委員会が参加団体となり、銃後の支援が強く打ち出される。この背景に1937（昭和12）年から始まった国民精神総動員運動や1938（昭和13）年の厚生省設置と国家総動員法の制定が影響していることが推察される。

　1939（昭和14）年には、新潟県では実施時期が近く実施要綱が重複するとの理由から健康週間と合同での開催が決定し、健康週間に児童愛護週間を組み込むという形をとって実施されることとなる。これについて、「吾々児童愛護週間に永年関係し微力をつくして来たものに取っては、なんとも云えない心残りを覚え遺憾とさえ思われるのである。それだけに今回両者の併合に就いては種々異論もあり、此の総合案成立までには少なからざる困難を伴い当事者もかなりの努力を致した[28]」記されており児童愛護週間の単独実施継続を希望する担い手が多かったことが伺える。

　健康週間の実施要綱の趣旨は「愈々の万全を期せざるべからずこれが為には先ず国民の健康を推進し体位の向上に努め以て真に優秀なる人的資源の充実を企画すること緊要なり仍て銃後の国民総協力の下に健康増進に関する運動を実施し所期の目的を達成せんとす」とされており、週間予定は、第1日：趣旨の普及、第2日：心身鍛錬運動、第3日：近視予防思想普及並齲齒予防、第4日：児童愛護思想の普及、第5日：国民栄養改善運動、第6日：性病予防並母性乳幼児の保健運動、第7日：結

核予防の徹底であった[29]。この合併により1927（昭和2）年より新潟県独自に発展させてきたプログラムが終了し、その一部が健康週間の中に残る形となった。

　1940（昭和15）年には、全国の実施要綱に合わせ「紀元二千六百年記念全国児童愛護」として活動が行われる。その目的は「栄光ある紀元二千六百年に当り普く児童愛護の精神を図ると共に県下児童に対し我国の大精神を深く感受せしめ以て本国の培養にし興亜の大業を翼賛せんとす」と変更され1か月にわたり実施されることとなる。主催には新潟県児童保護連盟、新潟県社会事業協会と共に愛国婦人会新潟支部が加えられる。この年の新聞では赤ちゃん大会が従来新潟県で行われてきた方法ではなく、国策型の顕彰に変わることが報じられている[30]。単独での実施に戻るものの、本年特に留意すべき事項には、戦死軍人遺族、出征軍人家族の児童保護、就労婦人（内職婦人を含む）並びに就労少年の保護、農山漁村における母性並びに児童の保護、殷賑産業地帯に於ける母性並びに児童の保護、多子家族の保護、児童に対する栄養品並びに必需物資の補給が記され[31]、中央の実施要綱とほぼ同じ内容である。

　1942（昭和17）年には「健民運動児童愛護」と名称が変えられる。1943（昭和18）年にはその趣旨を「聖戦を完勝し大東亜共栄圏の悠久にして健全なる発展を期するは皇国民の使命なり・・・健民運動の一翼として普く児童愛護の徹底を図ると共に之が関係各位に施設の拡充強化を図り以て国運伸張に寄与せんとす」とし、健民運動に重点が置かれている。新潟県で特に実施を図ることとしてあげられている項目を以下に引用する。

一、工場、鉱山地帯において実施すべき事項
　イ．勤労母性の為戦時保育施設の機能を拡充強化する方向を講ずること
　ロ．勤労家庭の児童特に国民学校低学年の者に対する校外指導保護機能の強化方途を講ずること
　ハ．児童の生活環境の補整を図ると共に児童不良化防止機関を組織

拡充する等の方策を講じ以て児童教護の積極的解決を期すること
二、農田漁村地帯に於いて特に実施すべき事項
  イ．母性を中心とする座談会等を開催し、医師、保健婦、産婆、教員その他適当なる指導者をして児童愛護上留意すべき諸問題特に育児の適正化に関し指導徹底を図ること
  ロ．季節保育所の増設促進を図り普及助長の方途を講ずること
  ハ．共同炊事の普及奨励を図ると共に栄養食の普及、実践の方途を講ずること
  ニ．本期間中特に保健婦等の家庭訪問強化期間とし特に母子保健の徹底並びに生活環境是正指導をなること
  ホ．児童愛護上弊害ありと認むるべき地方風習等を指摘しこれが改善の方途を講ずること
  ヘ．児童保健並びに育成上特に有害なる生活環境是正に留意しこれが徹底的改善を図ること
  ト．都市に於ける女子勤労奉仕隊の動員協力を受け母性過労防止に資すると共に母子を中心とする慰安会等の開催を図ること
  チ．児童等に対し日常行為を通じての母親感謝、勤労運動の実践方を強化すること
  リ．児童の早天鍛錬会を催し皇国民意識の昂揚を図ると共に身体の鍛錬に資すること
  ヌ．共同浴場の設置を勧奨し母子保健等に資すること

三、一般実施上特に留意するべき事項
  ○隣組を中心とする事項
    イ．隣組を中心とする母性の会合を催し育児その他児童保護に関する知識並びに実力の涵養に資する等の方途を講ずること
    ロ．隣組保育の計画実施を図り母性の生産力補充を強化すると共に乳幼児国民学校低学年児童の保護の方途を講ずること

ハ．妊産婦の過労に伴う諸被害を防止すると共に乳幼児を擁する母性援助のため必需物資代行購入の協力組織の徹底強化を図ること
ニ．妊婦の届出並びに健康診断等に関し特に徹底を期し母体の保健、流産等の積極的防止に勉ること
ホ．母乳第一主義の徹底を図ると共に貰い乳協力綱の拡充を図り乳児の死亡率減少に勉ること
ヘ．物資の交換融通等により消費生活の合理化を図り母性並びに児童保護の徹底を期する方途を講ずること
ト．空襲時における隣組児童の退避方策を実際に適合する様に具体的に講ずると共にこれが訓練を実施すること
チ．母子を中心とする隣組明朗化運動（例遠足、運動会、演芸会等）の実施を図ること

○施設を中心とする事項

リ．国民学校、保育所、幼稚園等に於いては保護者会を開催し、講演、座談紙芝居、幻燈その他を活用して児童愛護の緊要性を認識徹底せしむると共に児童愛護上特に考慮すべき諸問題解決の実践機運を助成すること。
ヌ．女子青年団に対し育児知識の普及徹底を図るため講習会、特別講座等を開催すると共に施設見学奉仕等の適切なる方途を講ずること
ル．乳幼児の健康相談会、審査会表彰会等を開催すること
ヲ．児童の皇国民意識涵養のため小国民大会等を開催する外これが錬成に関する特別行事の実施を図ると共に児童を対象とする保健、教養、慰安、娯楽等の各種催しを行うこと

○一般事項

ワ．決戦生活における児童愛護上もっとも参考となるべき実例を募集しこれが適切なる活用を図ること
カ、毎年五月五日及び誕生には必ず児童の体重、身長、胸囲等を測定する国民的慣習を普及しこれが励行を図ること

ヨ、結婚報告の思想を啓発し、早期結婚、健全結婚簡素化結婚の奨励助長の方策を講ずること [32]

　大々的なビラの配布や講演会は実施されず、戦争の激化とともに物資の乏しくなった新潟の実情と農漁村を多く抱える県の特徴にあわせたものである。例えば三重県での1942（昭和17年）における運動計画が、女子青年、一般保育所経営者、学校上級生を対象とする保母養成講習会の実施と、4か所での児童愛護映画・講習会の実施のみであることと比較すると [33]、非常に多岐にわたる具体的で実施可能な行事が積極的に計画されていることがわかる。母性援助のため必需物資代行購入、貰い乳協力綱の拡充など日常的な生活の課題を解決することが目指されているといえよう。

V．おわりに

　新潟県における乳幼児愛護デーの展開を確認してきた。全国行事であるため中央の動向に大きな影響を受けながらも、その展開は独自のものであり地域の実情に合わせ活動の企画や実施が行われていたことが確かめられた。
　1927（昭和2）年から1931（昭和5）年は、乳幼児愛護デーが開始され、運動が拡大していく時期である。1931（昭和6）年から1937（昭和12）年には、活動が週間行事となり定着固定化され、この時期より母性保護が『越佐社会事業』誌上で訴えられるようになった。1938（昭和13）から終戦までは、人的資源としての児童愛護に力点がおかれ、戦争遂行のための行事となるが、その中でも日常的な生活の課題を解決することが目指されている。新潟県において様々な主体による多様な活動の実施が可能となり、戦時下においても継続されていた背景には県社会事業協会の力が大きく関わっていた。
　乳幼児愛護デーから始まるこの啓蒙活動が妊産婦保護事業に与えた影響として、新潟県では従来あまり顧みられることのなかった乳幼児保護

や妊産婦の保護、さらに母性保護を求める動きが起こったことがあげられる。しかし、母性保護の目的はあくまでも乳幼児死亡率低減のためであり、母の権利が認められたものではなかったうえ、ようやく目が向けられた母自身の精神状態や経済生活問題への対応は、戦争突入により母の権利という視点から検討されることはなかった。また、戦時下の運動では多子家庭の表彰や結婚奨励の宣伝も行われ、母個人の人格的価値を認めることのないままに多くの戦争未亡人や母子家庭を生み出すこととなった。

本稿は、社会福祉センター発行『草の根福祉』第43号に掲載されたものである。

[注]

1）吉田久一（1990）『吉田久一著作集3　改訂増補版　現代社会事業史研究』川島書店、p.63
2）他にも、池田敬正（1986）『日本社会福祉史』川島書店、p.560においては、「従来からの孤児・記事・貧児に対する救育という消極的な方向にとどまらず、母性保護に始まり乳児や学童の保健、あるいは保育や労働児童の保護など積極的な方向を実現させる。」と記されている。
3）小児保健学や医学の視点による調査や研究として、毛利子来（1972）『現代日本小児保健史』ドメス出版、林俊一（1942）『農村の母性と乳幼児』朝日新聞社などがある。
4）池田敬正（1986）『日本社会福祉史』川島書店、p.755
5）松崎芳信（1948）「児童政策の進路─「児童福祉」の総論として」厚生労働省監修『児童福祉』東洋会館、pp.5-50
6）戦時社会事業については多くの研究者によって解明と反省が求められており、例えば、田代国次郎（2013）『続・社会福祉学とはなにか─「平和的生存権」実現運動』本の泉社、遠藤興一（2012）『15年戦争と社会福祉─その両義性の世界をたどる─』学文社、小倉襄二（2007）『右翼と福祉─異形の"底辺"に向かう福祉現況へのメッセージ』法律文化社な

どがある。

7）内務省（1921）『児童の衛生』同文館、pp.301-308

8）「五月五日から全国で児童愛護宣伝デー」『読売新聞』大正11年4月23日、なお、倉橋惣三の児童保育活動に関しては、優れた先行研究が多数みられる、例えば坂本彦太郎（1976）『倉橋惣三・その人と思想』や、特に児童保護思想に関するものは、児童問題史研究会監修（1983）『日本児童問題文献選集8』日本図書センターの庄司洋子による解説や、山本信良（1998）『倉橋惣三を考える―教育・社会の視点から―』などがある。

9）「コドモ愛護宣伝デー　日蓮宗大学コドモ会で今日宣伝する」『読売新聞』大正11年6月18日、日蓮宗大学コドモ会に関する資料に関しては、例えば、田代国次郎「立正大学社会福祉教育の歩み－その１－」『立正社会福祉研究』（第3号）2001年などにも触れられている。

10）「花まつりに児童愛護を宣伝」『読売新聞』昭和2年3月15日

11）「家庭衛生講習会の開催」『新潟新聞』大正10年1月14日

12）「中蒲原郡村松町で家庭衛生講習会」『新潟新聞』大正10年3月28日

13）「出産保護講習会の開催」『新潟新聞』大正11年6月11日

14）中央社会福祉事業協会編（1928）『第一回乳幼児愛護デー報告書』p.107

15）前掲14）、pp.36-37

16）「乳幼児愛護デーに子供自慢会　パンフレットを出すやら懸賞募集やら」『新潟新聞』昭和2年4月6日

17）「良い子供を沢山産み丈夫にそだてませう　五日の乳幼児愛護デー婦人団体の人が総がかりで赤ちゃん大会」『新潟新聞』昭和2年5月5日

18）「明日全国一斉に乳幼児愛護の宣伝」『新潟新聞』昭和4年5月5日

19）新潟県社会事業協会編（1930）「第4回施設事項乳幼児愛護デー」『越佐社会事業』七月号、pp. 81-87

20）新潟県社会事業協会編（1929）『会報』第8号、pp.12-13

21）新潟県社会課（1927）『社会事業パンフレット　第二輯　乳幼児愛護デー』

22）新潟県社会事業協会編（1930）「巻頭言」『越佐社会事業』第二巻五月

号

23）新潟県社会事業協会編（1931）「集報　乳幼児愛護週間　各郡市婦人団体長会議」『越佐社会事業』第三巻五月号、p.36、出産相扶組合については、橋本理子（2012）「新潟県の妊産婦保護事業　―その 1―」田代国次郎喜寿記念論文集編集委員会編『いのち輝く野に咲く草花に―田代国次郎喜寿記念論文集』を参照のこと。

24）新潟県社会事業協会編（1931）「第七回乳幼児愛護週間」『越佐社会事業』第五巻五月号、p.65

25）風早八十二（1951）『日本社会政策史（上）』青木書店、p.271

26）新潟県社会事業協会編（1936）「巻頭言」『新潟県社会事業』第八巻五月号

27）新潟県社会事業協会編（1938）「国民精神総動員第十二回先刻児童愛護週間実施要綱」『新潟県社会事業』第十巻五月号、p.31

28）新潟県社会事業協会（1939）「児童愛護週間と健康週間の合体に就いて」『新潟県社会事業』第十一巻五月号、pp.59-60

29）新潟県社会事業協会編（1939）「健康週間と合体せられたる　第十三回全国児童愛護週間実施概況」『新潟県社会事業』第十一巻六月号、pp.44-46

30）「国策型の顕彰に　赤ちゃん大会」『新潟新聞』昭和 15 年 5 月 4 日

31）松橋よしつぐ（県社会課）（1940）「紀元二千六百年記念　全国児童愛護運動実施にあたりて」『新潟県社会事業』第十二巻五月号、pp.5-11

32）新潟県社会事業協会編（1943）「参考資料　健民運動児童愛護実施ニ関スル件」『新潟県社会事業』第十五巻第五号、pp.16-18

33）三重県社会事業協会（1941）『財団法人三重県社会事業協会事業報告　自昭和 17 年 4 月至昭和 18 年月』

新潟県における児童保護施設の量的分析

―季節保育所を中心に―

Ⅰ．はじめに

　新潟県における子ども家庭福祉について歴史的な視角で遡及すると、特質の一つに季節保育所の設置が全国的に見て非常に多数であったことが挙げられる。最盛期と考えられる 1944（昭和 19）年においては全国で 3 番目に多く設置されていたことが確認でき、戦後においては全国で最も多く設置されており、新潟県は屈指の「季節保育所設置県」であったと考えられる。

　本稿は、新潟県における季節保育所について、先行研究を踏まえつつ、その特質性及び傾向性について言及するものである。具体的には、その数を計量的に把握し、全国との比較においてその傾向性をつかむ。またこれまでの先行研究においてほとんど見られていない戦後における季節保育所の展開についても若干ではあるが考察する事とする。さらに本稿で扱う「季節保育所」はこれまで「農繁期託児所」や「季節保育所」などと呼称されることが先行研究などを見渡しても一般的であるが、必ずしも呼称に関する明確な定義があるわけではない。しかしながら行政資料などにおいても「季節保育所」としての記述が相当数散見できること、また季節保育所の設置は農村部のみならず、漁村部などにも設置されていることが確認できる。さらに戦後になると「季節保育所」として呼称されることから戦後を含めた広範な概念として「季節保育所」を使用する事とした。

　また戦前期に限定して新潟県における児童保護施設の計量的把握も試みた。今回、児童保護施設の計量把握の為に参照するデータは星野吉曹（2006）「新潟県における社会事業施設・団体の形成過程」に拠るものとする。星野は、1870 年代から 1940 年代に設立された児童保護に関する施設を系統的に纏め、分類を試みている。今回、この分析を図式化することにより、あらためて視覚的な計量把握も併せて行った。

Ⅱ．新潟県における戦前期児童保護施設の動向

　まずは新潟県において季節保育所以外の児童保護施設の動向について、戦前期に限定して取り上げてみたい。本稿では星野の集計に拠って検証を進めてみる。対象としている戦前の児童保護施設は、全部で204ヶ所に上っている。対象施設の種別は、産婆・産院・母子寮・乳児保護・昼間保育・育児（施設）・貧児学校・部落学校・児童相談所・虚弱児保護・盲聾教育・感化教育などの17種類を挙げている。また設立時期の内訳を1870年代から1940年代まで10年毎の区分を設定し、集計を試みている。あらためて纏めると次のようなものとなる。

図1　戦前期新潟県の児童保護施設種別 (1)　　図2　戦前期新潟県の児童保護施設種別 (2)

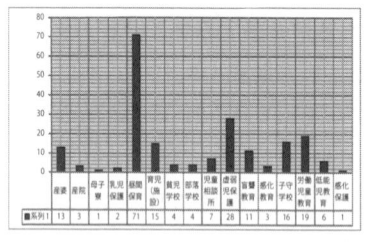

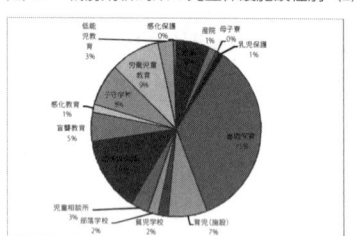

出所：星野吉曹「新潟県における社会事業施設・団体の形成過程」により筆者作成

　対象種別（図1、図2）により、最も多いのは昼間保育（71ヶ所）である。これは、いわゆる常設保育所とみてよいであろう。戦前期の新潟県に存在した児童保護施設のおよそ35％は昼間保育となっている。続いて虚弱児保護（28ヶ所）でおよそ14％、労働児童教育（19ヶ所）でおよそ9％と続いている。さらに設立時期を確認すると次のようになっている。

図3 戦前期新潟県の児童保護施設設立時期 (1)　図4 戦前期新潟県の児童保護施設設立時期 (2)

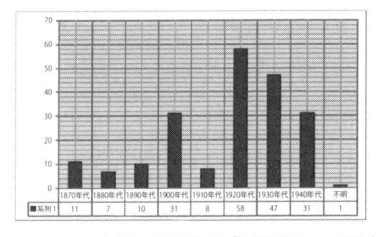

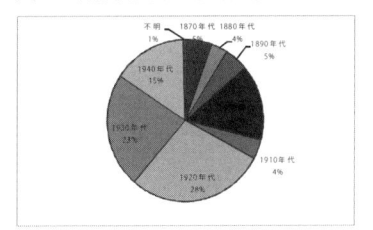

出所：星野吉曹「新潟県における社会事業施設・団体の形成過程」により筆者作成

　設立時期（図3、図4）により、最も多く設立された時期は、1920年代（58ヶ所）、1930年代（47ケ所）であり、戦前期の新潟県に存在した児童保護施設のおよそ50％は1920年代から1930年代に設立されたものとなっている。
　以上の概要より、戦前期において「昼間保育」が最も多くなっていることから、今日的な社会問題ともなっている子どもの社会的保育をめぐり、その生成の淵源を新潟県において見ることができる。さらに設立年代の時期を鑑みると新潟県における児童保護施設の勃興期が1920年代から1930年代であったことがわかる[1]。しかしながら新潟県において群を抜いて多数であったのがこの集計には登場しない季節保育所である。新潟県における季節保育所の諸動向が如何なるものであったのか見ていきたい。

Ⅲ．新潟県における季節保育所の先行研究

　新潟県における季節保育所に関する先行研究として桜井（1982）及び渡邊（1997）、（1998）などが主なものとして挙げられる。桜井（1982）は新潟県における戦前期の季節保育所の沿革について施設数、経営目的、主体、方法などから検討を加え、季節保育所が新潟県における幼児保育制度発展の一つの土台であったことに言及している。また渡邊（1997）は、季節保育所が飛躍的に発展した1930年代後期において「保健婦」の役割が大きかったことに触れ、季節保育所において果たした役

割について纏めている。さらに渡邊（1998）は新潟県における季節保育所について政策動向と併せた発展プロセスについて明らかにしている[2]。

これらの先行研究を踏まえ、本稿では戦後も含めた季節保育所の計量的な分析を行い、新潟県における季節保育所の傾向性を掴むことを主な目的とする。また全国との季節保育所数の比較を行う事で新潟県における季節保育所数の推移についてその特質性について述べる。これまでの季節保育所をめぐる先行研究においては、いずれの研究も時代設定（対象）が 1944（昭和 19）年までで途絶えていることから、本稿は戦後の季節保育所の動向へのアプローチのため新たなデータ収集を行った。さらに季節保育所と常設保育所の設置数を比較することでその特質性についても述べる。つまり全体事象の把握を背景とした新潟県における季節保育所を計量的に分析することにある。

Ⅳ．全国及び新潟県の季節保育所数

季節保育所について、絶対的な資料不足によりその数を計量的に把握する事が極めて困難である。現段階で季節保育所を計量的に把握するために下記の調査におけるデータを活用した。例えば①全国季節保育所概況（内務省）、1930（昭和 5）年調査、②季節保育所に関する調査（内務省）、1933（昭和 8）年調査、③各年度版、日本社会事業年鑑などである。

本稿で援用する季節保育所数を全国規模で把握できる資料は筆者の知る限りにおいて上記のようなものになると思われる。主に行政資料を中心に一部を刊行された文献に依拠し、経年ごとに並べたが、その数を把握できない年度もあり完全なものとは言えない。しかしながら全国規模で季節保育所数を視覚的に把握することによりある程度の傾向性を掴めるものと考えた。

新潟県における児童保護施設の量的分析　—季節保育所を中心に—

表1　季節保育所数把握の根拠データ

年代	設置数	都道府県別データ	出典
1916（大正5）年	1		全国季節託児所概況（社会局社会部），1934（S6）年
1920（大正9）年	2		全国季節託児所概況（社会局社会部），1934（S6）年
1921（大正10）年	4		全国季節託児所概況（社会局社会部），1934（S6）年
1922（大正11）年	7		全国季節託児所概況（社会局社会部），1934（S6）年
1923（大正12）年	24		全国季節託児所概況（社会局社会部），1934（S6）年
1924（大正13）年	48		全国季節託児所概況（社会局社会部），1934（S6）年
1925（大正14）年	130		全国季節託児所概況（社会局社会部），1934（S6）年
1926（大正15）年	268		全国季節託児所概況（社会局社会部），1934（S6）年
1927（昭和2）年	549		全国季節託児所概況（社会局社会部），1934（S6）年
1928（昭和3）年	921		全国季節託児所概況（社会局社会部），1934（S6）年
1929（昭和4）年	1,428	あり	社会事業彙報，昭和4年7月号
1930（昭和5）年	2,519	あり	全国季節託児所概況（社会局社会部），1934（S6）年
1931（昭和6）年	3,600		桜井慶一『現代地域保育制度の研究』相川書房
1932（昭和7）年	4,800		桜井慶一『現代地域保育制度の研究』相川書房
1933（昭和8）年	5,746	あり	季節保育所に関する調査（中央社会事業協会），1934（S9）年
1934（昭和9）年	7,500		桜井慶一『現代地域保育制度の研究』相川書房
1937（昭和12）年	11,363	あり	社会事業年鑑，昭和17年版
1938（昭和13）年	16,537	あり	社会事業年鑑，昭和17年版
1939（昭和14）年	20,782	あり	社会事業年鑑，昭和17年版
1940（昭和15）年	22,757	あり	社会事業年鑑，昭和17年版
1941（昭和16）年	28,357	あり	社会事業年鑑，昭和18年版
1942（昭和17）年	31,064	あり	社会事業年鑑，昭和22年版
1943（昭和18）年	37,629	あり	社会事業年鑑，昭和22年版
1944（昭和19）年	50,320	あり	社会事業年鑑，昭和22年版
1945（昭和20）年	7,227	あり	社会事業年鑑，昭和22年版
1951（昭和26）年	5,128		（『児童福祉の概況』），戦後保育史第一巻
1957（昭和32）年	8,298	あり	季節保育所のしおり（厚生省児童局），1959（S34）年
1958（昭和33）年	9,775	あり	季節保育所のしおり（厚生省児童局），1959（S34）年
1959（昭和34）年	11,609	あり	季節保育所のしおり（厚生省児童局），1959（S34）年

※ 1959（昭和34）年は予定数
※ 1916（大正5）年〜1930（昭和5）年にかけては設置年不明なものが555ヶ所ある
※ 1945（昭和20）年の設置数に関しては，補助金対象の補助対象施設の概数

図5　季節保育所数（全国）の推移　　　　　　　　（注：空欄はデータなし）

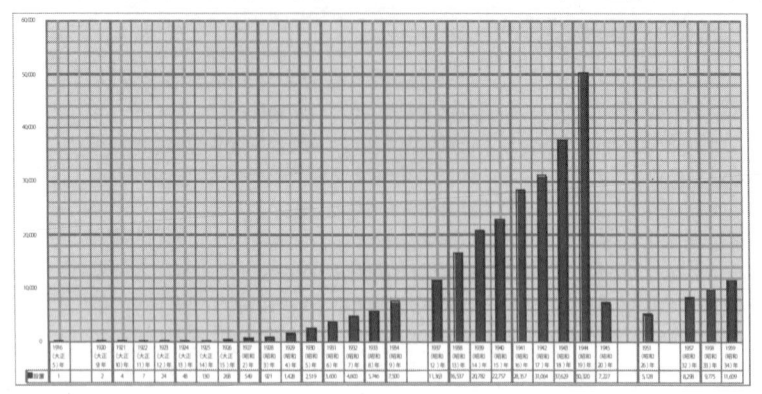

（出典）各年度版日本社会事業年鑑などから筆者作成

　季節保育所数の伸展（図5）をみると行政資料などから確認できるようになる1916（大正5）年から徐々にその数を増やし、最盛期と考えられる1944（昭和19）年には5万ヵ所を超えるほどの開設が見られている。また戦後においても少なからず季節保育所を確認することができる。

図6　季節保育所数（新潟県）の推移　　　　　　　（注：空欄はデータなし）

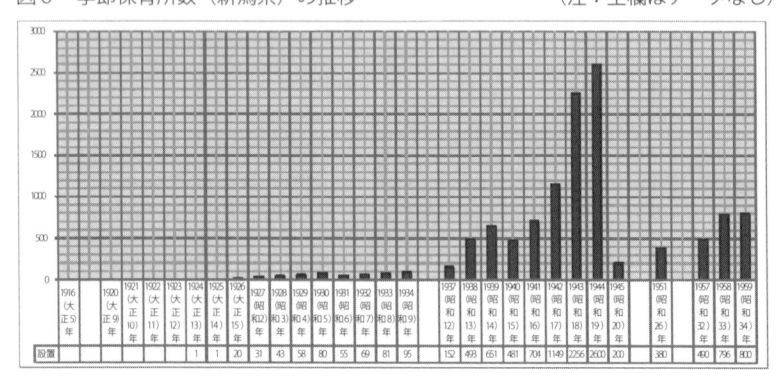

（出典）各年度版日本社会事業年鑑などから筆者作成

　新潟県における季節保育所数の伸展（図6）を全国と比較して概観す

るとほぼ同様の増加傾向が確認できる。新潟県の場合、季節保育所数の開設が見られた1924（大正13）年から1937（昭和12）年にかけては積極的な開設状況とはなっていない。その後は徐々にその数を増やし、1942（昭和17）年以降の伸びは特に大きくなっている。また戦後においても同じように一定割合の季節保育所がみられている。

V．新潟県における季節保育所数及び常設保育所との比較

ⅰ）昭和初期における季節保育所の設置

表1より確認できる都道府県別における季節保育所数についてピックアップしてみると次のような状況である。

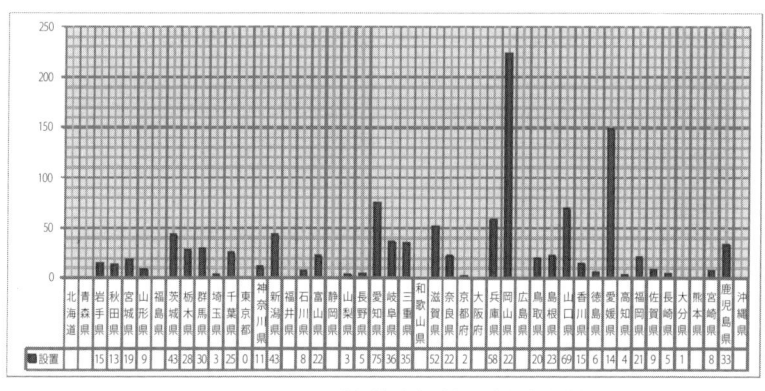

図7　1929（昭和4）年における季節保育所数

（出典）各年度版日本社会事業年鑑などから筆者作成

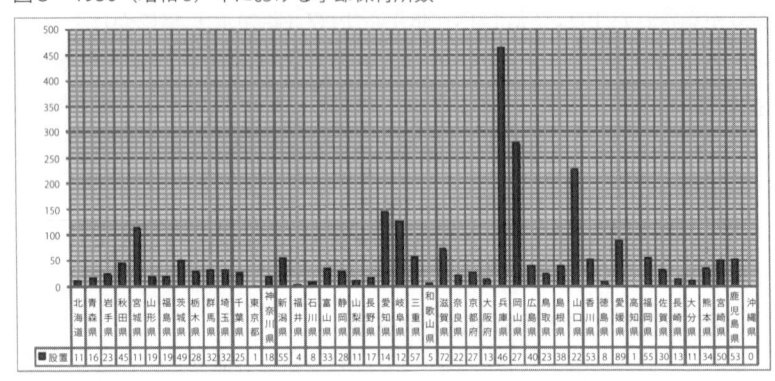

図8 1930（昭和5）年における季節保育所数

（出典）各年度版日本社会事業年鑑などから筆者作成

　図7及び図8に見られるように昭和初期頃より季節保育所の設置数が増加していく傾向が見られる。兵庫県及び岡山県が突出して多く、基本的には西日本での設置が見られている。この時期における新潟県においては季節保育所の積極的な設置は見られない。

ⅱ）季節保育所の展開期

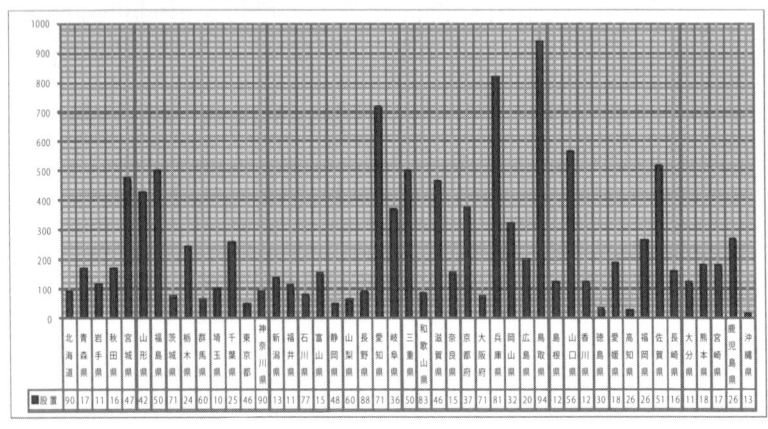

図9 1938（昭和13）年における季節保育所数

（出典）各年度版日本社会事業年鑑などから筆者作成

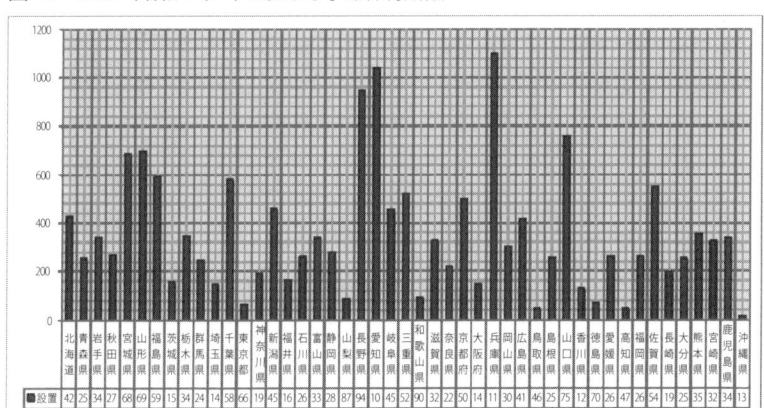

図10　1939（昭和14）年における季節保育所数

（出典）各年度版日本社会事業年鑑などから筆者作成

　図9及び図10に見られるように昭和10年代により季節保育所の設置数が全国的に増加していく傾向が見られる。兵庫県などに加えて愛知県、長野県などの積極的な設置が見てとれる。新潟県における季節保育所は全国と比してそれほど積極的な設置は見られていないが徐々にその数を増やしている状況がわかる。

ⅲ）季節保育所の積極的な設置

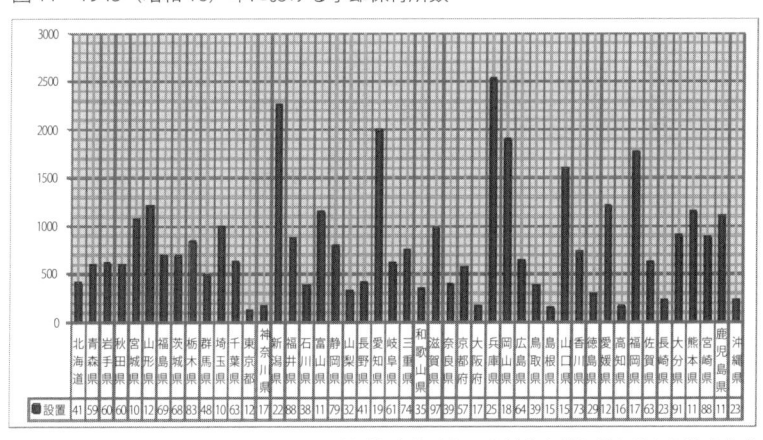

図11　1943（昭和18）年における季節保育所数

（出典）各年度版日本社会事業年鑑などから筆者作成

図12　1944（昭和19）年における季節保育所数

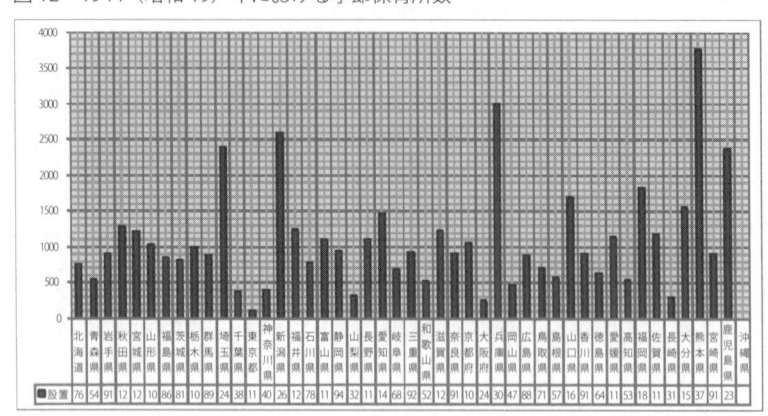

（出典）各年度版日本社会事業年鑑などから筆者作成

　図11及び図12に見られるように全国的に季節保育所の設置が積極的に見られ、最盛期であったと考えられる。これまで西日本に多く見られていた季節保育所は東日本にも多く見られるようになる。この時期の新潟県における季節保育所は全国的に多く設置されている状況がある。

iv）戦後における季節保育所の動向

図13　1957（昭和32）年における季節保育所数

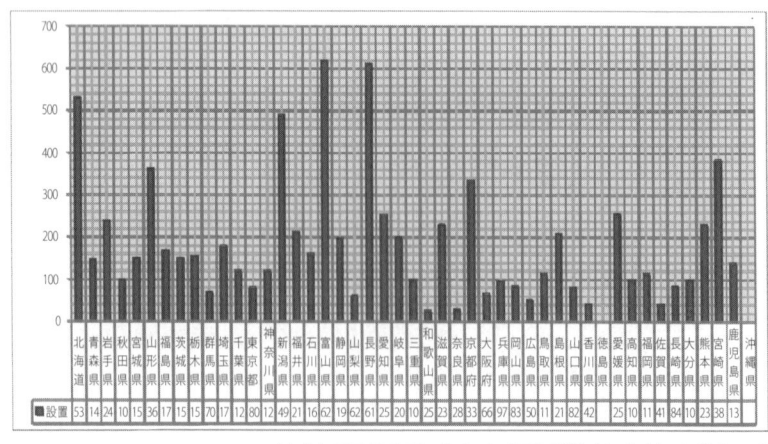

（出典）季節保育所のしおり（厚生労働省）などから筆者作成

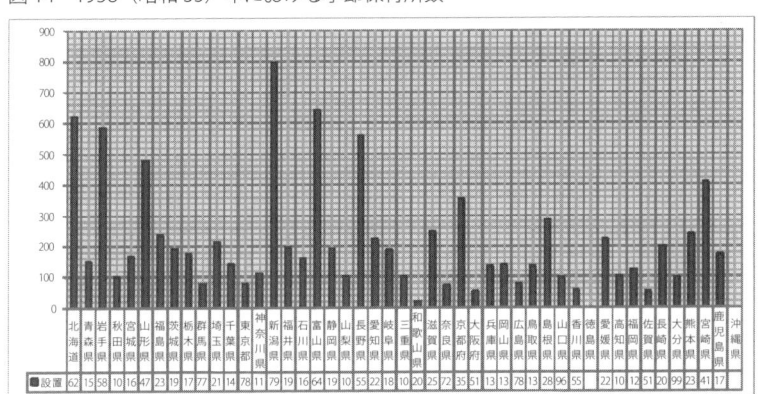

図14　1958（昭和33）年における季節保育所数

（出典）季節保育所のしおり（厚生労働省）などから筆者作成

　戦後における季節保育所数の把握は極めて困難となっていく。しかしながら昭和30年代に入っても季節保育所が設置されている。図13及び図14に見られているように戦後の1957（昭和32）年においても全国でも高い設置数が確認でき、翌1958（昭和33）年においては全国で最も多い季節保育所数となっている。

v）季節保育所と常設保育所の比較

図15　新潟県における季節保育所数及び常設保育所数の比較①

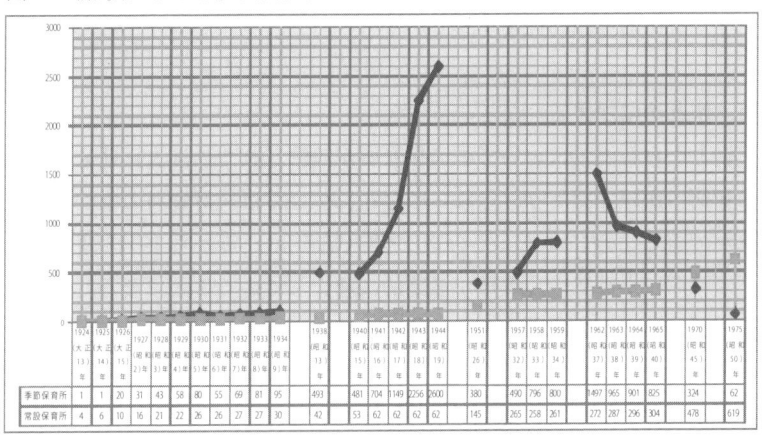

（出典）日本社会事業年鑑、戦後保育史、新潟県社会福祉施設名簿などから筆者作成

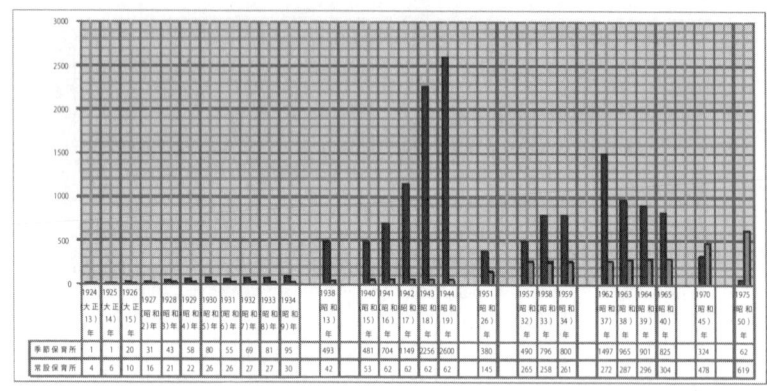

図16　新潟県における季節保育所数及び常設保育所数の比較②

	1924 大正 13年	1925 大正 14年	1926 大正 15年	1927 昭和 1年	1928 昭和 3年	1929 昭和 4年	1930 昭和 5年	1931 昭和 6年	1932 昭和 7年	1933 昭和 8年	1934 昭和 9年	1938 昭和 13年	1940 昭和 15年	1941 昭和 16年	1942 昭和 17年	1943 昭和 18年	1944 昭和 19年	1951 昭和 26年	1957 昭和 32年	1958 昭和 33年	1959 昭和 34年	1962 昭和 37年	1963 昭和 38年	1964 昭和 39年	1965 昭和 40年	1970 昭和 45年	1975 昭和 50年
季節保育所	1	1	20	31	43	58	80	55	64	69	81	95	493	481	704	1942	2256	2600	380	490	796	800	1497	965	901	825	324	62
常設保育所	4	6	10	16	21	22	26	26	27	30	30	42	53	62	62	62	62	145	265	258	261	272	287	296	304	478	619

（出典）日本社会事業年鑑、戦後保育史、新潟県社会福祉施設名簿などから筆者作成

　さらに季節保育所を計量的に把握するために上記データを活用し、常設保育所との比較を行った。上記、図15・16より新潟県における季節保育所数は常設保育所数に対し長期間に渡り、上回っていることがわかる。ようやく常設保育所数が季節保育所数を上回るようになるのは、1970（昭和45）年になってからである。新潟県における社会的な保育として季節保育所が中心的な存在であったと考えられよう。両施設の系譜は、季節保育所は終戦を迎える時期までを中心にその数大きく増やしていく。一方常設保育所については終戦以降にその数を大きく増やしていき、対照的な傾向性を示している。

Ⅵ. まとめにかえて

　以上から新潟県において季節保育所が設置されたのは大正期末から昭和初期にかけてであり、それらの存在については統計資料の中からも確認ができるようになる。その後1938（昭和13）年から1944（昭和19）年に時期にかけて、設置数が飛躍的に増大していくことになる。さらに戦後においても設置数そのものは減少するが全国で最も多く設置されていたことが確認でき、新潟県における季節保育所数の傾向性について検証することができた。また「季節保育所」と「常設保育所」を計量的に

分析し比較する事により、近代以降における新潟県に保育実践は季節保育所を中心とする一時的な保育がその中心であったことが明らかとなり新潟県における特質と考えられる。

　しかしながら本稿において新潟県における季節保育所の全体事象の把握に留めており、政策動向や生活実態との関連性についての言及は不十分であるため、現段階での進捗を把握したに過ぎない。季節保育所を歴史的に分析することで、その果たした意義として家庭内保育のみならず社会的保育の水準を引き上げていった道程、日本社会における子ども観への変化にも作用したと考えられる。子どもの社会的保育が家庭内保育にも影響を与えていくプロセスについても今後は明らかにしていきたい。

※本論文は、「新潟県における季節保育所をめぐる動向」『江戸川学園人間科学研究所紀要』30（2014年3月）に若干の加筆・修正を行ったものである。なお本論の概要は、第15回立正大学社会福祉学会（熊谷、2013年11月）にて口頭発表した。

[註]

1）星野（2006）は、これらの動向について次のように詳細に分析しており、そのまま引用する。『児童保護に関する施設は、1870年代に設置されている。明治7年又は8年の、古志郡栃尾小学校子守学校と明治10年の、古志郡赤川村と新潟区に設置された、芸娼妓のための裁縫学校である。続いて、1880年代に入ると、育児（孤児院）、貧児学校、被差別部落民子弟のための学校が設立されている。1890年代は、昼間保育（常設託児所）、盲教育、感化教育が始まり、1900年代には、下婢教場、1910年代になると、公設産婆、低能児教育、1920年代は、児童相談所、虚弱児保護、1930年代は、乳児保護（ベビーホーム）、そして、1940年代には、母子寮設置と続いている。これらの流れを見ると、子守児童の教育から、孤児、貧児、及び、被差別部落民子弟の救済、労働者家庭の幼児の託児、障害児（者）教育、不良少年の感化、女中教育、妊産婦と乳幼

児保護、虚弱児保護、そして、軍人遺家族の母子保護と、援助の範囲が拡大されて行く状況が理解される。』
2）全国的には膨大な数の季節保育所があるが、都道府県における個別的な季節保育所の研究は、必ずしも多くない。都道府県ごとの研究では例えば次のようなものがあげられる。矢上克己（1979）「青森県における農繁期託児所の展開 －戦前の農繁期託児所を中心として－」『福祉の広場』7（社会福祉研究センター）、川池智子（1994）「山梨県保育史研究ノート（4）昭和戦前期における山梨県の保育 －農繁期託児所の創設と展開を中心として－」『山梨県立女子短期大学紀要』27 など。

［文献］

星野吉曹（2006）「新潟県における社会事業施設・団体の形成過程」『地域における社会福祉形成史の総合的研究』（課題番号：15330119）平成15年～平成17年度科学研究費補助金、（基盤研究（B）(1)）研究報告書、淑徳大学長谷川研究室

桜井慶一（1982）「戦前新潟県における農繁期保育所の成立と展開」『保育政策研究』2, 164-194

渡邊洋子（1997）「研究ノート 1930年代後期の農村季節保育所における保健婦の役割 －川島瓢太郎『農村保健婦』（山雅書房発行、1942年9月）を手がかりに－」『暁星論叢』41, 21-35

渡邊洋子（1998）「女性の労働と子育ての社会的基盤に関する史的研究1 －農村季節保育所の発達経緯と新潟における地位的取り組みの動向」『暁星論叢』43, 19-44

新潟県における盲・ろうあ教育創生期の趨勢

―高田盲学校・長岡盲唖学校の創設者の思想とその背景―

1　はじめに

　明治維新により、西洋文化を取り入れた制度改革が早急に行われてきた。その一つは廃藩置県であり、もう一つは学制の制定である。廃藩置県は1871（明治4）年7月に行われ、その後新政府は初めて全国に統一した行政を実施できる体制となり、これに伴って全国の教育行政を統括する機関として文部省が設置されたのである。文部省の設置は廃藩置県後まもない同年7月18日であり「大学ヲ廃シ文部省ヲ被レ置候事」という太政官布告が発せられている[1]。行政の仕組みと教育の創設は新政府の大きな課題であり、近代国家としての礎を築く第一歩であった。

　これは、盲・ろうあの児の教育についても同様であり、西洋の影響が徐々にではあるが浸透してきている。文部省「盲聾教育八十年史」によると、「明治政府は明治4年11月の太政官布告をもって、数百年来行われてきた当道座等の盲人保護の慣行を廃止、京都の職屋敷や江戸の総禄屋敷等事務所をも解散させた。同時にこれまでほとんど盲人の専業とされた鍼按・音曲の教師等の特権も認められなくなり、他方では、西洋医学の流入によって、鍼按術を有害無益とするような思想も起こった。当時東京府では、盲人救済所を設立したところ、集まる者は、たちまちにして二・三百人にのぼったとさえ伝えられる[2]」とされており、従来の徒弟的な関係を廃止し、新たな教育制度の導入を模索していることがうかがえる。

　これには、西洋の文化に早くから触れることが出来た、福沢諭吉、前島密、山尾庸三などの先進的思想が大きく影響している。福沢諭吉は西洋事情（1886年）の中で、「盲院ノ法モ大抵唖院ニ同ジ盲人ニ讀書ヲ教ル孔ヲ穿チ海陸ノ形チヲ畫キ指端ニテ之ヲ觸（さわ）レシム算術ニモ別ニ器機アリ其形算木ノ如シ之ヲ轉用シテ加減剰余ヨリ天文測量ノ難算ニ至マデ成ラサルモノナシ此外盲人ノ學フ事業ハ男女共ニ音樂ヲ勉ム又男子ノ手業ニハ機ヲ織リ籠子ヲ造リ婦人ハ「メリヤス」ヲ組ム其品物ハ市ニ賣テ院ノ費用ニ供ス英國ニテ盲院ニ入レルモノハ長幼ニ拘ハラス教授スル「六

年ヲ限トス」此ノ年限中ニ學術大抵成業ニ及ヘトモ貧ニシテ活計ナキ者ハ尚ホ院内ニ留テ養ハルルヲ許ス但シ年限ヨリ長ク養ハルルモノハ手業勤メサルヲ得ス〇盲院モ他ノ諸院ノ如ク富メル者ハ學費ヲ拂ヘトモ貧シキ者ハ之ヲ出タサスシテ院ニ入ルヘシ[3]」とし、イギリスの盲教育について紹介している。

また、山尾庸三は1845（弘化2）年、伊藤俊介、志道聞多ほか2名とともに英国に密航し、グラスゴー大学で工学、特に造船学を学び、当時の工学頭(かみ)になった人物である。山尾はグラスゴーの造船所等における作業状態をみて、聾者の教育により自立的市民になることを悟り、聾学校、盲学校を進んで参観した。さらに、工学頭になって直ぐの1871（明治4）年9月に太政官あてに建白書「盲唖学校ヲ創設セラレンコトヲ乞フノ書」を提出している[4]。

このように、明治維新という新しい西洋の文明思想が導入される時代的背景の中で、盲・ろうあ教育についてはどのように進展をたどったのだろうか。本稿は、新潟県における高田盲学校・長岡盲唖学校の創設について携わった人々の関わりから、当時の教育制度、新潟県の盲障害の現況と創設者の苦悩と思想について考察するものである。

なお、本研究は歴史研究のため当時の表現が現在では使用されていないものもあるが、原文をそのままの形で使用することをお許し願いたい。

2 先行研究

新潟の研究については、北信越社会福祉研究会と上越教育大学がその研究成果について発表している。北信越社会福祉研究会では星野吉曹（2003年・2008年）「新潟県の眼失患者・失明者救済史（1）—推定全国一の失明者数と眼病・失明原因、並びに、その対策について—」、「新潟県の眼失患者・失明者救済史（2）」がある。また、上越教育大学では河合康（1992年）「新潟県盲教育史—明治・大正期における高田盲学校を中心にして—」、小西明（2006年）「越後の盲学校」、丸山昭生、小杉敏

勝、小西明（2007 年）「新潟県における特別支援学校開学に尽くした人々の精神と歩み」がある。

また、高田盲学校のダンロップが寄贈した点字図書資料をまとめた小日向 一枝（2002 年）「資料紹介高田盲学校の資料」がある。

3 明治期の新潟県と盲障害の現況

　1872（明治 5）年の日本の総人口は、推計で 33,110,796 人であり、これは 1920（大正 9）年に行われた第一回国勢調査により導いたものである。ちなみに、1920（大正 9）年の国勢調査では 55,963,653 人と約 1.7 倍となっている。また、同調査によると新潟県の人口は全国で 6 番目であり、関東甲信越地方では、東京に次いで 2 番目の人口であった[5]。この国勢調査結果では、新潟県の人口は表 1 のとおり 1,776,455 人であり、新潟市、長岡市、高田市の 3 市の他は郡部であり、新潟県の広大な土地を利用した稲作を中心とした生活が営まれていた。

〈表 1〉　大正 9 年の新潟県人口（第一回国勢調査から）

市・郡	総数	男	女	世帯数	市・郡	総数	男	女	世帯数
新潟市	92,130	45,435	46,695	18,965	北魚沼郡	72,496	36,765	35,731	13,180
長岡市	41,627	19,882	21,744	8,311	南魚沼郡	59,315	30,139	29,176	10,527
高田市	28,388	14,366	14,022	5,424	中魚沼郡	76,021	37,700	38,321	13,478
北蒲原郡	185,605	90,745	94,860	32,812	刈羽郡	110,589	53,276	57,313	21,831
中蒲原郡	172,022	84,399	87,623	30,280	東頸城郡	53,323	26,631	26,692	9,756
西蒲原郡	134,873	64,601	70,272	24,091	中頸城郡	171,792	83,201	88,591	31,693
南蒲原郡	128,034	62,855	65,179	22,822	西頸城郡	64,475	32,577	31,898	12,069
東蒲原郡	22,812	11,319	11,493	4,068	岩船郡	74,716	36,014	38,702	13,475
三島郡	88,838	43,086	45,752	16,979	佐渡郡	107,347	52,173	55,174	23,103
古志郡	92,053	46,332	45,720	16,416	総数	1,776,455	871,497	904,958	328,280

（出所）　垣次九水『日本国勢調査記念録第二巻』日本国勢調査記念出版協會 1922 年 .58 頁。

　また、新潟県の特色として、大地主による土地の支配が挙げられる。1924（大正 13）年の農商務省調査によると 50 町歩以上の大地主が 1903（明治 36）年で 231 人も存在し、当時、新潟県で人口が一番多い北蒲原郡では、7 割強が大地主の土地であり、自作の田は 3 割しかない状況で

あった[6]。このような状況の中で、小作などの農家は出稼ぎを余儀なくされ、明治初期の主な出稼ぎ先は北海道であり、出稼ぎというより移住に近い状況であった。また、その後、東京への移住も増え、風呂屋、豆腐屋、古書店などに新潟県出身者が多いといわれている。さらに、1909（明治42）年6月の調査では、東京吉原の娼婦2,985人中、新潟県出身者は488人で、東京出身者の413人を超えていた[7]とされている[8]。1925（大正14）年の調査では、全国出稼ぎ総数785,376人の中で、新潟県が155,145人と全国一位であり、出稼ぎ先では東京32.5％、北海道14.7％、長野10.9％、福島4.6％、群馬4.2％となっている[9]。

　維新後の新潟県で最大の出来事となったのは「明治天皇北陸巡幸」であった。「明治天皇北陸巡幸」は1878（明治11）年8月30日から11月9日にかけて、群馬・長野・新潟・富山（当時は石川県）・石川・福井の各県を経て巡幸、京都を経て東海道に赴いた72日間の巡幸であった。ちなみに、明治天皇の巡幸は、1872（明治5）年の第1次巡幸から大きな巡幸が6回行われており、北陸巡幸は第3次巡幸である。この巡幸の目的は、新政府の「天子様は高祖以来の絶対的権威を持ち、しかも民の父母としての慈悲深い存在であることを国民の間に広く知らしめるため」の企てであった[10]としている。しかし、同時に道路や学校等のインフラの整備、さらに、明治4年に実施された、「廃藩置県」、「学制」の現況確認の視察も兼ねられていると考察できる[11]。この巡幸の行列に関して「出雲崎町史」では、次のように書かれている。「新潟県令永山盛輝は騎馬警官224名を従えて先導申し上げ、続いて近衛騎兵2、伍長1、騎兵12（4列）お次が天皇旗で曹長が之を捧げ、次に騎兵4、将校12、侍従4、くつわを並べてこれにつぎ、次は右大臣岩倉具視、参議大隈重信、同井上馨、宮内大輔杉孫七郎、陸軍少輔大山巌、内務大書記官品川弥次郎、大警視川路利良、宮内大書記官香川敬三、同山岡鉄太郎その他文武百官がお供申し上げたので壮麗たとえようもなかった[13]」と書かれている。また、寺泊郷土史には3,000にのぼる一行が行動するには、大変な準備と人手と金銭が必要であったと記されている[14]。

　この「明治天皇北陸巡幸」で脚光を浴びたのが、新潟の盲人である。

明治天皇が新潟県に入ると道筋に奉迎する拝観人に盲人が多く眼病者の多いことに気づき陪乗の供奉者に話された。また、巡幸中の9月16日に新潟につくと直ちに伊藤方成一等侍医を行在所に呼んで、新潟県民に眼病が多い原因研究をするように命じ、その答申を受けて9月18日、天皇は金千円を新潟県に下賜した[15]。また、新潟県ではこの日を「眼の記念日」としている[16]。

なお、この天皇の答申に対して、侍医の報告は「眼疾につき侍医の報告」の通りであり、

星野吉曹（2008年）によれば、「竹山屯新潟病院長は、一夜にして患

眼疾につき侍医の報告　　（明治11年9月11日）

今般當縣下
御通輦（つうれん）ノ際眼病許多ナルヲ
宸（しん）覧被為在右病患ノ原因取調候様御直ニ　御沙汰ヲ蒙（こうむ）リ候ニ付早速
當病院長竹山屯ニ及協議猶（なお）患者診察仕候　處（ところ）タラホマ症ニ而其原因
許多有之候得共專ラ左ノ五ヶ條ニ起因仕候儀ニ御座候依之治療并豫（あま）
防ノ方法等篤ト及協議置候此段上申仕候也

　　明治十一年九月十八日
　　　　　　　　　　　　　　　　　　　伊東一等侍醫（印）

當縣下蒲原郡眼疾原因
第一　土地濕潤（しつじゅん）
第二　砂地ニシテ日光ノ反射強ク烈風砂塵ノ侵入
第三　雪中日光ノ反射
第四　家屋烟出不良室内不潔
第五　眼疾傳染性ヲ有ス
（出所）国立公文書館「公文録」明治11年「巡幸雑記」八-一
　※　ルビは筆者
　通輦　天皇が車に乗って通ること。
　宸覧　天子自ら御覧になること。

者1万9千人中の眼疾者3千人余りの病歴を調べ、「新潟県下蒲原郡眼疾原因第一土地湿潤　第二　砂地ニシテ日光ノ反射強ク烈風砂塵ノ侵入　第三　雪中日光ノ反射　第四　家屋烟出不良室内不潔　第五　眼疾傳染性ヲ有ス」と奏上するとある[16]。また、新潟県ではこの下賜金千円に各大区より拠出した9千円と合わせて1万円資本として眼科講習会[17]を行い、その後も「恩賜眼病患者治療資金」と特別会計とされ1938（明治13）年に下賜された「恩賜衛生資金」と合わせて1913（大正2）年新たに特別会計「恩賜衛生資金」とされ、眼病医療や協同井戸改良費などの眼病治療に充てられた[18]。

　新潟県の盲人の数は、1920（大正9）年第一回国勢調査後に行われた、1924（大正13）年の新潟県盲人調査による3,299人がその後の新潟県盲人数として色々な資料に使われている。表2は新潟県各郡市の状況であり、市部の新潟、長岡、高田が高いことが分かる。また、男女比では、男性が1,587人で、女性が1,712人であった。1900（明治33）年の新潟県失明者調査では7,048人[19]であり、1936（昭和11）年10月10日の内務省通知による調査では2,793人と激減している[20]。これは、当時の医師と新潟県の政策によるものと考えられる。さらに、第20代新潟県知事小原新三が発起人となり1939（大正14）年に5月に結成された

〈表2〉　新潟県盲人調査［1924（大正13）年調査］

郡市別	盲人数	百分比率	大正13年拾月1日現在内務省統計局推定人員	内務省統計局推定人員ニヨル千分比率	郡市別	盲人数	百分比率	大正13年拾月1日現在内務省統計局推定人員	内務省統計局推定人員ニヨル千分比率
新潟市	237	7.33	105,900	2.20	南魚沼郡	56	1.70	61,000	2.03
長岡市	120	3.65	44,800	2.67	北魚沼郡	152	4.61	75,000	2.03
高田市	97	2.93	31,600	3.01	中魚沼郡	123	3.73	78,100	1.57
北蒲原郡	314	9.52	188,400	1.67	刈羽郡	238	7.21	112,100	2.12
中蒲原郡	315	9.52	176,300	1.79	東頸城郡	76	2.36	53,500	1.42
西蒲原郡	295	8.94	134,900	2.19	中頸城郡	239	7.24	175,000	1.37
南蒲原郡	250	7.58	133,100	1.88	西頸城郡	93	2.73	65,100	1.42
東蒲原郡	36	1.09	23,600	1.53	岩船郡	90	2.73	77,800	1.17
三島郡	189	5.73	89,900	2.10	佐渡郡	263	7.97	108,700	2.42
古志郡	116	3.52	93,000	1.25	合計	3,299		1827,100	1.81

（出所）新潟県警察部衛生課編集・出版『失明者調査』1925（大正14）年 .3～5頁。

「恩光会」が大きく影響していると考察できる。表3は恩光会にて診察した千六百八十人（視力三米指数以下）の者に対して失明原因を調べたものである。成人膿漏眼とは淋病性結膜炎のことであり、黴毒とは梅毒のことである。性感染症からの失明が22.85％にもなっている。

〈表3〉 新潟県下に於ける盲人の失明原因

失明原因	計	盲人百分率	失明原因	計	盲人百分率
先天性	78	4.64	ヂフテリー	3	0.18
角膜軟化症（栄養不良）	129	7.67	近視症	5	0.30
初生児膿漏眼	32	1.90	交換性眼炎（或ハ外傷中ニ加フ可シ）	6	0.36
成人膿漏眼（淋毒性）	220	13.09	熱性病（チフス、インフルエンザ等）	7	0.42
トラホーム	317	18.87	小児湿疹	4	0.24
結核・腺病性	19	1.13	脳病（脳膜炎・脳水晶腫）	12	0.71
黴毒	164	9.76	家族性視神経消耗症	2	0.12
緑内障	74	4.40	鉛中毒	1	0.06
麻疹	64	3.80	腎臓炎	1	0.06
外傷	85	5.00	其の他	3	0.30
色素性網膜園	49	2.98	白内障（老人性）	62	3.69
痘瘡	16	0.95	原因不明	362	21.54

備考　視力何米指数とは眼の前何米に於て指の数を数え得るを示したもので実際上1米指数は盲とす。
（出所）　新潟県恩光会編集・発行『新潟県盲人救済事業』1927（昭和2）年.21頁。

4　明治初期の障害児教育と盲学校

　明治期の教育の始まりは1872（明治5）年8月3日に出された「学制」からである。しかし、文部省「盲聾教育八十年史」によると「盲聾教育には国家も父兄も多くの出費を要することになると、盲聾児が実際には教育の対象とされなかったのは当然であろう。立身治産昌業を教育目的として出発した学生は、明治半ば以降盛んになった富国強兵の国家主義の影響を受けた結果、富国強兵とは何の縁もない盲聾児はますます忘れられた存在となった」と言っている[21]。さらに、学制第29章には「中学ハ小学ヲ経タル生徒ニ普通ノ学科ヲ教フル所ナリ上下二等トス二等ノ外工業学校商業学校通弁学校農業学校諸民学校アリ此外廃人学校アルベシ」と書かれており、この廃人の中に盲聾児も含まれていた[22]としている。

制度的に盲聾児の学校が整えられたのは、1923（大正12）年盲学校及び聾唖学校令の制定からであると考えられる[23]。1923（大正12）年8月勅令第375号「盲学校及び聾唖学校令」が制定され、その細目を定めた「公立私立盲学校及聾唖学校規程」が制定され、翌年4月から実施された[24]。学校規程には、第一条　盲学校ノ修業年限ハ初等部六年、中等部四年ヲ常例トス。聾唖学校ノ修業年限ハ初等部六年、中等部五年ヲ常例トスとあり、5・6条に学科目が書かれ、10条に教員資格が書かれている[25]。

　このように制度が不十分の明治初期において、まず、1878（明治11）年5月24日に京都盲唖院が開校される。さらに、1880（明治13）年1月、東京築地に東京訓盲院が事務を開始する。また、明治20年代、30年代には表4のとおり、全国各地に盲・聾学校が新設される。しかし、公的

〈表4〉　明治20年代・30年代に設置された盲・聾学校

設置年	校名	設置者	設置年	校名	設置者
明治21年	横浜盲人学校	浅水十明	明治36年	鹿児島慈恵盲唖学校	伊集院藤一郎
明治22年	横浜福音会	マイライネ＝ドレパール	明治36年	岡崎盲学校	佐竹政次郎
			明治36年	米沢盲学校	遠藤良鍼
明治24年	横須賀盲人学校	平野七蔵外	明治36年	盲人日曜校（仙台）	折居松太郎
明治24年	高田訓矇学校	大杉隆磧※	明治36年	松江盲唖学校	福田ヨシ
明治24年	東奥盲人教訓会	永洞清吉	明治38年	長岡盲学校	金子徳十郎
明治26年	松本訓盲院	桑沢清吉	明治38年	神戸訓盲院	左近允孝之進
明治27年	米沢盲唖会		明治38年	上野教育会附属訓盲所	
明治27年	岐阜聖公会訓盲院	A・Fチャペル	明治38年	木更津訓盲院	大野三五郎
明治27年	北盲学校（北海道札幌）		明治38年	徳島盲唖学校	五宝翁太郎
			明治38年	今冨盲学校館	今冨八郎
明治28年	函館訓盲会	マイライネ＝ドレパール	明治39年	小樽盲唖学校	小林運平
			明治39年	佐賀盲唖学校	宮崎正木
明治31年	福島訓盲学校	宇田三郎外	明治39年	中越盲唖学校（新潟県柏崎）	宮川文平
明治31年	東海訓盲院（静岡県）	松井豊吉			
明治31年	長崎盲唖院	長崎慈善会	明治39年	磐城訓盲院	福島県教育会石城部会
明治33年	長岡盲人教育所	鷲沢八重吉外			
明治33年	豊橋盲唖学校	鈴木講一郎	明治39年	成田清聚学院（千葉県）	成田新勝寺
明治33年	台南盲学校		明治39年	宇治山田鍼按灸講習会	鍼按灸協会
明治33年	大阪盲唖院	五代五兵衛	明治39年	仙台唖人学堂	菅原通
明治34年	名古屋盲学校	長岡重厚			
明治35年	宮城師範附属小学校唖生部	宮城県			

※大森隆碩について大杉隆磧と記されている。
（出所）　文部省『盲聾教育八十年史』日本図書センター1981年 .48～50頁。

〈表5〉 新潟県の盲ろうあ学校

学校名	沿革	寄宿舎の状況
財団法人新潟盲唖学校	明治38年新潟貯蓄銀行創立10周年記念トシテ金3万円ヲ市ニ寄付シ、之ヲ基金トシテ之ヨリ生スル利子ノ半額ヲ當校ニ投資スルノ適切ナルヲ一般ヨリ認メラレ、之ノ補助ニ依リテ創業ス。明治40年6月故荒川柳軒、長谷川一詮、鏡淵九茂ヒ六郎、前田惠隆等九名創業者トナリ東堀螢雪校ノ一部ヲ借入シ開校ス。同43年6月西堀3番町ニ土地ヲ求メ新築移轉ヲナス。明治43年6月財團法人トナス維持ノ方法ハ縣市ヨリノ補助金並ニ一般寄付金ニ依リ經營ス。	現在寄宿生30名ニシテ食費及雑費7円ヲ要ス。舎監ヲ置キ監督保護ニ任ス。
長岡盲唖学校	本校ハ明治38年3月10日長岡市山本町金子徳十郎カ盲唖教育ノ必要ヲ感ジ時ノ町長秋庭半二謀リ有志者ノ助力ヲ得テ創立シタルノモナリ。時恰モ日露戦争ニ於テ事業緊縮ノ聲高ク寄付金募集ニ少ナカラザル困難ナリシモ徳十郎ハ寝食ヲ忘レ日夜東奔西走シ約5年間ヲ維持スベキ賃金ヲ得タルヲ以テ東京盲唖学校教員練習科卒業高取易太郎ヲ聘シ坂ノ上尋常小学校ノ一部ヲ借リ同年4月盲生6名、唖生7名ヲ以テ事業ヲ開始ス。同年10月中島尋常小学校ノ舊校舎全部ヲ借入レ寄宿舎ニ充用ス。明治41年2月27日學則ヲ改正シ修行年限ヲ5年トス。大正2年3月7日更ニ普通科ヲ6ヶ年ニ延長セリ。貧困ナル盲唖者ニ就学ヲ容易ナラシムル為メ學費1カ月金参圓宛ノ補助ヲ実施シ同年11月御大典記念事業トシテ記念文庫ノ創設シ主トシテ盲人用點字書含ヲ蒐集ス。同6年6月ヨリ、盲人実習ノタメ施療ヲ開始シ一層内容ノ改善計レリ、同9年7月25日上中島町ニ建築セシ新校舎一部落成ニ付移轉翌日ヨリ授業ヲ開始セリ。	寄宿舎ハ本校ヲ距ル約2丁中島町20番地ニアリ家族制度ニシテ自治的訓練ヲナス校長夫妻家長トナリ寝食ヲ共ニシ家庭的教育ヲナス寄宿料ハ物價ノ高低ニヨリ之ヲ定ム目下食費舎費トモ1ケ月金9圓ナリ。
高田盲学校	當校ハ故大森隆碩眼病ヲ患ウフコト数ヶ月方サニ盲セントスルニ際シ盲人教育ノ必要ヲ自覚シ盲人矯風研技會ヲ組織セシニ始マル、明治24年7月22日学校設置認可ヲ得校名ヲ高田訓曚学校ト稱ス。其後大正4年2月高田盲学校ト改稱セリ、明治24年7月普通民家ヲ借リ受ケ授業ヲ開始ス。明治26年相生町ニ2階建テ總坪數47坪ノ普通民家ヲ購入假校舎ニ充テ居リシモ不用ニ付明治42年2月賣却セリ。明治42年2月郡立病院不用病舎平屋建53坪5合及疊建具ノ無代讓與ヲ得タル以下高田市中寺町161番地ニ258坪ノ地所ヲ借リ入レ同年5月起工9月1日ニ階建瓦葺總坪數107坪5合ノ新校舎竣成セシニ依リ授業ヲ開始ス。此年ヨリ教材教具モ稍完備スルニイタル。	食費ハ1ケ月9圓位ヲ要ス。机・本箱・蚊張・日用器具ヲ貸與ス。其他ハ自家ヨリ持チ來リ居レリ。舎坪ハ男室8坪女室6坪ナリ。
中越盲唖学校	明治39年10月刈羽郡鍼灸出組合ハ宮川文平ヲ中心トシ盲者ノ授業ヲ開始セリ。初メハ盲生ノミヲ収容シ明治44年4月唖生ヲ入学セシムルニ至レリ。明治44年組合解散ト共ニ宮川文平ノ經營トナレリ。	寄宿セルモノ2人。寄宿舎坪数23坪5合。
新發田訓盲院	明治43年7月新發田町長谷川昌敬盲人教育ノ必要ヲ認メ郡警察署長町長及有志者ト謀リ寄附金ヲ募リ開院今日ニ至ヘリ。	ナシ。

(出所) 新潟県「新潟縣社會事業概覧」1921(大正10)年52頁〜70頁。
(注)　数字は漢数字から英数字に直す。また、一部使用されていない漢字については当用漢字に直す。ルビ筆者、部分抜粋。

な支援は少なく、その多くは慈善的な資金により運営されていた。

　新潟県の盲ろうあ学校の状況はどのようなものであったのだろうか。

1921（大正10）年「新潟県社会事業概覧」では5つの学校が紹介されている。

財団法人新潟盲唖学校には財団法人新潟盲唖学校後援会が発足しており「本會ハ大正7年12月新潟盲唖學校生徒ヲ後援シソノ修行を完成セシムルノ目的以テ市在住官民有志及ビ新聞雑誌業者等ノ同人相ヨリテ創立セシモノナリ」とし、学費等の支援を行っている。また、長岡盲唖学校には長岡盲唖樂善会が「本會ハ盲唖教育ノ効果尠カラサルニ感シ明治42年8月1日市内有志者108名發起者トナリ金子徳十郎カ創始セシ盲唖教育事業ニ後援セシ爲メ創設シタルモノナリ」としている。その他、1917（大正6）年新潟懸盲人協会、1921（大正10）年に日本盲聾唖協会長岡部会が組織されている[26]。

5 高田盲学校・長岡盲唖学校の発祥

―大森隆碩と金子徳十郎―

　新潟県の盲・盲唖学校の草分けとなるのが、高田盲学校と長岡盲唖学校である。高田盲学校は大森隆碩の盲人に対す深い理解から始まったものであり、長岡盲唖学校は金子徳十郎のわが子の将来を考えて決断、発足したものである。ここでは、2人の人間的側面に視点をあて、交友関係などを中心に学校の発足、運営などを考察していくものである。

（1）高田盲学校と大森隆碩

　高田盲学校の発足は表5の通り、「當校ハ故大森隆碩眼病ヲ患ウフコト數月方サニ盲セントスルニ際シ盲人教育ノ必要ヲ自覚シ盲人矯風研技會ヲ組織セシニ始マル」とあるように大森隆碩の尽力によるところが大きい。表6は大森隆碩と高田盲学校の年表である。

〈表6〉 大森隆碩と高田盲学校

年号（年）	年齢	事項
1846（弘化3）	0	大森は弘化3（1846）年5月22日、高田町新須賀区（現上越市仲町2丁目）に生まれた。大森隆庵の長男として生まれる。（高田盲学校年表） ※　大森重明隆碩　姫路藩士広野家四世・非左衛門屋門友兄四男。大森重任隆庵に養子に行き重行となる。隆庵は嗣子^{注1)}と記している。幼名　繁三郎^{注2)}。
1851（嘉永4）	5	嘉永4年4月から文久3年2月まで倉石典太について漢学を学ぶ
1853（嘉永6）	7	（浦賀にペリー来航）
1854（安政1）	8	1853（嘉永6）年は11月26日まで、1854（安政1）年は11月27日から。
1856（安政3）	10	1月、丸山謹静が生まれる。
1862（文久2）	16	眼科を文久2年5月から蘭法眼科医土生玄杏（土生玄碩の関係者と考えられる）に学んだ。（江戸遊学）
1864（元治1）	18	元治元年2月、父が死亡したので帰高し五の辻で眼科医を開業した。 元治元年12月に高田藩医員に任ぜられた。家督を継いだ。
1867（慶応3）	21	（大政奉還　江戸幕府崩壊）
1869（明治2）	23	明治2年9月から11月の間、北陸道大病院医員に任ぜられた。 ※　高田藩士族竹尾清照の3女スミと結婚^{注3)} ※　藩籍を奉還し、藩主が藩知事となる。会津藩より降伏者1,744を預かる。
1870（明治3）	24	・明治3年1月から3カ月の間、会津降伏人病院付属医員となった。 ・目安箱事件から小林隆明と名のっている^{注4)}。 ・4月、医学研究に英語の必要性を痛感、大南学校に入学。在学中、横浜で米人医師ヘボン（宣教師）に師事、眼科を学ぶ^{注5)}。
1871（明治4）	25	米国医師ヘボン（ヘブン）に従って上海に行きこれを助ける。 ※田部英一は5月と記載している。
1872（明治5）	26	明治5年9月に帰朝した。10月から、米人医師セメンズ（シモンズ）について医学を学んだ。
1876（明治9）	30	姉の婚家・鈴木家の主人（医師）が死去により乞われて高田に帰った。
1877（明治10）	31	明治10年12月に新須賀区で眼科医を開業した。高田藩士族竹尾清照の3女スミと結婚^{注6)}。（高田盲学校年表）※数え年24歳で結婚との説もあり。 ※スミは85歳（昭和9年9月6日に亡くなっている）
1878（明治11）	32	明治11年1月15日高田病院長武者春道とはかって医会を開き、幹事に就任した。
1880（明治13）	34	長男　滋清生まれる。
1882（明治15）	36	明治15年12月には私立衛生会設立をはかった。
1883（明治16）	37	明治16年4月私立衛生会の許可がおり幹事に就任。
1886（明治19）	40	明治19年に目をわずらい、失明するばかりとなったことが動機となり、盲教育の重要性を痛感した。
1887（明治20）	41	1月30日　寺町2丁目　光樹寺において「訓盲談話会」発会式を行う。出席した世話人は大森隆碩、杉本直形など16名。関心のある盲人13名だった。
1888（明治21）	42	○訓盲談話会は山本貞次、丸山謹静の主唱により改組拡充され、会名を盲人矯風研技会（11月3日）と改め、鍼按・琴などの指導を組織的に開始した。 4月には中頸城郡にはじめての医師組合会を結成した際組合長に推された（高田史より）（翌年、明治22年4月に辞職）。※田部英一は明治20年と記している。 キリスト教系高田女学校の創設に参加する。

年号（年）	年齢	事項
1889（明治22）	43	小林から大森に復姓[注7]。 明治22年4月に、中頸城郡に鍼灸組合会が設置され、彼は第二部組長となった。 ○ 上越地方の教員の研究会「上越教育会」に諮って、協議の結果学校の名前を「盲人矯風研技会付属訓矇学校」と定める。（高田盲学校年表） ○ 大森隆碩、杉本直形を代表者として、学校設立認可を県に請願。組織不完全で却下される。
1890（明治23）	44	○ 1月組織を改め第2回の請願。組織不完全で却下される。（高田盲学校年表 3月第3回請願。組織不備のため却下。 上越教育会に訓矇学校研究会ができ、毎週木曜日委員が交代で指導法の研究に来校する。
1891（明治24）	45	東京盲唖学校の指導を受け、教材教具を充足。 ○ 4度、学校設立認可の件を申請する。7月22日新潟県知事より、私立訓矇学校の設立が認可される。 ○滝見直樹（普通科）丸山謹静（鍼按科）及び名誉教員に栗原とよ子を招き、さらに2名の事務員をおいた。
1892（明治25）	46	○ 県の許可を得るため施設設備に寄附金のほとんどを使い4名の教員のうち、丸山謹静以外の3名が辞職したが補充することができず経営困難になった。6月についに学校運営が不能となり、東本願寺高田別院の仏教学院「米南教校」に教務をいっさい委託して閉校する。10月慈善家の援助を得て高田町府古区（本町2丁目）に民家を借り、授業を再開する。（高田盲学校年表） ○ 明治25年12月のある日、本校を見学したダンロップは、その経営困難を知り、毎月6円ずつ寄付することを約し、同月から実行した。 ○ また、今日まで残る日本唯一の文化遺産と言われる点字以前のカタカナ凸文字福音書7冊寄贈した[注8]。 ○3月滝見直樹を東京盲唖学校に送って教授法を学ばせようとしたが、経費の都合がつかず中止してしまい、4月に滝見が辞職するが補充することが出来なかった。 ○高田の各宗の寺院でも年額26円を送ることとし37年7月まで続いた。
1893（明治26）	47	明治26年3月から中頸城郡私立産婆養成所所長となった。 ○ 明治26年1月に私立訓矇学校長心得となった。 ○ 6月校舎を相生町に移した。丸山謹静東京盲唖学校に教授法を学ぶために出張。点字機を買って持ち帰った。
1894（明治27）	48	5月16日高田教会でキリスト教に受洗。
1895（明治28）	49	○4月本校名誉教師松本常が東京盲唖学校を参観。6月も松本常上京。小西信八と学校教育について懇談。教科書等多数の書物を持ち帰える。 ○5月7日第一回卒業式を行う。（卒業生2名） 隆碩が病気のため二女ミツが祝辞を述べた。（当時18歳） ※ダンロップ高田の諸教会を担当。
1896（明治29）	50	明治29年3月中頸城郡私立産婆養成所が廃止になる。 ※ ダンロップ高田の諸教会を担当。 ※ 51歳にて中風（脳血管障害）を起こす。
1897（明治30）	51	○ 1月金谷村大貫字相生町の普通民家2階建てを購入し校舎に充てる。 ○ 4月7日、学校運営維持金を県に申請。（10月5日県知事より認可） ※ダンロップ賜暇でカナダに帰る。

新潟県における盲・ろうあ教育創生期の趨勢　―高田盲学校・長岡盲唖学校の創設者の思想とその背景―

年号（年）	年齢	事項
1898（明治31）		○　1月、大森校長東京盲唖学校、横浜訓盲院を見学。帰高後、教科書の全面点字化を実施。東京盲唖学校から点字機9台購入。 ○　3月　丸山謹静退職。 ※明治31年には鍼灸研究会の会頭になった。 ○　3月28日、第二回卒業式を行う。（卒業生3名） ※ダンロップ再来日して11月金沢教会に赴任。
1900（明治33）	54	○明治33年6月大森隆碩、学校長を辞した。後任に杉本直形が認可される。 ○6月ダンロップの寄付が打ち切られる。 ○校則変更の件を申請、私立高田訓瞍学校と改称した（明治40年4月25日に「高田訓瞍学校」に改称している）。 ※ダンロップ再来日して、金沢教会に赴任。
1901（明治34）	55	○　3月28日、第三回卒業式を行う。（卒業生一名） ○　7月30日　訓瞍慈善会の招きにより、前島密氏（上越市出身東京盲あ学校設立発起人）来高、高田師範学校において盲唖教育の重要性についての講演会が開催される。その会場にて、本校生徒の点字による書読の実演が行なわれ、講演会の収入全額が本校に寄付される。
1903（明治36）	57	明治36年10月5日、東京にて死去した。

（出所）　新潟県立高田盲学校「記念誌」編集委員会編集『新潟県立高田盲学校創立九十周年記念誌』新潟県立高田盲学校創立九十周実行委員会発行1977年.10～15頁。高田市史編集委員会『高田市史』信濃教育出版部1958年.771～772頁。新潟県教育史研究会「新潟県教育史夜話」1973年.96～97頁から作成。注に関しては大森隆碩を偲ぶ会　田部英一「`地方`に初めてできた雪国・高田の盲学校」ボロンテ2003年.92頁「長女・ミキのメモから」を参照した。

※　注1）　嗣子「あととり」のこと。注2）長女・ミキのメモから参照。注3）長女・ミキのメモでは24歳にてとある。注4）目安箱事件については仔細不明。「越後佐渡デジタルライブラリー」によると1869（明治2）年1月29日「柏崎県が設置した目安箱に,「眼政曲諸悪人」を揶揄する数え歌が投じられる」という事件が起こっている。また、「小林重明」については長女・ミキのメモによる。注5）ヘボンとの関係を示す書類が見つかっていない。新潟県教育百年史明治編、長女ミキのメモに記載されている。注6・7）長女・ミキのメモから参照。注8）小日向一枝「高田盲学校の資料」新潟県立歴史博物館『新潟県立歴史博物館研究紀要第3号』2002年.88～89頁によると、現存するカタカナ福音書は「盲人片假字凸字馬可伝福音書上巻」「盲人片假字凸字馬可伝福音書下巻」「盲人片假字凸字約翰伝福音書上巻」「盲人片假字凸字約翰伝福音書下巻」が残されており、ローマ字聖書「ruka den fuku-in sho」が残されており、現在、新潟県立博物館に保存されている。

　この中で、最初に整理しておかなければならないものが「訓盲談話会」である。訓盲談話会は大森隆碩、杉本直形が呼びかけ、寺町2丁目光樹寺で発会式を挙げる。そこでの人数が、<表7>の通り、資料によって違いがある。実際の名簿では表8の通り、会員14名、同日出席した一般会員（盲人）が17名である。この名簿には大森隆碩の名前が記載されてなく、小林重明の名前が記載されている。また、丸山謹静、山本貞次は盲人の出席者に記載されている。人数の違いについては大森隆碩と小林重明を別な人間として捉えたことからだと考えられる。

大森隆碩は目安箱事件から小林重明と名のっている。長女ミキのメモには「この事件から姓を小林と改め、高田町外の村に籍を置き、小林重明と云いたり」と書かれている。なぜ、小林姓を名乗ったかに関しては、仔細は分からないが、長女ミキのメモによると、隆碩の母ハル（隆庵の後妻）中頸城郡潟村の実家が小林を名乗っている[27]。重明については「大森重明隆碩」が正式な名前であり、重明は諱である。目安箱事件により、姓や字（あざな）が使用できなくなり母方の姓小林と諱である重明を名乗ったと推定される。また、発会式では、山本貞治、丸山謹静は盲人の出席者に記載されていることが分かる。

〈表7〉　「訓盲談話會」についての記載資料内容

高田盲学校年表	新潟県立高田盲学校創立九十周年記念誌	新潟県教育史夜話
1月30日　寺町2丁目　光樹寺において「訓盲談話会」発会式を行う。出席した世話人は大森隆碩、杉本直形など16名。関心のある盲人13名だった。	※寺町2丁目、光樹寺（現仲町2丁目　やすね料理店前）において発会式を挙げる。発会式に出席した世話人は大森隆碩、杉本直形、小池玄育、岡田諦賢、秋山祐哉、平原恵海、和田玄誉、小林重明、姫宮大円、石黒良継、水野道貞、鷹見盛保、山本貞治、溝口良繁、丸山謹静、疋田新二郎で、同日出席した一般会員（盲人）は内日挙直、池上虎蔵、神岡良太郎、山岸増蔵、柳沢外吉、森利三郎、中島勘太郎、水沢久吉、広川与一郎、江口和田郎、横尾分正、樋口佐吉、大須賀金之一である。（世話人16人、盲人13人）	杉本直形、小池玄育ら同志に呼びかけ訓盲談話会を組織し、翌20年1月30日寺町2丁目（現上越市中町2丁目やすね料理店前）において発会式をあげた。当日の出席者は大森隆碩ほか世話人16名と一般会員の14名、計30名であった。

※　「高田史」では30余名となっている。

〈表8〉　訓盲談話会　　当時の名簿から

会員　杉本直形、小池玄育、岡田諦賢、秋山祐哉、平原恵海、和田玄誉、小林重明、姫宮大円、新田祐織　石黒良継、水野道貞、鷹見盛保、溝口良繁、疋田新二郎（14名）
同日出席した一般会員（盲人）　内日挙直、池上虎造、神岡義佖、竹田良太郎（良）、山岸増蔵、山本貞治、柳沢外吉、森利三郎（良）、中島勘太郎（良）、水沢久吉、廣川与一郎（良）、江口和田郎（良）、丸山謹静、横尾分正、樋口佐吉、大須賀金之一、宮崎左右一（17名）

（出所）「原書」上越市福祉交流プラザ（上越市寺町2-20-1）高田盲学校資料室に保管されている「訓盲談話会」資料から。新潟県立高田盲学校創立九十周年記念誌では池上虎蔵になっているが、池上虎造と書かれている。

※　訓盲談話會原本資料
会員（世話人）出席者

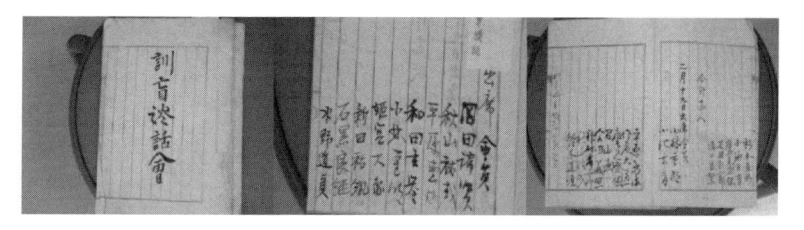

盲人出席者

（出所）「原書」上越市福祉交流プラザ（上越市寺町2-20-1）高田盲学校資料室に保管資料から、2013（平成25）年8月4日筆者撮影。

　大森隆碩の足跡で外せないことはキリスト教との関係と目安箱事件である。隆碩は1894（明治27）年5月16日に高田教会でキリスト教の洗礼を受けている。また、翌年、「隆碩の三女ヒロ、四女コウ、めいの鈴木キセは高田教会で橋本睦之牧師から洗礼を受けている。

　目安箱事件についての資料、文献もほとんどみられない。しかし、長女・ミキのメモには「旧藩主の政事に関し、土地の人々を助け倉石先生始め他の士族町人等と共に謀り目安箱事件を起こし同人は最年少者なるを以て他の人々に代わり犠牲となり脱藩せり、以後家計は実に困難を極めし由、当時、他の人々には後の心配は無用との約束の様なるも表面は矢張罪人扱いされ、死後今日に至るも旧主家の名簿より削り去らる　然るに政治は本人等の意の如くなりしも彼等は皆他人の形なり人の心は的にならぬなり[28]」と書かれている。

　このことから、目安箱事件という史実は間違いないと考えられる。さらに、「高田盲学校三〇周年記念誌」には、「市内北五の辻に代々医を業とした大森隆碩といふ人があった。高田藩の藩医に列せられたほどの名

家であったが蘭学を研究した結果当地に於ける新人となり高田城の外堀を埋めて田とし、その収穫によって藩の財政を助くべくしとの意見書を藩の目安箱に投じたので注意人物となり藩主はその不遜を責めて遂に家名断絶くにがまいの処分を受くるに至った[29]」とある。「高田盲学校三〇周年記念誌」の存在については定かではないが[30]、当時の高田藩の状況から考えると外堀を埋めて田とするという大森隆碩が提案したとされる事項は現実的であると考えられる。

　明治初年の士族の状況は廃藩置県により「藩」というよりどころを失い、府県貫属として明治政府から家禄を支給される身分となった。この家禄支給が明治政府の財政を圧迫し、1873（明治6）年華士族禄税制度を布告し、家禄税を創設した。同時に、家禄奉還ノ者へ資金被下方規則も布達された。士族の数は1872（明治5）年、新潟県・柏崎県合わせて3619戸、1万7443人であり、卒が5110戸、1万9541人であった[31]。この状況は高田藩でも同様であり、1883（明治16）年6月、新潟県を巡視した元老院議官渡辺清の報告書に「高田士族は概して困窮しており、しかも互いに猜忌しあって共同事業ができないでいる」と書かれている[32]。

　また、高田藩は1869（明治2）年に藩籍を奉還し、藩主は藩知事となる。同年、さらに、1月5日から11日まで、会津藩降伏者1,744人を預かっている[33]。高田城の特徴としては本丸の周りに内堀を、城域全体を外堀が囲んでおり、石垣を用いてない土塁の造りとなっている。石垣がないため、土塁を用いて外堀を埋め、田をつくることは容易である。さらに、長女ミキのメモ「政治は本人等の意の如くなりしも」という点においても、高田城外堀のハスは「戊辰戦争や凶作により貧窮した高田藩の財政を立て直すため、外堀にハスを植えレンコンを育てたことがはじまり[34]」と一致する。

　大森隆碩は目安箱事件で1870（明治3）年から1889（明治22）年の大森に復姓するまで、小林重明と名のっていた。隆碩が1877（明治10）年12月に高田の新須賀区で眼科医を開業するきっかけとなったのが、姉の婚家・鈴木家の主人（医師）が死去により乞われて高田に帰ったと

されている。また、横浜で米人医師ヘボン（宣教師）に師事し眼科を学ぶ間の資金については姉の婚家である鈴木家などの親戚から資金を得ていたようである[35]。

※左は設立時作られた「盲人矯風研技会規則」であり、右は、1889（明治23）年3月に会規、会名を改め「針灸會」としたものであり明治32年4月に大森隆碩が加筆し自らを嘱託会員としている。
（出所）「原書」上越市福祉交流プラザ（上越市寺町2-20-1）高田盲学校資料室に保管資料から、2013（平成25）年8月4日筆者撮影。

さらに、隆碩が復姓するまでに起こった、訓盲談話会［1887（明治20）年1月30日］、盲人矯風研技会［1888（明治21）年11月3日］には大森隆碩の名前が載っていない。訓盲談話会では小林重明と記載しているだけであり、この筆跡は隆碩の筆跡ではないと思える。また、当初の盲人矯風研技会会則では、「第一條　本會ヲ名ケテ盲人矯風研技會ト称シ当分中頸城郡高田町大字新須賀区五拾五番地ヲ以テ會場ト定ム」とし、名前等については記載していない。これらのことから、目安箱事件は事実であり、さらに、1870（明治3）年から1889（明治22）年までの間、大森隆碩が名前を変えて生活しなければならないほどの事件であったことが想定される。

高田盲学校は1889（明治22）年10月、大森隆碩と杉本直形で学校の設立を決意し県に請願を行った。しかし、組織不十分として却下され、上越教育会に教授法の研究を頼んだりしている。また、1890（明治23）年1月に二度目の請願を行うが教科書不適切で却下される。さらに、1891（明治24）年3月に三度目の請願を提出したが、施設設備その他が不適の故を以て却下される。1891（明治24）年6月3日4度目の学校設立認可の件を申請する。これにより同年7月22日、県知事籠手田安定より認可を得る。

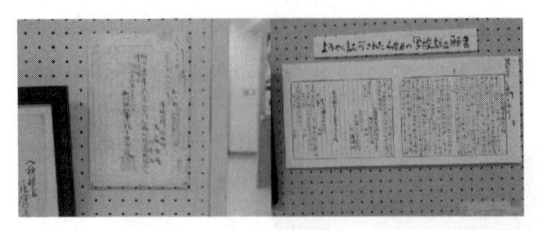

(出所) 上越市福祉交流プラザ（上越市寺町 2-20-1）高田盲学校資料室に保管資料から、2013（平成25）年 8 月 4 日筆者撮影。左が認可証（原本）、右が「私立訓曚学校設立願（コピー）」

　この時に、高田教会の牧師松本常が、東京盲唖学校の小西信八に相談し、教育方法を教授してもらうなどの大きな働きをしている。これは、「私立訓曚学校設立願」にも「ココニ於イテ自分等同志相謀リ一学校ヲ設立シ東京盲唖学校ニ倣ヒ或ハ同校ニ就テ親シク参観シ或ハ疑義アレハ同校ニ質シ同校ノ規則ニナライ以テ前条ノ目的ヲ達シ」とあるように、東京盲唖学校の教育を前面に出している。前例のないものに対する認可がいかに大変だったかを物語っている。

　しかし、その後の運営はさらに苦しい状況であった。「新潟県教育百年史明治編」によると1892（明治25）年の県学事年報には「元二、三ノ有志者ノ設置ニ係リ資力ジュウブンニナラザルヲ以テ未タ進捗ノ状況ヲ見ス」と書かれており、その後もこの状態は改善されていない[36]。

〈表 9〉　訓曚学校収支表

年	収　入	支　出
22	8,350 円	47,800 円
23	122,087	97,500
24	19,864	81,600
25	16,020	38,600
26	100,480	68,600
27	81,710	70,320

〈表 10〉　明治 31 年末の財産

定用財産	敷　地	52 坪
	家　屋	29 坪
	図　書	52 部
	機　器	582 個
	（内凸字）	492 個
	其他物品	125 円 99 銭
基本財産		200 円 18 銭
計		326 円 17 銭

(出所) 新潟県教育百年史明治編さん委員会『新潟県教育百年史』新潟県教育庁 1970 年 .786 ～ 787 頁。

　また、表 9 は訓曚学校の収支であり、かなり厳しい状況であったことが想像できる。もともと有志者の義捐金と設立者の拠金を積み立て基本金として学校を維持することを考えていた。当初目標の基本金額は二千

円で、これを八分利で貸付けその利息160円に生徒20名の月謝6円を加えてこれで諸経費を賄うつもりだった。しかしながら、1898（明治31）年度末の基本財産は200円にすぎなかった[37]。当初の盲人矯風研技會規則では「第三條　本會ハ會員ヲ分ケテ正會員、賛成會員、名誉會員ノ三トス、第四條　正會員ハ男女ヲ論セズ八歳以上ノ盲者トス、第五條　賛成會員トハ本會ヲ補成翼賛シ一時金銭或ハ物品ヲ寄附モノヲ云フ、第六條　名誉会員トハ一時金弐拾円以上ヲ出ス者ハ終身名誉会員トス、第七條　本會ノ成立ハ共同愛恤ノ心ニ基ク以テ会員醵金（きょきん）ノ多寡ニヨリ其間ニ階級ヲ立ウヘキニ非ラス、第拾條　名誉会員并ニ賛成会員の寄附金ハ銀行ニ預ケ永世本會ノ資本トス、第拾壱條　本會ノ資本ハ五千円ニ満ツルヲ以テ目的トス」とあり、正會員、賛成會員、名誉會員の拠出金で運営するつもりで、5千円を集めることを目的としていたことが分かる。

しかし、この会則は1889（明治23）年3月に会規、会名を改め針灸會とし「第拾七條　會計　會員は出席ノ有無ヲ問ワズ毎月金2銭ヲ幹事ヘ納メ一切ノ費用ニ充ツ」とあるように会費を徴収し運営している。

当時の状況を「私立高田盲学校沿革大要（一）」でみると、「明治廿五年三月會計庶務高橋啓治郎同五月普通科教員瀧見直樹ノ兩師辞職ス　同四月名譽講師姫宮大圓師辞サル　同六月ヨリ以後高田米南教校ヘ公務教務一切委託ス」となっている。さらに、「同十二月府古區ニ普通民家ヲ借リ入レ先ノ委託ヲ解ク」とあるが、先の新潟県教育百年史によると、『高田米南教校ヘ教授を依頼したが、それも意のようにならず、ついにこの10月、鍼灸研究会員が「非情ノ苦心ヲ以各自学力ノアラン限リハ之ヲ教ヘ」とある。

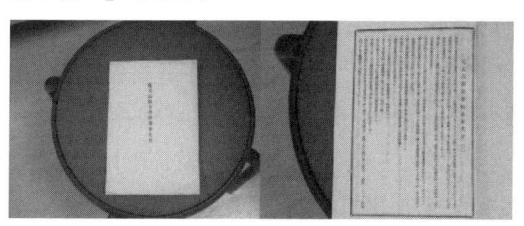

（出所）上越市福祉交流プラザ（上越市寺町2-20-1）高田盲学校資料室に保管資料から、2013（平成25）年8月4日筆者撮影。高田盲学校の明治45年までの歴史が書かれている。

三上昌治の逸話では『大森さんの奥さんも、偉い人でした。高田盲学校の面倒を、自分の着たいもの食べたいものを我慢してよく見なさった。盲学校から学校の炭がないといって使いがくれば「おスミ、一枚脱げ」と言われては、自分の着ものを一枚質に入れて、学校へお金をやんなさった[38]』と、当時のことを話している。

　上越市福祉交流プラザの高田盲学校資料室に隆碩の直筆の書簡展示されている。亡くなる3年前の1900（明治33）年6月19日の手紙である。隆碩の書簡・資料に関しては長男の滋清が北海道拓殖銀行、函館鉄道局に勤務しているときに、函館大火［1934（昭和9）年3月21日］に遭い遺品などすべてのものを消失しているため、隆碩の貴重な史料である。

＜大森隆碩の書簡＞

　　其後者更ニ御動静〇御　伺不申失敬之至リ偏ニ御状被下度候扨（さて）今般上京ニ就而者不一方御世話ニ相成遂御礼〇申上兼誠ニ難有奉謝候
　　陳者十五日発車後者長野ヘ下車　粟田村ナル三戸部明治郎氏ヲ叮き夫より長野市ニテ　ファクレーブ堂ヲ問ヒ午后六時より乗車上田ニ至リ其夜停車場前ナル上村方ニ一泊十六日朝六時前ニ橋本睦之氏ヲ訪ヒ夫ヨリ須藤定吉氏ヲ尋　直ニ帰　宿〇テ朝飯之仕度〇〇〇〇乗車午后七時過着京仕〇〇意外ニも好身より友人ニ至ル迄出迎ひ呉候仕合ニテ誠ニ敬口候此者全ク文明之利器伝話之働きと承リ先ツ愚老之頑夢ヲ破ル第一番と存候其夜者小原氏ニ伴〇芝区ニ至リ翌十七日小生之独リ乗車ニテ東京盲唖学校ニ至リ石平生ニ面会廿二日之再會ヲ約シ夫より曽テ申上候通リ霜村ニ至リ夫ゟト相談仕候処先ツ両三泊霜村方ニ滞留致し其近傍ヲ視察□ヲ□事ニ付今日迄徘徊致候処迚（とても）本所深川ニ者住居之見込無之候ヘ共当分仮リニ一軒小生出京之者見出し申候間先ツ此ニテ君ハ　一不明一　町名及番地者取極メ候上可申上候扨東京府ニテハ本所深川之両区ヲ以テ工業区ト定ルえ見込ト云フ事ニテ諸工場年々増加汽笛之声烟筒之煙実ニ別世界之観ヲ呈シ候此又小生之頑夢ヲ破ル第二此事ニ御座候未ダ々々友人之家

> モ尋不申候故何事モナレ兼候とは存候へ共かな□事　　先者今日者
> 此ニテ筆留追而申上候　間右ニ御承知被下度候先者御願迄如此ニ御
> 座候也
>
> 　（明治）三十三年　六月十九日　　　大森隆碩
> 　　杉本　直形　様

※カタカナ・平仮名を使用。本文・語訳からも分からない単語有。脳血管障害の後遺症があり読めない
　字が多い。下線筆者。
（出所）上越市福祉交流プラザ（上越市寺町 2-20-1）高田盲学校資料室に保管資料から。

　この手紙から、6月16日に上田の橋本睦之を訪ねていることが分かる。田辺英一によると橋本睦之は高田教会の牧師だった[39]とあるが、日本キリスト教歴史大事典によると橋本睦之は1893（明治26）年から長野教会に転任、翌年から長野部長の兼任し、同協会に6年在任。その後、上田教会に移り部会長を続けたとある[40]。「高田教会百年のあゆみ」では、日本キリスト教団の高田伝道が1892（明治25）年に金沢部会より長野部会に移管されることになり橋本師はしばしば上越地方に出張伝道することになったと言っている[41]。

　同年9月5日の橋本睦之の日記に「6時起床、祈祷を捧ぐ、柴田氏と共に竹内夫人、大森隆碩、訓曚学校、岡本氏等高田有名家を歴訪[42]」とある。この時が橋本睦之と大森隆碩の最初の出会いであったと考えられる。また、1895（明治28）年11月26日「部会開設も部長橋本、小沢、乙黒、萩原、竹田、小野、ダンロップ到着す。高田「三館」に投宿する[43]」とある。橋本睦之とダンロップは同志の関係であることが分かる。さらに、手紙にある1900（明治33）年6月16日上田の橋本睦之を訪ねたことについては、日本キリスト教歴史大事典の記述と一致している。この手紙の通り、橋本睦之は上田教会に転任している。橋本睦之は1855（安政2）年3月10日生まれであり、隆碩より9歳年齢が若い。朝六時前に橋本睦之氏を訪問しても失礼に当たらない親しい関係であったと考察できる。

　長女ミキのメモには「五十一歳ニシテ中風ヲ起コシ永年住ミ慣レタ高

田ノ家屋敷ヲ払ヒ東京ニ至リ本所ニ餘生ヲ送リシガ五十九歳ニテ死去セリ」とある。「高田教会百年のあゆみ」では「1900（明治33）年校長を辞して、東京の長男の所で静養するため高田を去る。三年後1903（明治36）年57歳で永眠、この年ヒロとコウは麻布教会に転会している。一家を挙げて東京に移ることにしたのであろう。この大森家屋敷跡は、料亭「柳糸郷」となったほど広大な敷地であった」と言っている[44]。

（2） 長岡盲唖学校と金子徳十郎

長岡盲唖学校は「本校ハ明治38年3月10日長岡市山本町金子徳十郎カ盲唖教育ノ必要ヲ感ジ時ノ町長秋庭半ニ謀リ有志者ノ助力ヲ得テ創立シタルノモナリ」とあるように、金子徳十郎の業績により創設された学校であるといっても良い。

長岡盲唖学校は、1904（明治37）年に金子徳十郎と小西信八の出会いにより開設される。小西信八は当時のことを『長岡盲唖學校は本年（三八年）四月の創立で本校生徒の金子進太郎君の父、徳十郎君が非常の熱心と盡力とによって基金三千圓を募りて寄宿舎を設くる由此頃の通信に見えました。昨年進太朗君の入學の爲同伴せられた時私は申しました「長岡より來學する者五名程あります。今各毎月七圓を要するとすれば毎月三五圓づつ長岡より本校へ送金する割合です。若し五人の子供を長岡へ呼び戻し一教師を傭い一校を設けたならば五人の外に數十人を教えることが出来ますから進太朗君の入學を見合わせて長岡に設立のことに盡力を望む」と、其時徳十郎君が申されたには「其位の金額にて設立が出来るならば私の子供は此學校に入學を願い置き更に奔走周施して必ず一校を設立するように致します」と、是が長岡盲唖學校設立の近因で私は自分の郷里に金子君のごとき熱心の有志者があり、後れて設立せられて先進の諸校に譲らず生徒を有し又本年教員棟習科卒業の高取君の如き温厚にして緻密に思考する人を得たことを甚だ仕合に存じます。寄宿舎は奮中島小学校の不用に属したものを町より永久無料に借用する由重々の仕合と存じます。私は多田君が卒業の後同校に参り盡力せらるることを切望します[45]』と語っている。

〈表11〉 金子徳十郎と長岡盲唖学校

年号	年齢	事項
1865（慶応 1）	0	・4月25日 父徳重郎、母みたの長男として出生。長岡市山本町。 ・長岡市春日 2-2-19（出身は元山本町）昭和 20 年 6 月 5 日没。・生家は薪炭商。
1881（明治 14）	16	父徳重郎死亡。家督を継ぐ。
1888（明治 21）	23	・桑原くらと結婚。
1891（明治 24）	26	・12 月 10 日、長男進太郎誕生。
1904（明治 37）	39	・3月、長男進太郎中耳炎を患い聴覚障害となる。 ・東京盲唖学校へ入学させるため上京。小西信八と出会う。長岡に盲唖学校を造ることを勧められる。 ・長岡町長秋庭半氏に話し賛同を得る。 ・関斉氏に就学すべき盲唖者の調査を依頼。盲者 35 名、聾唖者 49 名が判明。
1905（明治 38）	40	・2月10日 設立準備会にて評議員 30 名を推薦。 ・3月4日 評議員会の決議により本校設立を県に稟請 ※小西信八は 2 回にわたって長岡に出向く。盲聾児をもつ父兄や町内小学校長、町議会議員等の有力者の集会を行い、盲聾学校の必要性を説く。 ・3月10日 県知事阿部浩により認可を受ける。 ・3月28日 東京盲唖学校教員練習科を卒業した高取易太郎を推挙。 ・4月10日 開校を発表 ・4月15日 開校式、入学式挙行。 ・7月27日 長岡高等小学校長山田音二郎初代校長兼任。 ・9月長岡町経済界の有力者を訪問して協力を請う。渡部藤吉、渡辺六松、渡辺清次郎、星野伊三郎、岸宇吉ら経済人、小野塚貴吉ら校長諸氏の賛同を得てわずか 2 カ月で目標の 2 千円の募金に成功する。
1906（明治 39）	41	・4月1日 長岡市市制施行 長岡市誕生。 ・初代市長牧野忠篤は後半期において、補助金 150 円を資質する。 ・4 学級でスタート。 ・鍼按科新設 東京盲唖学校教員練習科卒業の宮島寅吉を採用。 ・唖生教師として東京盲唖学校教員練習科卒業の多田真佐雄採用。 ・金子、町会議員を務める。その後、市議会議員を含め 5 期（明治 39 〜大正 13 年）つとめる。 ・12 月 27 日、校長山田音二郎病没。
1907（明治 40）	42	・2月、阪之上尋常小学校長丸田亀太郎本校校長を兼任する。 ・6 学級でスタート。 ・長岡高等女学校卒業生、十見ハツ子を盲生普通科教員嘱託として採用する。唖生 13 名、盲生 35 名。 ※募金総額 5,813 円 98 銭になる。
1908（明治 41）	43	・2月、普通科、技芸科各修業年限を 3 か年から 5 か年へ延長、両科を兼修できるよう県の認可を得て学則を改正。 ・4月、元古志小学校長で郡教育会聾唖教育調査委員小林熊蔵を採用。盲生普通科の授業を分担。福島訓盲学校から東京盲唖学校練習科卒の北尾鑑三郎を得る。 ・11 月 5 日 刺しゅう科を新設、内藤清七指導を嘱託する。
1909（明治 42）	44	・1 月 26 日 文部省より金子徳十郎に多年の盲唖教育への尽力に対して、金 100 円を賞される。 ・市内有力者 108 名が発起人となって長岡楽善会を組織した。
1910（明治 43）	45	・3 月 29 日 第一回卒業証書授与式。

年号	年齢	事項
1916（大正5）	52	・金子進太郎　長岡盲唖学校に勤務（昭和29年までの39年間勤務、昭和38年3月に没した）。
1919（大正8）	55	4月1日、髙取易太郎本校校長に就任する。
1920（大正9）	56	※募金総額 11,538円48銭になる。
1921（大正11）	57	4月1日、新潟県立長岡盲唖学校と改称する。

（出所）　新潟県立長岡聾学校八十周年記念実行委員会『創立八十周年記念誌』1984年.16～17頁。新潟県立長岡聾学校百周年記念実行委員会『長岡聾学校百年史』2005年.5～13頁。

　一方、金子徳次郎はこの時の出会いを「小西先生は、否、君が一番適任だと思う。實は盲学校盲唖教育普及の爲従來數次長岡の知人諸君にも説いてみた。岸宇吉氏は上京の度毎には必ず一回は本校を参観せらるゝのが例であるから自分が長岡に設立せられんことを説いたら賛成した。近藤久滿冶氏は自分の親戚で之にも説いた處が賛成した。波多野傳三郎氏は自分と共に最初長岡中學校へ入學して同窓親密の間柄だから之も説くと賛成したと云う。阿部古志郡長が先年本校参観の折勧誘した處が賛成した。其他顔を合わせる程の人には凡て長岡に盲唖學校設置のことを説いたが一人の不同意を唱ふる者なく皆な賛成を表して居る、が、遺憾ながら其後も少しも實現されない。之は自分が未だ熱心が足りない爲か或いは説明が悪い爲めかと思ふて種々考えて居る。併し西洋に於ける盲唖學校の沿革等を調べて見ると、其設立の動機は盲唖者を其子弟に有する人々が、痛切に教育の必要性を感じ献身的に努力するのに原因するが多い[46]」と話している。

　ここでは、小西の2つの思いが理解できる。一つは郷里と言うことに対する思いであり、もう一つは、東京盲唖学校卒業生の就職先斡旋という思いである。郷里に対する思いについては、小西は旧長岡藩士である。また、1854（嘉永7）年1月24日生まれであり、金子より11歳年上になる。1902（明治35）年11月4日の小西から金子にあてた手紙には「御盡力により彌設立の御申越旅順陥落よりも小生にとっては大悦仕候」と言っており、11月9日2時に旅館野本本店にて寄付者、有力者を集めて談話会を行い、表町小学校で講演会を開いた。また、10日、午前には、盲唖者の父兄を町役場に集め心中を話し、午後には中学校で

講演し、さらに、11日には女子師範学校、高等女学校で講演している[47]。

就職先斡旋に関しては、東京盲唖学校では、1903（明治36）年4月から教員練習科を設置し盲あ教育の教員養成を行っている。金子徳十郎との出会いが1904（明治37）年であるため、教員練習科卒業生、高取易太郎、宮島寅吉、多田眞佐雄、北尾鑑三郎などの教員を送り出している。

当時の盲あ教育に関しては多大な経費がかかることについては、京都盲唖院が経営不振のため1889（明治22）年に府立から市立に移管されたこと、また、楽善会訓盲院経営の不安定を見越して文部省直轄学校になったことから想像できる。

小西信八はなぜ金子徳十郎に託したのか。このことに関して、小西は金子に「先生は先ず、校舎器具の如きは町の小學校の一室其他不用品を借り入れば間に合うし、經費は教員月俸十五圓として其他諸雑費を合わせて年額二百圓と見たら差支えない。此額にて盲人十二人、唖人十二を教育することが出来る。先づ午前は唖人、午後は盲人と別々に教育せば教員一人にて融通が附けられる。年額二百圓で償ふ譯であるから愈よ君が長岡で有志を勸説しても賛成を得ることが出来なかったら、半額百圓宛兩人して出し合ふうではないか。實は現今は此日露戰役中であるから文部省でも手がだせまいが、此戰役が終了せば各府縣に盲唖學校の一箇所位宛設置せしめ度い方針の様だからも三・四年の經營の後には縣か國かにて何等か補助の端緒も得らるべく[48]」と強い誘いを行っている。

しかし、金子自身当時の秋葉半町長に学校経営について相談している。秋葉は「校舎に小學校の一部を借舎するの如きは別段面倒な事はあるまいが唯だ心配事は經費の點だ、小西氏が年額二百圓位にても事足ると云っても自分の考えには到底そんな事で出来るものでは無いと思う」と言っている。さらに、秋葉の「入學生がなければ開講しても見やう様が無い」との助言通り、盲唖者の調査を行いその上で方向を考えている。また、認可証の通り校舎に関しても阪之上小学校の一部を借り受けて開設している。

> ・認可
> 　　　　　　　　　古志郡長岡町　　金子徳十郎
> 　明治三十八年三月四日付稟請
> 　　私立盲唖学校設立ノ件認可ス
> 　　　　　　　新潟県知事　　　阿部　浩
> ・阪之上小学校の一部を借り受ける

　実際に運営していく立場であった、高取易太郎は「創立早々ノコトトテ校舎ハ阪之上小學校ノ一部舊役場跡ヲ假用シ、四月十五日盲生六名、聾唖生七名ヲ以テ授業ヲ開始シタノデアルガ、校舎ト云ッテモ機器器具ハ何一ツアルデナク全ク空屋同然デアッタ」と言っている。さらに、「創業當時ハ一個年四百圓位ノ經費デ約五年間ヲ維持シ得ル寄附契約アッタニモセヨ、時恰モ日露戰爭ノ非常時ニ逢會シタノデ果シテ豫定ノ寄附金ガ集マルカドウカノ懸念ガアリ、且ツ年ヲ逐フテ經費ハ自然増加スルバカリ、ケレドモ本縣唯一ノ聾唖學校デアル本校ガ、盲唖教育ノ普及發達ヲ期スル上カラモ、唯一個年ダケ生徒ノ入學ヲ許シ次年度カラ入學ヲ拒絶スルヤウデハ盲唖ノ子女ヲ持テル父兄ハ無論ノコト本人等ニ對シモ誠ニ氣ノ毒ニ堪エナイ[49]」と言っている。

6　おわりに

　明治という時代に盲あ学校創設に情熱をかけた大森隆碩と金子徳十郎に共通していたことは資金運用の困難さである。大森隆碩は医師であり、むしろ武士に近い考え方を持つ人で、校長心得として前面に出て学校経営の全てを行っていた。金子徳十郎は商人であり、支援者、資金調達とその運用に人力を傾け、学校経営に関しては全面には出ず、小西信八、高取易太郎と歩調合せて行っていた。結果として、大森隆碩は資金調達に行き詰まるが、金子徳十郎は難しい経営ではあるが周辺の力を借りて切り抜けている。

また、大森隆碩については、調べれば調べるほど分からないことが出てくる。それは、医師として身をたてる術を持っているものが、なぜ、これほどまでに盲学校に拘ったのかである。一つは隆碩の性格からくるものが考えられる。隆碩はこう生きたいということに対して真正面から向き合う性格ではないだろうか。目安箱事件や盲学校設立にみる隆碩の行動には無茶と思えるものを貫いている。また、もう一つは信仰・友人からくるものがあると考えられる。隆碩の友人である牧師の橋本睦之は長野に英和女学校を設立しようと図ったことが記録にある。また、今後の研究課題としては、(1) 大森隆碩の空白の 6 年間に関する研究、(2) 目安箱事件の具体的真相、(3) 大森隆碩とキリスト教との関係などが挙げられる。

　金子徳十郎に関しては、障害児の父と言う側面と、長岡盲唖学校の創設者としての一面がある。戦後、知的障害者育成会（現全日本手をつなぐ育成会）創設の原動力となったのも加藤千加子、諏訪富子、広瀬桂などの障害児を持つ母親達であった。学校設立や運動組織としての会の運営についてはその後の人たちに与えた影響は大きく、もっと評価されてもよい人たちではないかと考える。

　なお、本研究は科研研究「新潟県社会福祉史の総合的研究」の一環によるものであり、大森隆碩の一部については『草の根福祉第 43 号』（2013 年）に『「長女・ミキのメモ」を基にした大森隆碩研究Ⅰ—隆碩と訓曚学校—』として既に発表している。

[引用文献]

1) 文部省『学制百年史』帝国地方行政学会 1972 年 .113 頁。
2) 文部省『盲・聾教育八十年史』二葉株式会社 1958 年 .3 頁。
3) 福沢諭吉『西洋事情』尚古堂 1866 年 .88 〜 89 頁。
4) 文部省『盲聾教育八十年史』日本図書センター 1981 年 .6 頁。
2010（平成 22）年 10 月 1 日 国勢調査人口では 2,347,092 人（全国で 14 番目）になっている。
5) 垣次九水『日本国勢調査記念録第一巻』日本国勢調査記念出版協會

1922年.54頁。

6) 新潟県『新潟県百年のあゆみ』1971年.202〜203頁.
　※なお、『新潟県史資料編17』（1982年）によると、明治年間の新潟県は本籍人口で見る限り、その末年まで全国第一位の人口であり、東京・北海道を凌いでいた。しかし、大正の初頭から人口の流失と、他方で、大都市への人口集中があいまって、1920（大正9）年には、東京・大阪・北海道が1位、2位、3位となって以後その順位は定着する。また、同年には兵庫・福岡・愛知が上位となり、新潟は7位に転落したとある。

7) 新潟県『新潟県のあゆみ』旭光社1990年389〜391頁.

8) 山浦松太郎『月刊中越の郷土史』月刊中越の郷土史編産室1983年4頁に五十嵐富士夫「飯盛り女―宿場の娼婦たち―」（1981年　新人物往来社）が紹介されており、その中で「五十嵐氏によるとこの「はつ」のような飯盛り女たちは18、9、21、22歳でなくなっている者が多く、彼女たちの生命をむしばんだ原因は瘡気（かさけ）とその余病であったいう。また、五十嵐氏の宿場の飯盛り旅籠の抱え女たちの身元は越後生まれのものが圧倒的に多かったと指摘している」と書かれている。なお、瘡気とは梅毒のことである。

9) 安田辰美「新潟縣出稼概況」新潟縣社會事業協會『佐越社會事業第四巻十一月號』1932（昭和）7年58〜60頁。

10) 出雲崎教育委員会編『出雲崎町史通史編下巻』出雲崎町1997年.65頁。

11) 文部省『学制百年史』によると、「巡幸の結果、明治天皇は各地の教育の実態がはなはだ憂慮すべきものであることを痛感させられた。維新後の急激な教育体制の改革、文明開化運動および欧米流の知識の摂取は、まだ人民の間にじゅうぶんに吸収されていなかったばかりでなく、混乱の様相さえ呈していたのである」と記してあり、巡幸により各地の視察を行っていたことが分かる。

12) 青柳清作『寺泊郷土史（1951年刊の改訂版）』寺泊町公民館1961年.540頁。

13) 前掲10).p71。

14) 前掲10) .p69。
15) 前掲10) .p74。
    ※筆者はここに「瞽女」の文化が影響していると考察している。新潟県には長岡、高田に大きな瞽女集団があり、五十嵐富夫（1987年）『瞽女』は「高田市には1904（明治37）には17件の瞽女屋敷があり瞽女の数は1901（明治34）には89人になっていたという」といっており、瞽女は3人一組になり地域の瞽女宿を中心に瞽女唄を歌い門付けでもらう米と瞽女宿での祝儀を得ていた。
16) 新潟懸社會事業協会『新潟縣社會事業』1942（昭和17）年.21頁。
    ※1942（昭和17）年が第4回「目の記念日」となっている。このことから1939（昭和14）から記念事業が開始されていることが分かる。また、全国中央盲人福祉協会主唱、内務省、文部省後援で1931（昭和6）年に失明予防の運動として、10月10日を「視力保存デー」と定め活動していた。なお、1938（昭和13）年から1944（昭和19）年までは、9月18日を「目の記念日」としていたが、1947（昭和22）年に10月10日を「目の愛護デー」として統一している。なお、9月18日は新潟県の「天皇による金千円の新潟県下賜」によるものである。
16) 星野吉曹「新潟県の眼病患者失明者救済史（2）」北信越社会福祉史学会『北信越社会福祉史研究第7号』2008年.2頁。
17) 出雲崎町史によると眼科講習会は1879（明治12）年1月から7月まで、各大区から医師を招集して新潟病院帳竹山屯から60日間にわたり眼科の大意を講義させ、2回で60人の卒業生を出した。受講した者は各大区にもどり患者を治療し、また、予防の方法を講じたとしている。星野吉曹（2008年）によると、眼科学講師を担当したのは産婦人科が専門の新潟医学校教授オランダ人フォックス,C,H,M（Ｆｏｃｋ,C,H,M）であったとのこと。
18) 前掲10) .p75。
19) 前掲18) .p2。
20) 新潟縣社會課内五十嵐耒『越佐社會事業２月號』中野財團1937年.23頁。

21) 前掲 3）.p8。
22) 前掲 3）.p8〜9。
23) 文部省『学制百年史』によると、「ようやく二十三年十月の改正小学校令で初めて第四十一〜四十二条によって盲唖学校の設置・廃止等に関する規定が設けられ、それを受けて翌年十一月の省令第十八号で、教員の資格、任用、解職、教則等に関する事項を定めた。これによって盲唖教育は法規上の準則を正規にもつに至ったわけである」としている。
24) 前掲 3）.p519。
25) 前掲 3）.p198〜199。
26) 新潟県『新潟縣社會事業概覧』1921（大正 10）年 52 頁〜70 頁。
27) 長女・ミキのメモから。コピー筆者保管。
28) 長女・ミキのメモから。コピー筆者保管。
※大森家ニ付是ヨリ以前ノ記録ハ一切函館大火ニテ消失センタメ不明ナレトモ記憶ニアル分ト廣野家ヨリ聞キ取リシ分ダケヲ記ス」とある。
29) http://blogs.yahoo.co.jp/kishi_1_99/38985040.html「高田盲学校三〇周年記念誌より」2013 年 10 月 1 日確認。「これは、高田盲学校資料に点字本だけが所蔵されているものを、私が墨字に直したものです。一部、漢字に置き換えきれていない箇所があります」とある。
30) ※「高田盲学校三〇周年記念誌」の存在については、2013 年 9 月 13 日に上越市福祉交流プラザにある、高田盲学校資料を確認したが不明。新潟盲学校に問い合わせるも所在不明。
31) 新潟県『新潟県史』1987 年 .373〜375 頁。
32) 前掲 52）.p377。
33) 新潟県立図書館／新潟県立文書館「越後佐渡デジタルライブラリー『新潟県年表を調べる』」http://www.pref-lib.niigata.niigata.jp/Archives/NenpyoIndex.2013 年 10 月 11 日確認。
34) 上越市ホームページ「高田公園」http://www.city.joetsu.niigata.jp/soshiki/toshiseibi/takada-park.html2013 年 10 月 3 日確認。
35) 田部英一『地方`に初めてできた雪国・高田の盲学校』「長女・ミキのメモから」ボロンテ 2003 年 .93 頁。

※長女ミキのメモには「学僕ノ如キモ時ニハ二百円位ハ国元ヨリ得ント云ウ」とある。

36）新潟県教育百年史明治編さん委員会『新潟県教育百年史明治編』新潟県教育庁 1970 年 .786 ～ 787 頁。

前掲 49）.p786 ～ 787。

37）前掲 36）.p68。

38）前掲 35）.p77。

39）前掲 35）.p98

40）日本キリスト教歴史大事典編集委員会編「日本キリスト教歴史大事典」教文館 1988 年 .1110 頁。

41）日本キリスト教団高田教会『日本基督教団高田教会百周年記念誌　高田教会百年のあゆみ』栃尾タイプ印刷 1991 年 .14 頁。

42）前掲 41）.p14。

43）前掲 41）.p17。

44）小西信八先生存稿刊行会『小西信八先生存稿集』大空社 1997 年 .155 ～ 156 頁。

45）北越新報社編集『長岡教育資料』1917 年 .381 頁。

　※岸宇吉は長岡経済産業界の先駆者で六十九銀行の創立者。波多野傳三郎は新潟県会議員、衆院議員、福井県知事を歴任。

46）前掲 45）.p389。

47）前掲 45）.p382 ～ 383。

48）新潟県立長岡聾学校『創立七十周年記念誌』1975 年 .111 ～ 112 頁。

新潟県における医療保護の展開
―大正期の済生会と有明療養所を中心として―

はじめに

　わが国における「病院社会事業」(HSW) の初発は、1919 (大正 8) 年、泉橋慈善病院内に当病院賛助婦人会が援助して設置した「病人相談所」に端を発している。当病院はその後、1943 (昭和 18) 年 3 月、三井厚生病院と改称して、戦後に及び、1952 (昭和 27) 年、社会福祉法人法施行と同時に名称「社会福祉法人三井厚生病院」となった。ここに「病人相談所」が設置されたのは、当時の社会状況を考えると必然的に発生したものとおもわれる。貧困患者の医療サービスは充分ではなく、医療費や生活費が捻出できないため、必要な治療を受けられない貧民患者が多く存在していた。

　泉橋慈善病院より遅れて、1925 (大正 14) 年 3 月、東京市療養所内に「社会部」が設けられ、旧療育院跡に療養所附属の「結核相談所」が開設された。いずれの施設も「病院社会事業」の先駆的なもので、ここでは特に、結核患者に対する病院社会事業が実施された。東京市療養所にこうした病院社会事業の施設をつくらなければならなかった背景は、泉橋慈善病院同様、社会的状況であったことに加えて、悲惨な結核患者の貧困状態をこのまま放置しておくことは、大きな社会問題になる恐れがあったからである[1]。田代国次郎著『医療社会福祉研究〔田代国次郎著作集 6〕』(社会福祉研究センター) では、第 1 編医療社会福祉の概念、第 2 編医療社会福祉の歴史、第 3 編医療社会福祉の実践、としてまとめられている。

　同じように新潟県における医療社会福祉の展開、医療保護の分野は、どのような歴史を辿り展開されたのだろうか。今回、私たちは田代国次郎先生[2]を中心として、新潟県における社会事業 (社会福祉) の形成と展開過程に関する調査研究を続けてきた。本稿では、大正期を中心に医療保護分野の一断面をまとめておきたいとおもう。

1　新潟県医療保護成立の背景

　新潟県における医療と衛生について、1889（明治22）年、新潟市立病院は、明治期後半の市民医療に貢献した。同県では、1879（明治12）年7月、コレラが蔓延し猖獗をきわめた。7月から10月までに5,197人が発病し、うち3,297人が死亡した[3]。よって、翌1880（明治13）年4月から県警察部に衛生課が設置された。コレラ、赤痢などの流行で苦しめられたことから、各市町村に伝染病院の設置がすすめられた。その他、1888（明治21）年7月、日本赤十字社新潟県地方委員部事務所が県庁内におかれ新潟支部が設立された[4]。

　同県は、大正から昭和にかけて労働争議や小作争議が激化する中、社会政策の必要性が認識され推進された。政策によっても自立困難な貧農を対象として、救済や福利厚生の増進や社会事業が推進されていった。例えば、1913（大正2）年、県連合保護会、1918（大正）7年、新潟慈善協会などの設立があげられる。後者は、慈善救済に関する思想の普及、各種慈善救済事業の改善を目的として活躍した。県庁内では1922（大正11）年2月に社会課が新設され、4月には、県慈善協会が解消し、新たに同課内に財団法人新潟県社会事業協会が設立された。同協会は、県内社会事業団体の統一連携を図り、さらに児童保護、窮民救助その他各種社会事業の調査研究に努め、また就職紹介事業にも力を注いだ。昭和に入ると、社会事業は一層拡充整備された。1928（昭和3）年に方面委員制度が開始され、養老院や託児所などの社会事業施設も設立されていった。同時期、窮迫した農村では、医療の問題は特に深刻であった。一旦病気になると、医者にも行けず死に至る悲惨な状態があった。よって、医療の社会化、軽費診断が叫ばれるようになった。特に、東北地方では、経営する産業組合と結び付け、利用事業として医療組合が設立され、全国的に普及していった。新潟県においても、医療組合による病院が次々に設立され、農村の医療救済に大きな役割を果たした。

　一方、1937（昭和12）年、保健所法が制定され、地域社会の公衆衛

生の指導監督及び伝染病予防が積極的に推進された。翌年、新津保健所が設置されてから、相次いで県内に保健所が設立されていった[5]。

2　新潟県医療保護の展開

　新潟県における医療保護の展開（大正から昭和にかけて）について、新潟県社会課『新潟社会事業概覧』から整理した。本稿では、このフレームを基に必要な保護事業の展開を取り上げて、整理検討したいとおもう。

（1）新潟県社会課『新潟県社会事業概覧』1921（大正10）年
　　ア　恩賜衛生資金　眼病治療費補助　特別会計
　　イ　精神病者救療　県費負担
　　ウ　癩療養所分担日　県費負担
　　エ　恩賜財団済生会新潟救療部　1911（明治44）年
　　オ　日本赤十字社新潟支部　1888（明治21）年[6]

（2）新潟県社会課『新潟県社会事業概覧』1930（昭和5）年
　　ア　新潟市立有明療養所　1924（大正13）年2月　　結核療養所
　　イ　新潟脳病院　1911（明治44）年12月　　精神医療
　　ウ　恩賜財団済生会新潟診療所　1927（昭和2）年6月
　　エ　新潟仏教協会眼科施療所　1924（大正13）年3月
　　オ　救世軍無料診療所　1927（昭和2）年5月
　　カ　恩賜財団済生会済生会救療部　1912（大正元）年8月
　　キ　新潟県恩光會　1925（大正14）年5月　眼病治療
　　ク　大日本婦人衛生会新潟支会婦人衛生慈善会　夏期海水温浴場設置
　　ケ　新潟県結核鵜予防協会[7]

（3）新潟県社会課『新潟県社会事業概要』1936（昭和11）年
　　ア　委託診療
　　イ　出張診療　県の出張診療

ウ　巡回診療　1935（昭和10）年3月　済生会に委託して実施
　エ　家庭常備薬配給　僻陬部落や凶作罹災地へ配給
　オ　肝油配給　1934（昭和9）年凶作の窮乏者に
　カ　恩賜財団済生会
　キ　農村医療施設　1934（昭和9）年から同11年　農村医療施設資金
　ク　無料診療所
　ケ　新潟仏教協会
　コ　新潟県恩光会
　サ　軽費診療所
　シ　日本赤十字社新潟支部の出張診療所
　ス　医療組合
　セ　精神病院
　ソ　結核療養所施設
　タ　結核相談所
　チ　結核予防特殊団体
　ツ　その他の施設[8]

(4)　新潟県社会事業協会『新潟県社会事業概覧』1938（昭和13）年
　ア　医療保護施設一覧
　イ　巡回診療
　ウ　出張診療
　エ　家庭常備薬配給[9]

3　済生会の場合　―済生会貧困者調と新潟県―

　済生会は、明治天皇の済生勅語に基づき創設された。社会に増えた生活困窮者である無告の窮民に無償で医療をおこない、生を済おうとした。そうした活動をする団体をつくり、ときの桂太郎総理大臣に命じ、その資金の一部とするよう下賜された。組織の運営は内務省管理し、具

体的な事業計画は地方自治体に委託する形式であった。

　新潟県社会課『新潟社会事業概欄』（大正 10 年）では、次のように記される。

財団^{恩賜}　済生会新潟救療部　新潟県警察部衛生課
一、沿　革
　　明治四十四年二月十一日紀元節ノ佳辰ニ方リ畏クモ　聖上親シク桂首相ヲ御前ニ召サセラレ済生治療ニ関スル優渥ナル勅語ヲ下シ賜フト共ニ無告ノ窮民ニシテ医療ノ途ヲ得サルモノアランコトヲ軫念アラセラレ施薬救療ノ資トシテ内帑ノ資百五拾満圓ヲ下シ給ハリ宜シキニ隋テ之ヲ措置シ永ク衆庶ヲシテ頼ル所アラシメンコトヲ期セヨトノ御沙汰アリ前記ノ勅語ニ基キ桂首相ハ優渥ナル聖旨ヲ奉体シテ其ノ貫徹普及ヲ計ラムカ為メ各大臣ト協議ノ上恩賜ノ慈恵資金ヲ基礎トシテ財団法人ヲ組織シ以テ施薬救療事業ヲ経営セムコトヲ期スルト共ニ朝野ノカヲ戮セ普ク全国ニ亘リ弘ク救療ノ途ヲ講シテ之カ事業ヲ大成セムコトヲ計リ乃チ桂公爵発起人トシテ五月九日東京、京都、大阪、横濱、神戸、名古屋各市ノ資産家約百九十余名ヲ招待シテ済生会設立ノ趣旨ヲ演ヘ共ノ翼賛ヲ求メタルニ何レモ濺力聖旨ノ貫徹ニ勉メムコトヲ誓ヒ便宜是等ノ都市ニ世話人ヲ置キ之カ幹旋ノ任ニ當ランコトヲ決セリ
　　発起人ハ又同月十二日東京新聞記者ヲ招待シ新聞ノ助力ヲ請フ所アリ同日更ニ第一回東京世話人会ヲ開キ寄付金ノ勧誘ニ就キ協議ニヨリ六月五日東京外五都市ノ世話人会ヲ開キ寄附金勧誘ニ関スル事項ニ就キ協議シタリ東京ニ招待スルコトヲ得サシリ地方資産家ニ対シテハ地方長官ニ其ノ協議ヲ委嘱シ発起人ヨリ夫々ニ対シ本会資金設立ニ関シ翼賛方ノ書面ヲ発送シ地方長官ハ各地ニ於テ日ヲ期シ是等ノ人々ヲ招待シ寄附金勧誘ニ就キ協議ヲ為シタリ
　　更ニ華族諸家ニ於テモ此際聖旨ノ貫徹ヲ計ルカ為本会事業ヲ賛成ニ寄付セラレタキ旨勧誘方発起人ヨリ華族会館徳川公爵ニ依頼セリ
　　右ノ各官府ニ於ケル高等官在職者ニ在リテモ賛同寄附方発起人ヨリ

各府長官ニ勧誘方ヲ委嘱セリ斯クテ五月三十日恩賜金百五拾萬圓及
　　其利子壱萬弐千参百六拾圓ヲ基本トシテ民法ノ規定ニ従ヒ桂侯爵ノ
　　名義ヲ以テ寄付行為ヲ具シ財団法人設立ノ許可ヲ内務大臣ニ申請シ
　　タルニ同日許可ノ指令ヲ得タルヲ以テ翌三十一日東京區裁判所登記
　　簿ニ之カ登記ノ手続キヲ了シ茲ニ本会ノ成立ヲ告ケタリ
二、組織及維持方法　恩賜財団法人ヨリ生スル収入ヲ以テ支弁ス
三、本会資産　大正八年十二月三十一日現在本会資産
　　一、元資金　千九百五萬九千八百六拾四圓五拾三銭弐厘
　　二、収入金　五拾萬六千四百圓五拾弐銭五厘
　　三、不動産
　　土　地　五千七百〇四平参合
　　此価格　拾壱萬九千四百九拾六園七拾銭
　　建　物　参千百八拾八坪壱合五勺五才
　　此価格　拾六萬五千百四拾壱圓拾八銭参厘
四、事業ノ概況
　　新潟県ハ大正元年八月ヨリ左ノ資格ヲ有スル者ニ対シ救療ヲ開始セ
　　リ常時一ケ年患者実数ニ於テ六百六十九人延三萬一千五百二十四人
　　ナリシカ救療趣旨ノ普及ト共ニ其数ヲ増加シ大正八年中患者実数ニ
　　於テ一千三百四十九人延四萬九千二百十人ヲ算スルニ至レリ
　　救療ヲ受クヘキモノ
　　一、県税戸数割ノ免除ヲ受クルモノ其ノ賦課率最低負担額ヲ受クル
　　　　モノ
　　二、其ノ他生活困難ノ状態ニ在ルモノニシテ特ニ事情已ムヲ得スト
　　　　認ムルモノ
五、経　費
　　大正九年度予算額　　金壱萬八百九拾九圓
六、会計年度
　　自七月至六月
七、事務取扱者社
　　髙橋幸之助、池田茂一、池田信吾、風間靖雄、土屋三男、小栗謙吉[10]

次いで、1913（大正2）年1月1日付『新潟新聞』済生会の記事を要約する。「●済生会貧困調　済生会新潟支会は、恩師財団済生会施療について、本県支会長の森正隆氏は、各地の委員に施療の注意を促した。県下の困窮者を調査して、該当する病者であれば直ちに済生会の施療券を交付して、救済する。調査結果、貧困者の状況は、2,058戸、人口6,505人であった。南蒲原郡加茂町及び中頚城柿崎村の貧困者状況調査は未定であるが、今回の結果でもって、済生会の目的は達成されたとおもう。各委員管内の貧民の幸福のため、努力することを望んでいる。今回の調査では、貧困者の原因を聞くと次のとおりであった」[11)][12)]

〈表1〉　済生会貧困者調

原　因	戸数(土)	人数(人)
老幼の家族多き為め	388	1,946
老衰せるり扶養なし	250	413
家内に老親者多き為め	467	1,361
盲目の為め	104	197
主観者の死亡に依る	345	962
不具又は白痴の為め	70	149
不景気の為め	259	937
賭博を狂し為め	6	19
放浪又遊惰の為め	84	276
天理教を信じたるめ為め	2	11
災害を被りたる為め	65	187
家業の失敗の為め	18	47
合　計	2,058	6,505

貧困の原因では、家内に老幼、老衰、老親者が多いことが分かった。盲目のためによる原因も注目される。

さらに、1915（大正4）年6月23日付の新潟新聞の記事を要約する。「●済生会と本県　患者は新潟が一番　済生会の本県配当額が8千余圓ということは、既に報道のとおりであるが、これまで配当額は、1912（大正元）年度が4千9百余圓、2年度が6千8百余圓、3年度が7千9百余圓であった。年を追って、配当が増加していることは事実である。この費用はどういうふうに使われているかということについて、緑川衛生課長の話によると、患者は所轄警察署から療養券をもらって、これをもって自分の望む医師に従って、療法を受けるということになっている。医師は、患者の持ってきた療養券によって、県から支払を受けると

いうことになっている。田舎の方は、済生会の世話になるものは少ないが、町の方になると随分沢山の患者がある。特に、新潟なごが1番多い方である。今のところ、奨励しなければ、患者がないという傾向があるくらいである。せっかくできのだから、徹底しておこないたいとおもう。済生会の年度は、7月に始まって6月に終わることになっていることから、1914（大正3）年後は、1914（大正3）年7月から1915（大正4）年6月までの勘定になる。今、3年度の上半期つまり、1914（大正3）年7月から12月までの合計を調べてみると、県下全体で超患者が65名、新患者が315名、延べ人員が1,5607名であるからこれを倍にした3万余り延べ人員が1914（大正3）年後の総人員になる。それから新潟の61名を最多にして巻の西蒲原が2番目41名、東蒲原の1名が最少である。病名では、結核の29名を最多に、次いで胃腸、トラホームなどが割合に多い方であるという[13]。

この記事によれば、済生会による保護利用は、地域では新潟が、病名では結核が最も多い値であったことが分かる。しかし、利用の少ない過疎地の状況を勘案すると、この値はもっと大きくなっていたと考えられる。

4 有明療養所の場合

1928（昭和3）年3月11日調査によると、新潟市有明療養所の現況は、従事員は、医員3人、看護婦9人、調理人2人、事務員3人。収容定員60人のところ、現員は55人。診療科目は肺結核。料金は、有料無料に区分して有料は日額金2圓であった。と記される。

　　新潟立有明療養所
一、所在地　西蒲原郡井輪村大字青山字浦山
二、創立　大正十三年二月十五日
三、代表者　市長　中村淑人
四、経営主芳名　新潟市

五、沿革ノ大要

法律ノ公布　大正三年三月法律第十六号ヲ以テ結核療養所ノ設置及国庫補助ニ関スル件及大正八年三月法律第二十六号ヲ以テ其ノ範囲ヲ拡張スルノ結核予防法ヲ公布セラル　設置命令　大正十年七月十三日新潟市ハ大正十一年六月三十日迄ニ結核療養所ノ設置ヲ内務省大臣ヨリ命令セラル　位置ノ選定　前項ノ療養所設置ノ命令ニ従ヒ市会ノ決議ヲ経テ之力設置ニ着手スヘク即チ建設備委員ヲ設ケ其ノ位置及設備ニ付調査ヲ遂ケ現在ノ地ニ面積一萬二千四百六十七坪ヲ有シ大正十一年七月内務大臣ノ許可ヲ取得容人員ヲ六十名ト定メ現在ノ位置ニ設立スルニ至レリ　起工　大正十二年六月起工同年十二月竣工内部ノ設備ノ整頓ヲ完了シ大正十三年二月十五日開所式ヲ挙行シ患者ノ収容ヲ開始シタリ

備考（維持ノ方法）市経営ニイタル[14]

　新潟市の肺結核による死亡者は、大正以降、波はあるものの全体としては増加し続けた。近代産業が発達し、都市化が進んで過酷な工場労働や非衛生的な生活環境で暮らす人々の間で伝染して結核患者が増加した。それが地方や農村にも拡大した。このころは有効な治療法は発見されていなかったため、結核は不治の病として恐れられた。1914（大正13）年2月、新潟市立有明療養所が開設された。1919（大正8）年に結核予防法が制定された。新潟市は、関屋を設置場所として認可を得たが、強い反対があり、設置場所を隣村の西蒲原郡坂井輪村青山の砂丘上に移して再度許可を得た[16]。1913（大正12）年6月着工、翌年2月に完成した。患者60人収容で、松林に囲まれた静かな環境の施設であった。1935年（昭和10）年に、収容人員を70人に増加したが、新潟市内の結核患者数からすると不安があった。中には入院の許可を受けながら病床が空く順番を待つうちに死亡する人もいたという。1931（昭和6）年6月、新潟市社会事業助成会は、新潟市に代わって、松風園、信楽園を設置した。有明松風園は、家屋・電灯・設備の使用は無料であった

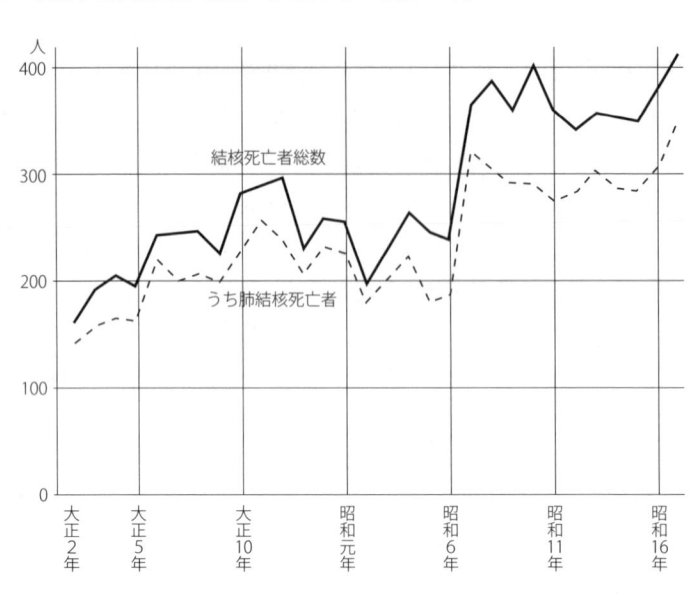

表2　新潟市結核死亡者の推移（大正2年〜昭和17年）[15]

が、食費は入園者の負担で医師の指導の下「自治・自炊・自療」を原則として療養した。収容人数は10人であった。信楽園は、女性患者を収容する施設で収容人数15人であった。両施設は、同様の経営方式を採用し、入所者は1人1カ月7円から9円の自己負担金を必要とした。施設の評判は極めて高く、同年10月には満床になったため、1933（昭和8）年6月には第二信楽園が増築された。新潟市社会事業補助成会は、これら施設と連携をとって運営し、肺結核患者の治療と社会復帰に大きく貢献した[17]。

まとめと今後の調査に向けて

新潟県における医療保護の展開について、大正期を中心に枠組みを整理した。今回は、そのうち、新潟県済生会と新潟市有明療養所の場合について、一断面を取り上げて、整理した。新潟県において、明治期から始まった恩賜財団済生会による療養保護は重要な保護事業の1つとして

展開されていた。済生会新潟支会による貧困調査結果の資料は、当時の状況を知る手がかりとなった。

戦前日本における最大の国民病は結核であった。結核は、結核菌によって起こる慢性伝染病で、多くが肺から侵入し、肺、腸、腎臓、その他臓器や骨・関節などを冒す。大正期の新潟県においても結核患者の増加がみられ、重要な社会問題の1つであった。新潟市立有明療養所もそうした社会的背景を含みながら設立展開していた。

大正初頭の工場労働者の数は、官営工場あわせて100万人くらいであったが、その5割5分が女子労働者であり、しかも20歳未満の女子がそのうち6割を占めていた。繊維工業の女子労働者のほとんどが生糸、織物、紡績で占められ、それぞれ、19万、13万、8万であった。そしてこれら3者の平均7割くらいが、いわゆる寄宿女工であった[18]。こうした若く幼い女工たちは、徹夜業を含めた過長労働に苦しめられていた。その上、粗末な食事による栄養の不足、職場の不良な環境、非衛生的な寄宿舎など、健康障害、ことに結核を蔓延される原因となった。工場法が制定されるにあたって、その必要性を示す基盤となったいくつかの資料、『職工事情』などの他に、石原修の「女工ノ衛生学的観察」のような論文は、工場法制定の世論づくりに大いに役立ったことは知られている[19]。石原は1913（大正2）年11月の国家医学会雑誌322号に「女工ノ衛生学的観察」を発表し、さらに同じ号に10月の例会での講演「女工と結核」の筆記を収録している。石原は、女工と結核の講演のなかで、工場内での死亡は、1000人当たり約8人である。そして疾病によって帰郷し死亡したものをみると紡績は、1000人中51.1人、生糸が14.5人、織物19.4人、その他9.8人という数字をあげた。病気で帰郷した者の死亡率は極めて大きいのである[20]。工場で結核に罹患した者が帰郷して、家族、農民に、あるいは都市にいった者が地域住民に結核を蔓延させる。結果として、戦前日本の国民病につながったというのである。

労働科学の分野では、1920（大正9）年に、倉敷紡績株式会社万寿工場の女子宿舎の研究がはじめられた。大原孫三郎の依頼により、暉峻義

等[21]、石川知福、桐原葆見らが研究にあたった[22]。

　今後の研究では、各保護事業について、様々な文献や資料などを参考に、具体的な事業内容や実態、関わった人物像などを中心に調査し、新潟県の歴史の一断面を掘り起こしていきたいと考える。

　なお、本稿は、平成26年度科学研究費助成事業（基盤研究（C））の「新潟県社会福祉史の総合的研究」（課題番号：26380826）の研究成果の一部である。

【注】

1) 田代国次郎著『医療社会福祉研究〔田代国次郎著作集6〕』（社会福祉研究センター）、2003年。61ページ～71ページ。
2) 田代国次郎（たしろ　くにじろう）（1935年～2014年）。東北福祉大学教授、広島女子大学教授、福島大学大学院教授、立正大学大学院研究科長、山口福祉文化大学教授、図書館長のほか、鹿児島国際大学大学院、ノートルダム清心女子大学大学院、岐阜大学大学院非常勤講師、福祉オンブズおかやま運営委員など歴任、一般社団法人日本社会福祉学会名誉会員、社会福祉研究センター名誉代表、NPO法人朝日訴訟の会理事、福島介護福祉専門学校顧問など。主著45冊、共著など65冊、論文など約560編以上。
3) 新潟県発『新潟県百年のあゆみ』1972年、286ページ～287ページ。
4) 前掲、174ページ～175ページ。
5) 前掲、412ページ～414ページ。
6) 新潟県社会課『新潟県社会事業概覧』大正10年。
7) 新潟県社会課『新潟県社会事業概覧』昭和5年。
8) 新潟県社会課『新潟県社会事業概覧』昭和11年。
9) 新潟県社会課『新潟県社会事業概覧』昭和13年。
10) 前掲6) 45ページ～48ページ。
11) 新潟新聞「済生会貧困者調」1913年、1月1日付。
12) 前掲11) を基に整理し、表にして示した。

13) 新潟新聞「済生会と本県　患者は新潟が一番」1945年、6月23日付．
14) 前掲7) 301ページ〜302ページ．
15) 新潟市史編さん近代史部会編『新潟市史　通史編4　近代（下）』新潟市、83ページ抜粋．
16) 前掲15) 82ページ〜83ページ．
17) 前掲15) 76ページ〜77ページ．
18) 今井清一著『日本の歴史』（大正デモクラシー）、中央公論社、1996年、96ページ．
19) 三浦豊彦著『労働と健康の歴史』（第二巻）、労働科学研究所出版部、1992年、291ページ．
20) 前掲19) 298ページ〜299ページ．
21) 暉峻義等（てるおか　ぎとう）1889（明治22）年9月3日兵庫県生まれ．1917（大正6）年12月東京帝国大学医学部卒．大原社会問題研究所入所．後、労働科学研究所長、1966（昭和41）年12月7日、逝去（享年77歳）．

   暉峻義等博士追憶出版刊行会編発『暉峻義等博士と労働科学』1967年．
22) 三浦豊彦著『労働と健康の歴史』（第三巻）、労働科学研究所出版部、1993年、56ページ〜71ページ．

新潟県における厚生事業組織の形成
―軍事援護・方面事業組織の形成を中心に―

働き盛りの青年の多数が軍隊へ振り向けられるとなれば、どうしても、生活水準を今まで以下に切り下げなければならなくなります。この一点を越えると、前線の能率が上る代りに銃後の安定と持久力とが失われるという一点、この一点は誰にも容易に判ることです。

—E.H. カー『新しい社会』—

Ⅰ．はじめに

　社会事業が戦時体制に動員された昭和初期移行、既存の救貧事業や軍事援護事業を包括した厚生事業体制が全国的に整備された。厚生事業の目的が戦争遂行のために必要な「人的資源の保護育成」にあり、社会的弱者を切り捨てる傾向をもたらしたことは先行研究が指摘するとおりである[1]。残された研究上の課題は、そのような社会事業の戦時体制への動員がどのような形で実施されたのかという点にある。いうまでもなく厚生事業政策は総力戦を遂行するために展開された国家規模での国民生活の統制と、「銃後」における後援体制を整備構築するための壮大な社会計画的実践でもあった。そして、そのような体制を実現するためには国家から都道府県、市町村、部落会へと浸透する指令系統を擁立することが何より必要であった。そのような指令系統がどのように形成されたのか。本稿では新潟県を事例として、厚生事業組織の形成過程を軍事援護行政組織と方面事業組織を含む民間団体の両面から考察してみたい。

Ⅱ．軍事援護事業組織の整備

　最初に軍事援護事業組織の形成のプロセスを確認していきたい。満州事変勃発以降、救護を必要とする傷病兵や遺家族等の軍人関係者は増加していくことになる。当時そのような要救護者を救済するための救護立法として軍事救護法が存在していたが、新潟県でも同法による救護者数及び救護金額とも増加の一途をたどっていた。実際に1931（昭和6）年度の軍事救護人員が1204人（529世帯）であったが、1935年度には

2026人(823世帯)まで増加している[2]。軍事救護法は1937(昭和12)年に軍事扶助法に改正されるが、この改正に伴い扶助の範囲が拡大され新潟県でも所要金額の増額をみている。昭和11年度の軍事救護にかかる所要金額は約74,000円であったが、改正によって約25,000円の増額を見込んでいる[3]。しかし、その一方で軍事扶助法は扶助の対象を「傷病兵、其の家族若は遺族、又は下士官兵の家族又は遺族で現役兵の入営、下士官兵の應召傷病若は死亡又は傷病兵の死亡の為生活することが困難な者」に制限していたため[4]、同法による救済の対象とならない要扶助者を生み出すことになった。このような要扶助者に対しては、県が独自に扶助を展開することになる。そしてその活動を担ったのが、県市町村銃後会を筆頭とした軍事援護組織であった。戦時下の新潟県では各種の軍事援護組織が矢継ぎ早に形成されたが、そこで新たに生まれた課題が各援護組織を合理的に運営するための体制構築であった。県社会課長の安井久が、「軍事扶助事業、殊に扶助、慰問、慰藉、家事家業の援助等の實施に當り、特に留意すべき事は各種扶助等の團髓機関相互間に密接な連絡を保持し統制ある合理的運営を期せねばならないと言ふ事である。即ち軍事扶助の大宗としての軍事扶助法を中心として前述の民間各種扶助団体相互の間に、一定計畫の下に重複と無駄を避けて、扶助の合理的有效的運営を圖らねばならないと思ふ」と述べているのは[5]、当時の県軍事援護行政が置かれていた状況を端的に示している。その合理的な援護体制は、どのように整備されたのか。

最初に、事変発生後の初期新潟県における軍事援護組織の中心となった市町村及び新潟県銃後会を取り上げてみたい。新潟県では1937年7月18日から21日まで中等学校長会議、官民各種団体長会議、市町村長会議をそれぞれ開催し、「支那事變ニ對スル正シキ認識ヲ與フルト共ニ今後事變ニ對處スル國民ノ一大決心ヲ促シ併セテ銃後後援ノ完璧ヲ期センカ為詳細重要ナル訓示指示懇談」が実施された[6]。その目的は「県民一致」の軍事援護体制を整備するとともに、既存の民間団体や県民を軍事援護体制に動員することにあった。実際7月21日に開催された市町村会議では「軍事援護事業ニ就テハ特ニ市町村當局ノ責務重大ナルヲ以

テ方面委員各種社会事業團體、各種民間軍事扶助團體等ト密接ナル連絡協調ヲ保チ銃後後援ニ遺憾ナラシメタリ」との指示がなされている[7]。さらに同年8月3日には、「加盟團體ノ連絡協調ヲ密ニ」にすることを目的とした軍事扶助地方委員会が開催され、「軍人遺家族生計状態一齊調査ニ関スル件」、「軍事扶助法ニ該當セザル者ノ扶助ニ関スル件」、「出動軍人家族並戦傷病死者遺族ニ對スル労力援助慰藉、慰問ニ関スル件」、「傷病兵ノ療養並ニ生業授産ニ関スル件」、「入営者職業保證法励行活用並軍人遺家族ノ就職斡旋ニ関スル件」を協議決定している[8]。つまり、軍事扶助法の非該当者への扶助や生計調査等を実行するためには、既存の方面委員や社会事業団体等を活用することが必要となる。さらにそのような団体を動員するためには、命令系統の中核となる組織が必要となる。こうした状況を反映して創設されたのが銃後会であった。

　1937年8月7日に、県下市長及び各町村長会長会議が開催された。その会議内で県当局より軍事援護事業に関する県の方針と軍事扶助団体の協議決定事項が提示され、民間諸団体の活動並びに労力援助に関する協力援助を求めている[9]。この過程で生まれたのが市町村銃後会であった。1937年9月11日付で県経済部長と学務部長の連名で県内各市町村長宛に「支那事變ニ鑑ミ産業ノ強化振展竝ニ市町村銃後会ニ関スル件」が通牒され、次のような指示がなされた。「今回設立シタル新潟縣銃後會ニ即應シ地方ニ於ケル應召又ハ出動将兵竝ニ其ノ遺家族ノ扶助慰問勤労奉仕等ノ目的ヲ以テ市町村銃後會（名称ハ任意）ノ設立ハ此際特ニ必要ナルニ付此種軍人後援團體ノ設立ナキ向ニアリテハ（中略）速ニ之ヲ設立シ扶助慰問奉仕等遺憾ナキヲ期セラレ度」[10]。つまり、各市町村に対して銃後会（町村によっては皇軍後援会等の名称の場合もあった）の設置を義務付け、軍人遺家族に対する慰問や扶助や勤労奉仕などの事業を展開することを定めたのである。会長は市町村長が兼任するなど組織体制は次にみる県銃後会を踏襲したものであったが、県より試案として提示された「銃後会会則」第十一条には「本會ハ部落又ハ町内ニ分會ヲ設クルコト」が定められていた[11]。ここから、軍人援護会都道府県支部や銃後奉公会が全国的に整備される以前から新潟県では県銃後会から

市町村銃後会、さらにはその下部組織としての部落会へと国の指令が伝達する体制を整備しようとしていたことが確認される。なお、1937年10月末段階で結成された市町村銃後会は約200団体にのぼったことが報告されている。

　県が民間諸団体へ協力援助を求める過程において市町村銃後会の結成が検討された一方で、「今次事變ノ永續性ニ鑑ミ県一團トナシタル強力ナル扶助團體ノ必要ヲ痛感」する中で生まれたのが新潟県銃後会である。新潟県銃後会は「應召又ハ出動将兵ノ慰問並ニ遺家族ノ扶助及慰藉ヲ為スヲ以テ目的」として、1937年8月25日付で社会課内に設置された[12]。会長は新潟県知事が副会長は総務部長及び県会議長がそれぞれ兼務するなど、県主導で創設運営された軍事援護組織であった。その主な事業は、1「義金ノ募集」2「軍人遺家族ニシテ生活困難ナル者ニ対スル金品ノ贈與」3「戦傷病死軍及其ノ家族ノ弔慰慰問」4「軍事扶助ノ連絡統制」5「其ノ他本会ノ目的遂行上必要ナル事業」の5事業で、そのうち同会が担った中心的事業が2と5の事業であった。実際に「新潟県銃後会施行細則」の第一条では、「支那事變ニ於テ現役（未入營現役兵及帰休兵ヲ包含セス以下之ニ同シ）又ハ應召軍人及其ノ家族若ハ遺族」に対して扶助慰問を実行することが定められ、第一種扶助（軍人扶助法、軍人援護資金支出規程又ハ帝国軍人後援會待遇規程ニ依リ現ニ生活扶助ヲ受クル者ニ對シ其ノ扶助額ノ十分ノ二ニ相當スル金額ヲ補給）、第二種扶助（現役應召下志官兵ニシテ傷痍又ハ疾病ノ為一種以上ノ兵役ヲ免セラレタル者及其ノ家族若ハ遺族並現役應召下下士官兵ノ家族若ハ遺族ニシテ前号ノ扶助ヲ受クルニ至ラサルモ仍生活困難ナル者ニ対シ一戸ニ付月額金五圓ヲ超ヘサル金額ヲ支給ス但シ一戸平均月額金三圓ヲ超ユルコトヲ得）といった金銭扶助規程を設けたほか[13]、別途戦傷病傷兵や戦傷病死傷兵遺族に対する見舞金や弔慰金を支給することを定めていた。つまり、銃後会は民間の軍事扶助団体としての位置づけが与えられていたとはいえ、実質的には県主導で創設された半官半民組織で軍事扶助法を補完する機能を担っていた。県が既存の社会事業団体を動員する過程において銃後会が創設されたことは先に触れたとおりである。

新潟県における厚生事業組織の形成 ―軍事援護・方面事業組織の形成を中心に―

しかし、このこととは軍事援護に動員できる既存の団体が県内には存在せず、逆にそのことが県主導で新たな軍事援護組織としての銃後会を創設するに至った直接的な要因として捉えることができるのではないか。そのことを念頭において、さらに銃後会を筆頭とした軍事援護組織の機能を確認してみたい。

　軍事援護事業が軍事扶助法を中核とした広汎な国家的事業として運用されたことは、一般社会事業とは明らかに性格を異にしている。実際に県でも同法の適正なる運用に対して漸次通牒を発したり、印刷物を刊行したりするなど啓蒙に尽力していた。また、社会課内に軍事扶助事務を扱う臨時軍事扶助係を設置し、同法に基づく扶助の受付を担うなど、軍事扶助体制が着実に整備されていった。しかし、その一方で「法ニ該当スルモノハ右ノ如ク處理スルモ該当セザルモノ約出願者ノ四分アリ」と報告されるなど[14]、軍事扶助法による救済の対象とならない要扶助者の援護が別途必要とされていた。新潟県ではこうした要扶助者については帝国軍人会新潟県支会や愛国婦人会新潟県支部に願書を回送し、軍事扶助法による扶助と同等の扶助を適用するなどの対応を行なっていた。しかし新潟県銃後会が結成されて以降、非該当者への金銭扶助は同会が一律に担うことになった。新潟県では独自に「軍人援護資金」を制度化し軍事扶助法の非該当者への金銭扶助を行なっていたが、新潟県銃後会が結成されてからは同会が軍人援護資金の運用を担うことになった。軍人援護資金の内訳をみると、1937年度は僅か3159円であったが、その後3回にわたって13,570円の追加予算を計上している。新潟県銃後会には本資金から1万円が助成され、軍事扶助法の非該当者に対する金銭扶助の他、慰問や慰謝にかかる費用に充当された。また、軍人援護資金の他にも一般県費より5万円が、市町村割當義務金より20万円が、それぞれ県銃後会による扶助慰問慰謝事業の資金として充当されている[15]。その内訳であるが第一種扶助（軍事扶助法其ノ他團體ヨリ生活扶助ヲ受ケ居ル者ニ對シ一世帯一ヶ月平均貳圓ノ範囲ニテ扶助スルモノ）、第二種扶助（軍事扶助ヲ受クル程度ニ至ラザルモ生活稍々困難ナルモノニ對シ一世帯一ヶ月参圓ヅヽ支給スルモノ）の他、戦傷病軍人見舞金、戦傷

病死者弔慰金、留守見舞、市町村葬、供物花等の資金に活用された[16]。
　一方、各市町村に設置された銃後会の事業であるが、「軍事扶助法ニ依ル扶助並ニ縣銃後會ノ事業計畫ト相呼應ジテ一定ノ計畫ノ下ニ重複ト無駄ヲ排シ」た事業が意図されていた[17]。つまり、市町村銃後会は県銃後会の指導監督下に置かれていたものの、事業計画及び運営についてはそれぞれの市町村の裁量に委ねられることになっていた。県が想定した具体的な事業としては、「軍事扶助ヲ受クル迄ニ至ラザルモ生活困難ナルモノ生活扶助生業補充出征兵家族ノ授産、醫療費補助、戰傷病死者弔慰、傷病兵見舞、出征将兵慰問、同家族慰問、慰安会開催、餞別、壯行会、祈願祭、労力奉仕、市町村葬等」である[18]。見られるように一部金銭扶助が含まれているものの、基本的な事業は慰問等活動等の精神的援護が想定されていた。以下、市町村銃後会（皇軍後援会）による活動の一例として北蒲原郡新発田町で結成された皇軍後援会を取り上げてみたい。
　新発田町は陸軍歩兵第16連隊が置かれた軍都として著名であるが、盧溝橋事件が勃発した後、即座に町内各種教化団体と時局委員とが会同して「時局連盟」を立ち上げている。その後事変の進展拡大に伴い組織の改善強化が意図され、新たに「新発田町皇軍後援会」なる組織が立ち上げられた[19]。会長は町長が兼任したことは、後に整備される銃後奉公会と同様の形態である。資金は町の軍人援護資金が充当され、各扶助が展開された。現に軍事扶助法の適用を受けている者には生活扶助として軍事扶助費用毎月総額の1割5分の額を家庭の状況に応じて加給し、軍事扶助法の非該当者に対しては要扶助者1人に対して一ヶ月五円以内（一世帯10円以内）の扶助が適用された。その他、軍事扶助法による扶助の公布を受けるまで応急的に10円の扶助がなされたり、生業費を支給した例も確認できる[20]。このようにみると、慰問等の精神的援護のみならず生活扶助等の金銭扶助が市町村銃後会の主要な事業として位置づけられていた事実が確認できる。
　以上みてきたように早くから県主導で軍事援護組織が整備される中で、国家による統制がすすめられ、各地域で形成された軍事援護組織は再編成されることになったことは先行研究も指摘するとおりである。

新潟県における厚生事業組織の形成 ―軍事援護・方面事業組織の形成を中心に―

「今度事變對處の市町村後援團體を銃後奉公会の名称の下に、國民皆兵の本義に基く兵役義務を完ふせさることヽ、隣保相扶の精神に基く軍事援護事業の實施とを目的として統制せられることになった（中略）市町村の全世帯主を構成分子とし、平時戦時を通じての恒久的施設とし、全市町村に設置する目標の下に立てられてゐる現在存在する市町村の銃後會、皇軍後援聯盟、銃後々援會等にあっては、此の政府の意途を了承せられ、銃後奉公會に改組又は奉公會の設置をなし以て今次事変並将来への對策に善處せられんことを希望するものである」[21]。つまり、県主導で各市町村に設置されていた銃後会や皇軍後援会等の軍事援護組織が銃後奉公会に一律に改組されることが決定した。政府が示した銃後奉公会設置要綱に「政府ハ曩ニ聖旨ヲ奉體シテ恩賜ヲ以テ中央ニ恩賜財團軍人援護会ヲ創設シ道府縣ニ其ノ支部ヲ設置シ官民一體銃後後援ノ強化擴充ヲ期シツツアル所ナルモ時局ノ推移ニ鑑ミ眞ニ時局ノ推移ニ鑑ミ眞ニ銃後奉公ノ完璧ヲ期スル為ニハ更ニ進ンデ市區町村単位ニ設置シアル斯種團體ヲ整備シテ國民皆兵ノ本義ト隣保相扶ノ道義トヲ基調トスル挙郷一致ノ単一團體タラシメ兵役義務服行ノ準備ヲ整フルト共ニ軍事援護ニ當ラシムル様之ガ育成発展ヲ圖ルヲ以テ目下喫緊ノ要務ナリトス依ツテ斯種團體ヲ銃後奉公会ノ名称ニ統一普及セシメ恩賜財團軍人援護会トモ聯繋ヲ保チ平戦両時ヲ通ジ之ガ存續発展ヲ圖ラントス」と記されているように[22]、銃後奉公会の機能は国民の兵役義務の確実な遂行と軍事援護の2種に大別することができる。さらに、恩賜財団軍人援護会との連携という表現から判断されるように、軍人援護会都道府県支部から市町村銃後奉公会に対する指令系統の確立が意図されていた。ここに、軍事保護院を頂点とした国家主導による軍事援護の指令系統が確立したと判断することができる。その新しく確立された軍事援護体制を確認してみたい。

軍事援護の中核的法律が軍事扶助法である一方、その適用資格を欠いた要扶助者（内縁の妻、伯父、叔母、甥姪など）に対して県が独自に軍人援護資金制度を設けて金銭扶助を行なっていたことは先に述べたとおりである。このような法的援護を補完することを目的として、別途各種

組織が形成され地域における軍事援護体制が整備されていった。しかし、恩賜財団軍人援護会新潟県支部が設置され銃後奉公会が各市町村に組織されて以降は、軍人援護会新潟県支部を中核として、愛国婦人会新潟県支部、日本赤十字社新潟県支部、恩賜財団済生会支部等の中央組織の県支部に軍事援護事業は集約されていく。しかし、ここで特筆すべきは軍人援護会新潟県支部が設置された後にも、新潟県銃後会が独自の活動を維持していたことである。軍事援護資金制度の運用は、その後も主に同会が継続して実施していた(なお、先に引用した第一種扶助は1938年7月以降廃止となった)[23)][24)]。ここではこうした法的援護の基本となる生活扶助を考察してみたい。先に述べたように、軍事扶助法は主に1.傷病兵とその家族、遺族、2.現役兵の家族、応召中の下士官兵の家族、3.戦死及傷病死した下士官の遺族のみを扶助の対象とし、生活費の標準を定め、不足の事態にある家庭にのみ差額を生活扶助として支給する手配となっていた。一方で軍事扶助法の扶助の対象とならない世帯に対しては、県軍人援護資金、恩賜財団軍人援護会新潟県支部、愛国婦人会新潟県支部によって軍事扶助に準じて継続的に生活扶助を展開していた。このような法的援護における生活扶助を総括すると、1.軍事扶助を受けるまでの一次扶助、2.軍事扶助法に依る扶助、3.諸団体の扶助(軍事扶助法適用外の要扶助者)、新潟県銃後会の扶助(生活稍困難な者が対象)の3区分となり、表1にまとめることができる。

〈表1〉

	生活稍困難なる者	生活困難者
軍事扶助法該当者 1. 妻子 2. 傷病兵と其の家族、遺族 3. 現役兵や応召中の下士官兵の家族 4. 戦死及傷病死下士官の遺族	生活扶助(銃後会) 医療 助産　　(軍事扶助法又は軍人援護会) 埋葬 生業援護	生活扶助 医療 助産 埋葬 臨時生活扶助 生業扶助
軍事扶助法非該当者 1. 内縁の妻 2. 伯父叔母、甥姪等	生活扶助(銃後会) 医療 助産　　(軍人援護会其の他団体) 埋葬 生業援護	生活扶助(軍人援護会、愛国婦人会) 医療(軍人援護会、愛国婦人会、赤十字、済生会) 埋葬(軍人援護会) 臨時生活扶助(軍人援護会) 生業扶助(軍人援護会)

出展:『新潟県社会事業』(第十一巻、第四号)、1939年、62頁。

上述したような軍事援護組織の一元化は、傷痍軍人会の動向にも確認することができる。当時新潟県には大正14年に結成された「新潟県傷痍軍人会」（全国傷痍軍人会とは別組織）と1934（昭和9）年に設立された帝国傷痍軍人会新潟県支部の2団体が存在していた（県社会課の斡旋により1934年5月に統合）。その後、各府県に支部を設置することを会則に定めた大日本傷痍軍人会が1936（昭和11）年12月に結成され、翌1937年3月大日本傷痍軍人会新潟県支部が創設された。これにより既存の傷痍軍人会は同支部に統合されることになった[25]。同支部長には県学部部長が副支部長には県社会課長が就任することが定められ、同年5月21日に長岡市公会堂で発会式が開催されている。その席で会長である林仙之が「従来全國各地に分立存在して居つた傷痍軍人の諸團体を解散し新たに内務陸軍海軍三大臣監督指導の下に基礎鞏固にして且統制ある一大組織となされた」と述べているように[26]、国家主導で既存の傷痍軍人団体を傷痍軍人会に一元化し、その事業内容についても直接統制下に置こうとする政府の意向が確認される。そこには傷痍軍人に対する国民の名誉感を醸成することで前線兵士の士気を高める狙いがあったと同時に、国民の兵役義務を着実に遂行させる軍部の思惑が働いていた。

Ⅲ．方面事業組織の整備

　1936（昭和11）年の方面委員令によって法的根拠を得た方面委員制度であるが、翌1937年3月22日に新潟市役所にて最初の方面常務委員会が開催された。その委員会ではじめて「軍事扶助ニ関スル件」が提起され、各方面委員に対して「軍事扶助ハ兵役トハ密接不可分ノ関係ニアリ軍ノ士気及兵役義務心振作上最緊要ナルモノナルヲ以テ現役軍人及傷痍軍人並戦死者遺族ノ家庭ニ付詳細調査セラレ生活スルコト能ハサル者ニ対シテハ市町村當局ト連絡ヲ密ニシ速ニ之カ救護出願方斡旋セラレタシ又之等軍人関係者ニシテ生活困難ナル者ニ対シテハ軍事扶助團體ニ於テ救護ノ途モアルニ付濫救ニ失セサルコトニ注意シ之カ救護出願ニ付斡

旋」することが指示されている[27]。つまり、各方面委員の担当地区内に居住する軍人関係者で要救護者と判断される者を調査し、該当者がいる場合には市町村及び民間の軍事援護団体等の社会資源と結びつける役割が課せられた。この段階で一般の要救護者と同様に、出征軍人家族や遺家族等の軍人関係者が方面委員の事業対象に組み込まれた。

　軍事援護に方面委員が動員された背景には、前章で確認したように軍事援護組織が整備される中で各団体間の連絡調整や要扶助者と援護組織とを結びつけるとともに、直接対象者の生活に介入し生活相談等を担う機能が求められたからに他ならない。県学務部では1937年8月22日付で「今次事變ニ伴フ方面委員ノ活動強化ニ関スル件」を県内各方面委員連盟に発し、方面委員に関して次のように指示する。「方面委員トシテハ特ニ其ノ受持地區内ニ於ケル出動又ハ慶應召軍人ノ家族遺族ノ生活状態ヲ査察シ進ンデ各般ノ相談ニ應ジ常ニ軍事扶助團體等ト連絡ヲ保チ必要ニ應ジ扶助其他適當ナル措置ヲ講セシムル等銃後ノ護リテ萬遺憾ナキヲ期セラレ」[28]。つまり、方面委員が軍人家族及び遺族等の相談事業に着手するとともに、軍事援護団体と要扶助者と結合させる役割を果たすことが定められたのである。実際に「軍事扶助事業ニ付テハ方面委員會ノ開催ヲ励行ソ一層之カ統制アル活動ヲ促ス」ことが指示されるなど[29]、軍事援護事業の中核に方面委員を充当することが計画され、その運営についても方面委員会を中心に統制化が進展していた。

　1937（昭和12）年11月に新潟師範学校で開催された新潟県方面委員社会事業大会では、「我等ハ國民精神總動員ノ趣旨ヲ體シ之カ目的達成ニ貢献センコトヲ期ス」、「我等ハ益々銃後々援ノ強化持續ニ努メ出動将兵ヲシテ後顧ノ憂ナカラシメンコトヲ期ス」、「我等ハ益々隣保相扶ノ精神ヲ振起シ同胞ノ救済教化、防貧ニ最善ノ力ヲ致サンコトヲ期ス」の3事項が決議されている[30]。そのうえで、県内各方面委員に対して次の指示がなされている。「軍事扶助事業ハ軍事扶助法ノ適正ナル運用ニヨルコト勿論ナルモ是ト同時ニ民間軍事扶助團體ノ活動ト相俟テ初メテ其ノ完キヲ得ルモノナルヲ以テ軍事扶助法ニ該當セザル要扶助者ニ付テハ勿論軍事扶助法ニ依リ扶助ヲ受クル者ト雖モ民間軍事扶助團體、社会事

業團體其ノ他関係團體機関ト密接ナル連絡協調ヲ保チ之ガ扶助、慰問、慰藉並労力援助ニ付遺憾ナキヲ期セラレタシ」[31]。つまり、方面委員は要扶助者の生活状況に応じて各団体が提供する扶助（社会資源）を選択し、その情報を要扶助者に提供するための役割を担うことになった。その意味で直接的な教化指導とあわせて地域に存在する各軍事援護団体間の連絡調整とそのような各種団体と要扶助者を結合する役割こそが、方面委員が担った主要な機能であったと判断できる。また、方面委員の職務中に「軍事扶助法ノ根本精神ヲ徹底セシメ其ノ一般貧困者ニ對スル救護ト趣旨ヲ異ニスルコトヲ強調」することが盛り込まれるなど[32]、救護法等による一般救護者と軍事扶助法による要扶助者への接近方法及び処遇内容については明確に区別することが意図されていた。その背景には、方面委員が軍事援護に関与することに対して否定的見解が根強く存在する中で、要扶助者に対する畏敬の念を形成しその名誉感情を保持する狙いがあったことはいうまでもない。

　方面委員による軍事援護への関与の期待が高まる反面、即座に直面した課題が方面委員の統制を意図した組織化活動であった。たとえば、1937（昭和12）年7月に県下十一か所で開催された方面委員指導会の状況について、次のような報告がなされている。「出席率より見れば大體良好であり、訓練の點から見ても数年前に比較して著しい進歩の跡を見遁すことが出来ない、しかし、中には町村當局そのものに熱意の無いものもあり、委員に自覚のたらぬ者もある（中略）役場に居ながら會場に顔も出さぬ町村長もある、最寄町村の方面會が頭の上で開催されて居るに係らず、風馬牛の態度は、寔に呆れたものだ、後者にあつては所謂笛吹けども踊らずで、指導者も此點は一層研究せざるを得ない」[33]。つまり、新任方面委員に対して社会課主催による方面事業講習会の開催や、各市町村で方面委員会が盛んに開催されるなど方面事業の組織化が推進された形跡が確認されるものの、その内実を見ると必ずしも盛況とはいえなかった。同時に、このような方面委員の組織化以前の問題として、新潟県では方面委員の全県的設置という基本的課題が残されていた。実際に、方面委員令が施行されて2年半が経過した後でも、「然る

にも拘らず本縣には本年十一月末現在に於て尚三十の方面未設置村の残存せるを見た、縣社会課に於ては斯かる不名誉村の解消に従来共相當の努力を致して来たが、特に最近に於ては銃後援護の完璧は先づ方面委員網の完成からなる指標の下に、猛吹雪を冒して未設置町村への直接訪問或は委員設置に関する懇談会を開催する第一段の勧奨、監督を続けた結果、昨今に至り新設せるもの続出しつつあり、今や全縣下方面委員網完成の日も近く、本縣方面事業も愈第二の発展段階に到達せんとして居る」という報告がなされている[34]。

方面委員の全県的設置という基本的課題を内包しつつ、方面委員活動の組織化を推進するにあたって県が奨励したのが方面委員会の開催であった。実際に方面委員令第九条に方面委員会が規定され、県方面委員規程第三条にも月一回以上の方面委員会の開催すること及び県に対する報告義務を課していた。『新潟県社会事業』誌上でも県に報告された方面委員会は、逐一概要が記されている。しかし、県関係者が「現在之を毎月勵行し而も其の結果を縣に報告せらるるもの極めて少く、機會ある毎に之が開催方を依頼、勧奨して居るのであるが、其の後に於ても之が成績の餘り香しからざるは甚だ遺憾とする處である」と述べているように[35]、必ずしも方面委員会の開催が恒常化されたわけではなかった。

その後も県主導で方面委員会の開催が奨励されるも、依然として方面委員会が常時開催される町村は全体の一部にとどまった。その現状について乗松尋匡は次にように報告する。「方面委員制度にとって方面委員會を度々開催して行くことは非常に大切なことで、方面委員會が勵行されない方面は、先づそこの方面事業は生命ある活動をしてゐないことを物語るものである。即ち方面委員は眠ってゐると見て差支へないと思ふ（中略）現在本縣の方面数は四一〇ヶ方面で、一七〇〇餘名の方面委員を有するのであるが、方面委員會の勵行されてゐる方面は一割にも充たないのではないかと思ふ。其の證據には委員會の状況報告が殆んどない。即ち実績があがらない。此の事実を悪く解釈すれば本縣の方面委員は長い眠を続けてゐると云ふ外はない」[36]。無論、方面委員会の開催状況をもって即座に方面委員活動の成否を判断することは早計である。し

かし、軍事援護組織の統制化という側面から考察した場合、政府による指針を県から市町村さらには各部落に着実に浸透させることは各地域で指導的立場にあった方面委員の動員なしには不可能であった。そのためにも方面委員会の開催は、組織的な活動を推進する軍事援護事業の可否を決める極めて重要な意味をもっていたといえる。方面委員会の開催頻度は、軍事援護事業の統制化の指標となっていた。

　方面委員会の開催頻度が低調な状況の中で、県主導で方面事業組織の改革が進められることになる。1941（昭和16）年3月28日に開催された新潟県方面委員連盟評議員会において、方面委員制度の体制整備に関する問題が議案として提案された。その結果同年四月より既存の方面委員連盟が新たに新潟県方面委員会に改組され、同時に新潟県方面委員会の下部組織として方面委員会郡支会が各郡に設置され、その支会長には郡町村長が就任することが定められた。この制度改正の意義について、新潟県社会事業主事の土居顯は次のように主張する。「これは大政翼賛運動運動の方との體制とも相俟って非常に都合がよいことであると思ふ。そして郡内町村長は總てが参與となり、又方面常務委員は支會の理事となり其の内一名が常任理事といふことになったそして常任理事は郡支會を推進して行くことになったのであるがこれによって郡方面事業の聯絡が密になり更に町村との連繋が圓滑を期せられ強化せられることになったことは明かである。斯くして町村方面委員が隣組を作り常會をも作れる様になれば大變結構であると存じ其處まで進めて行き度い計畫であります（中略）これを要するに従来の任意的発生による方面事業を勅令による方面委員制度となった時既に大政翼賛運動と同様強化することが必要であったのであるが今回漸く時勢の變遷につれ下部組織を強化し命令系統をも明かにして以て方面事業報國の實を挙げ上御皇室の御仁慈に答へ奉ると共に眞に地下水の如き方面委員制度の根底充實を期し隠れたる磁石として國民に人間愛の温床と人生への光明とを與へ國民最後の一人まで生活を楽んで大政翼賛の實踐が出来る様充分の用意と組織の充實を冀ふ所以である」[37]。つまり、方面事業組織についても県方面委員会を中心とした指令系統が整備され、各郡市町村支会はその統制下に置

かれることになった。こうした体制は、軍事保護院を頂点とした軍人援護会都道府県支部、市町村銃後奉公会へと直結に指示が下される指令系統に極めて酷似している。

　方面事業組織の整備と同時に、個々の方面委員に対する干渉を意図した指導機関の整備が計画された。1941（昭和16）年度の県方面委員総会が10月10日に新潟市公会堂で開催され、その席で「方面委員指導機関ノ拡充ヲ期スル」ことが建議された。その理由として次の事が記されている。「之ガ指導機関ノ整備ナク為メニ其ノ運営ノ全キヲ期スルコト能ハズ畫龍ニ點睛ヲ欠クノ憾ミナキヲ保セズ、更ニ方面委員網ノ機構完備ストス雖モ之ガ運営ノ資ニ乏シク市町村方面委員會ハ恰モ栄養不良ノ状態ニシテ教養指導ノ途講ゼラレズ、発育不完全ナル状況ニ放置セラレツヽアル現状ナリ。事變以来人的資源ノ確保ニ、軍事援護ノ完璧ハ勿論、銃後國民生活ノ安定ニ益々渾身ノ努力ヲ要スル秋奔命ニ疲ルルガ如キ状況ナリ」[38]。つまり、市町村における方面委員会開催が低調な状況の中で、県主導で一律な指導方針を掲げ直接個々の方面委員に対して指導を行なう体制を整備しようとしていることがうかがい知れる。

Ⅳ．厚生事業体制の形成

　方面委員が軍事援護や社会事業を中心に国民の戦時体制への動員の一翼を担ったことは、これまで述べてきた経緯から明らかである。実際に、新潟県学務部長の岡利和が「然るに此の方面委員制度も一時新體制組織の中に発展的解消を遂げるのではないかと憂慮せられたのであります過般其の杞憂が一掃され大生翼賛の一翼として其の下部組織たる全國の部落會、町内會の幹部として隣保組織と手を組んで再出発することになりました。従って本縣方面事業に於ても其の責務益々重且大を加へつゝあるのであります」と述べているのは[39]、当時の方面委員が置かれていた状況を端的に表現している。つまり、先に述べた市町村における軍事援護組織の統制を促進するためには、その末端組織である部落会や町内会を統制することが何より必要であった。そして、その統制を地

域から促進したのが部落会等の幹部を兼任した方面委員に他ならなかった。以下、方面委員と厚生事業組織との関連性を考察してみたい。

1940年（昭和15）年10月10日より3日間、日比谷公会堂で開催された紀元二千六百年記念全国社会事業大会では、社会事業の運営方策について「現下ノ情勢ニ即應スヘキ社会事業ノ運営方針ハ國家ニ依ル集中的統制ノ実現ト地縁ヲ基礎トスル隣保組織ノ確立ノ二點ニ要約セラル」という答申をしている[40]。また、同年10月3日より東京市で開催された紀元二千六百年記念全国軍事援護事業大会では、「銃後奉公会ノ活動促進ニ関スル事項」が厚生大臣の諮問に対する答申事項の一つとして掲げられ、「市町村内ニ於ケル軍人援護事業ハ努メテ銃後奉公会ニ於テ実施シ以テ軍人援護ノ実質的一元化ヲ圖ルコト」「町内会、部落会、隣保班ヲシテ実質上銃後奉公会ノ下部組織トシテ活動セシムルコト」の2事項が指示されている[41]。つまり、地域における軍事援護活動を銃後奉公会に一元化することと及び部落会と隣保班をその下部組織に統合することが求められた。そして、その確実な連携を遂行する役割を担ったのが方面委員であった。実際に、1942（昭和17）年6月に東京で開催された全国方面委員大会の第二部会の席において新潟県は「軍事扶助法の施行並に市町村銃後奉公會の事業実施に當りては不統一なる現状を整備し方面委員を基本的機関として活動せしむる體制を確立すること」、「道府縣並に市町村銃後奉公會に於て設置する現行遺家族指導員を改め婦人方面委員をして儋當せしむる機構を整備すること」といった二つの議題を提出している[42]。つまり、銃後奉公会の運営の基礎となる幹部や会内に設置されたていた遺家族指導指導員等の役職を方面委員が中心となって担うことを建議している。こうした状況から依然として銃後奉公会を中心とした合理的かつ効果的な厚生事業組織体制が構築できていなかったこと、さらには方面委員がその体制構築に寄与することが期待される一方で、充分にその役割を果たしていなかったことがうかがい知れる。実際に乗松尋匡が「この意味に於て村自体、町自体、市自体が厚生事業の組織主体として活躍すべき状態に置かれなければならぬものである。要するに以上の如く組織主体を理解したわれわれは、この基調の上

に、即ち全一生活態としての村生活、町生活、市生活の上に組織方法の具体策を案出し、確立させなければならない」と主張しているように[43]、銃後奉公会を中心とした地域の厚生事業体制を構築することが当面の課題であった。そしてこのことは国家主導で整備された各地域の銃後奉公会が依然として名目的な存在にとどまっており、その組織的活動を牽引することが新潟県厚生事業の第一義的な課題であったことを物語っている。

　このような状況の中で、新潟県では新たに厚生事業組織を生み出すことになる。従来、銃後奉公会は軍人援護会各都道府県支部の下部組織としてしての位置づけがなされてきた[44]。しかし、県では別途「銃後奉公会聯合会」なる組織を地方事務所及び郡支庁内に整備し、各市町村の銃後奉公会の監督指導連絡を担うことになった。その機能について県社会事業主事の大西正美は「本聯合會は軍事援護事業をなす援護團體でなく調査研究團體であって従って事業としては講習会事務打合會、調査研究等を實施することになるわけである」と述べている[45]。つまり、銃後奉公会聯合会設置要綱にも記されているように、その目的は各市町村銃後奉公会の整備強化と軍人援護会県支部をはじめとした関係団体との連絡調整を担うことにあった（軍人及び軍人の遺族、家族に対する直接的な援護は実施しないことが要項に定められている）[46]。こうして新たに厚生事業組織が整備された背景には大西が述べているように、軍人援護会新潟県支部と市町村銃後奉公会の間に懸隔があった。つまり、軍事保護院を頂点とした厚生事業の指令系統は市町村銃後奉公会にまでは浸透することなく、いわば動脈硬化の状態を起こしていたことが確認できる。こうした状況を打開するために新たな組織を整備せざるをえなかった点にこそ、戦時下の厚生事業体制の課題を見出すことができる。

　銃後奉公会聯合会以外にも各地方では既存の厚生事業組織の強化を目的として、新たに厚生事業組織が創設された。ここではその一例として、西頸城郡で整備された「西頸城地方厚生事業推進協議会」なる組織を取り上げてみたい。同協議会が整備された背景について、西頸城地方事務所兵事厚生課長の成澤初男は次のように述べている。「地方事務所

に来て痛感した事は、町村に於て實施されつゝある各種の厚生事業は實に場當り的なものが多く、統一して綜合的に實施さるゝ様な施設でも個々バラくに實施されてゐる様な状況にあり、確固たる将来の方針とか、厚生事業部面の内容がはっきり把握されてゐない憾みさえがある」[47]。こうした状況を打開するために同会が発足したが、その目的は「社会事業従事者の強力なる研究機関たらしめ、以て郡下に於ける厚生事業の綜合的な進展を圖らんとする」点にあった[48]。実際、新たに設けられた「西頸城郡地方厚生事業推進協議会要綱」では「國家ノ要請ニ基ク厚生事業各般ノ強力ナル進展ヲ圖ル為之ガ適正ナル企畫、其ノ他運營上必要ナル事項ニ付連絡協議ヲ行ヒ郡下各種厚生事業ノ綜合的發展ヲ畫サントス」ることが会の方針として掲げられている[49]。つまり、既存の厚生事業のけん引役を同会は担うことになった。こうして新たに整備された西頸城郡の厚生事業組織体制が図1である。

図1　西頸城郡地方厚生事業推進協議会組織体系

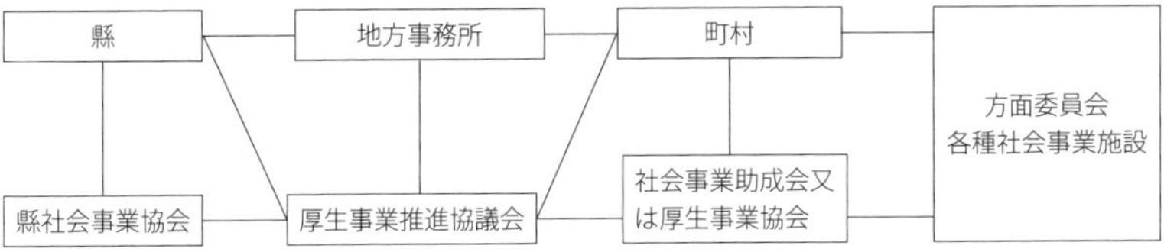

```
┌──┐    ┌──────┐    ┌──┐    ┌──────────┐
│縣 │────│地方事務所│────│町村│    │方面委員会    │
└─┬┘    └──┬───┘    └─┬┘    │各種社会事業施設│
  │        │            │     └──────────┘
┌─┴────┐ ┌─┴──────┐ ┌─┴──────┐
│縣社会事業│─│厚生事業推進│─│社会事業助成会又│
│協会    │ │協議会    │ │は厚生事業協会 │
└─────┘ └───────┘ └────────┘
```

出典：『新潟県社会事業』（第十四巻、第十一号）、13頁。

統一的かつ組織的な厚生事業体制が整備される一方で、絶えず問題となっていたのが組織運営を担う人材の確保であった。実際に成澤初男が「この會の運営如何に依って、従来最も悩みの種であった、人を得ると云ふ問題がこの研究機関を通して解消され、郡内の厚生事業も綜合的に発展されてゆく事となるわけである。が、要はかうした機関を如何に有効に活用せしめてゆくかと云ふ事か、機関の出来た今日先ず問題となるのである、この事は、この會の鍵を握る我々の重大な責務として負はれてゐるのである」と述べているように、厚生事業の成否を決定するのが組織を実際に運用する人材であり、その確保充当こそが最も重要な課題で

あったことを示している。そしてその中心人物こそが、前章で確認したように方面委員に他ならなかった。実際、1942（昭和17）年10月20日に開催された第三回新潟県方面事業委員会においても、軍事援護徹底方策として「市町村ニ於ケル軍事援護事務ト厚生関係事務トノ一元化ヲ圖ルコト」、「軍事援護ニ関シテハ方面委員ノ活動ヲ一層圓滑ナラシムルコト」の二点が答申されている[50]。軍事援護と社会事業を合理的に運用するために整備された厚生事業組織と方面委員の関係をここに確認することができる。つまり、戦時下において矢継ぎ早に形成された各事業組織を計画的かつ合理的に運営することが、厚生事業が当初から直面した課題であった。方面委員は各団体間に発生する軋轢を解消し、円滑に事業を推進するためのいわば潤滑油としての役割を担うことを期待され、各団体の構成員として任用されたのである。厚生事業組織内における方面委員の需要の高まりを示す状況について、富永孝一郎の次の発言は注目に値する。「今日厚生事業を儋當する各種團體があり之を指導する官廳が厚生省であり農林省であり、縣に於いては社會教育課であり農政課であり社會課でありこの間無統制な點が可成りあるのではあるが、下部組織にある厚生部門を掌る團體が方面事業團體が中心たることは一日も早く實現せられていゝことであるがそれは一に方面各位の協力一致之の事業を今後に於いて如何に實現して行くかに懸るものと思ふ、方面委員が部落會、町内會との関係に於いて多少の摩擦ありとするも」[51]。つまり、複雑に利害が絡み合う組織系統の中でセクショナリズムの弊害を打開するためにも方面委員を団体間の調整役として充当することが求められた。厚生事業は事業組織の整備だけでは十分に機能しなかったし、その事業を完成遂行するためには方面委員の存在が何より重要であったのである。

V. まとめ

以上、新潟県における軍事援護組織及び方面事業組織の形成過程を中心に厚生事業体制の内実に迫ってきた。新潟県では軍人援護会都道府県

支部や銃後奉公会が全国的に整備される以前から県銃後会から市町村銃後会、さらにその下部組織としての部落会へと指令が伝達する体制を整備する動きが確認される。一方で、方面事業組織についても県方面委員会を中心とした指令系統が整備され、各郡市町村支会はその統制下に置かれることになった。こうした厚生事業体制は、軍事保護院を頂点とした軍人援護会都道府県支部、市町村銃後奉公会へと直結に指示が下される指令系統に極めて酷似している。つまり、先に述べた市町村における厚生事業組織の統制を促進するためには、その末端組織である部落会や町内会を統制することが何より必要であった。

　しかし、その一方でこのような指令系統を組織的に整備するだけでは国民総動員体制下における銃後後援体制の構築といった当初の目的を達成することはできなかった。つまり戦時下において漸次形成された各事業組織を計画的かつ合理的に動員運営することが、厚生事業が当初から直面した課題でもあった。そうした中で事業運営をめぐって発生した各事業組織間の葛藤や対立を解消し、円滑に事業を推進するための人員を充当する必要があった。そして、その役割を担い組織統制を地域の中から促進したのが部落会等の幹部を兼任した方面委員であった。厚生事業は国家規模で銃後々援体制を構築するための壮大な社会計画的実践であったことは序で述べたが、それを構築するためには上からの統制とともに末端地域から統制を支える「人」の存在が不可欠であったといえる。

[注]

1) 石田雄『平和・人権・福祉の政治学』明石書店、1990年、218頁。
2) 「軍事救護状況」中野財団『越佐社会事業』(第九巻、第一号)、1937年、11頁。
3) 安井久「軍事扶助と国民精神総動員」『新潟県社会事業』(第九巻、第十一号)、1937年、6頁。
4) 新潟県社会課『銃後の栞』1937年、1頁。
5) 安井久、前掲「軍事扶助と国民精神総動員」9頁。
6) 社会課「本県軍事援護事業ノ概要」『新潟県社会事業』(第十巻、第二

号)、1938 年、25 頁。

7) 社会課、同前「本県軍事援護事業ノ概要」25 頁。

8) 社会課、同前「本県軍事援護事業ノ概要」25 〜 26 頁。

9) 社会課、同前「本県軍事援護事業ノ概要」26 頁。

10) 前掲『新潟県社会事業』(第九巻、第十一号)、95 頁。

11) 同前『新潟県社会事業』(第九巻、第十一号)、97 頁。

12) 同前『新潟県社会事業』(第九巻、第十一号)、83 頁。

13) 同前『新潟県社会事業』(第九巻、第十一号)、87 〜 88 頁。

14) 社会課、前掲「本県軍事援護事業ノ概要」28 頁。

15) 社会課、同前「本県軍事援護事業ノ概要」28 〜 29 頁。

16) 社会課、同前「本県軍事援護事業ノ概要」30 頁。

17) 社会課、同前「本県軍事援護事業ノ概要」29 頁。

18) 社会課、同前「本県軍事援護事業ノ概要」29 頁。

19) 小宮修「我が町の軍事後援施設」『新潟県社会事業』(第十巻、第三号)、1938 年、27 頁。

20) 小宮修、同前「我が町の軍事後援施設」30 〜 33 頁。

21) 「銃後奉公會に就て」『新潟県社会事業』(第十一巻、第二号)、1939 年、32 頁。

22) 同前、「銃後奉公會に就て」33 頁。

23) 「軍事援護早わかり」『新潟県社会事業』(第十一巻、第四号)、1939 年、56 〜 59 頁。

24) 「軍事援護並方面事務協議會の開催」『新潟県社会事業』(第十一巻、第九号)、1939 年、65 頁。

25) 「大日本傷痍軍人會新潟縣支部創立に就て」『新潟県社会事業』(第九巻、第七号)、1937 年、41 頁。

26) 同前、「大日本傷痍軍人會新潟縣支部創立に就て」42 頁。

27) 「新潟縣方面常務委員會」『新潟県社会事業』(第九巻、第四号)、1937 年、39 頁。

28) 前掲、『新潟県社会事業』(第九巻、第十一号)、91 頁。

29) 同前『新潟県社会事業』(第九巻、第十一号)、98 頁。

30)「新潟縣方面委員社會事業大會概況」『新潟県社会事業』（第九巻、第十二号）、1937年、25頁。
31)同前、「新潟縣方面委員社會事業大會概況」29～30頁。
32)同前、「新潟縣方面委員社會事業大會概況」29頁。
33)「第一次方面委員會概況」『新潟県社会事業』（第九巻、第八号）、1937年、13頁。
34)「全縣下『方面委員網』の完成近し」『新潟県社会事業』（第十一巻、第四号）、1939年、94頁。
35)宮川生「方面委員會の勵行に就て」『新潟県社会事業』（第十二巻、第一号）、1940年、14頁。
36)乗松尋匡「方面委員會に就て」新潟県社会事業協会『方面の友』（第三号）、1941年、23頁。
37)土居顯「縣方面委員聯盟の改組に就て」『方面の友』（第六号）、1941年、21頁。
38)「縣方面委員總會開催状況」『方面の友』（第十二号）、1941年、34頁。
39)岡利和「年頭の辞」『方面の友』（第二号）、1941年、43頁。
40)『新潟県社会事業』（第十二巻、第十一号）、1940年、23頁。
41)同前、『新潟県社会事業』（第十二巻、第十一号）、28頁。
42)『方面の友』（第十九号）、1942年、68頁。
43)乗松尋匡「厚生事業の地方組織に就て」『方面の友』（第十七号）、1942年、26頁。
44)軍事保護院「軍人援護」『新潟県社会事業』（第十四巻、第十号）、1942年、7頁。
45)大西正美「銃後奉公會聯合會設置に就て」、同前『新潟県社会事業』（第十四巻、第十号）、14頁。
46)「銃後奉公會聯合會設置要項」、同前『新潟県社会事業』（第十四巻、第十号）、15～16頁。
47)成澤初男「西頸城地方に於ける厚生事業施策」『新潟県社会事業』（第十四巻、第十一号）、1942年、8頁。
48)成澤初男、同前「西頸城地方に於ける厚生事業施策」9頁。

49）前掲、『新潟県社会事業』（第十四巻、第十一号）、10頁。
50）「新潟縣方面事業委員會状況」『方面の友』（第二十四号）、43頁。
51）富永孝一郎「季節保育所の指導と方面委員の任務」、同前『方面の友』（第二十四号）、40頁。

なお、本稿は『中国四国社会福祉史研究』（第13号）に掲載した拙稿を加筆修正したものである。

新潟県における「生業資金貸付」事業の展開

私どもが戦後引揚げ難民となって、無一文で日本に帰国した時、一時的、表面的には「かわいそうな引揚者難民」と呼ばれ、善意から「あわれな人」と称されて、なにがしかの「施し」があったのかも知れない。しかし、人の弱点につけ込んだ「施し」には、表面的には「ありがたい」とお礼をしながら、心の中ではとても悔しい思いをしたのを覚えている。

田代国次郎『介護福祉実践の課題』（2012 年）

はじめに

　戦争と引揚を体験した者の言葉は、どのような統計資料よりも敗戦後における国民の生活実態を物語っている。引揚は戦争という悲劇の産物である。それと同時に戦争は市民の経済的自立の基盤を奪い、人間としての自尊心を傷つけ、最終的には市民生活の破壊を招き、多くの社会福祉対象者を生み出す要因となる。反戦と平和的生存権の実現という普遍の理念に肉薄し、寄り添い、その上に基盤を置いた社会福祉実践と研究が求められる所以はここにある。

　しかし、近年の政局の動向を見ているとその基盤が大きく揺らいできていることは容易に指摘しうる事実である。秘密保護法の制定や集団的自衛権行使の閣議決定など、戦後日本における平和の礎となってきた日本国憲法の精神を根底から覆すような政治が公然と行われている。こうした状況に対して、もし仮に今も田代国次郎先生が生きておられたら、即座にペンを持ち本誌で批判を展開したであろうことは想像するに難くない。田代先生亡き今だからこそ、残された我々が上述した社会福祉の基本理念の立場から公然と批判を展開していかなければならない。そして、そのためには反戦平和と基本的人権の尊重を基本理念とした日本国憲法と共に歩んできた戦後社会福祉を評価していく作業が求められてくる。本稿では上記のような問題意識から主として引揚者中の生活困窮者を対象に実施された「生業資金貸付」事業（1949 年度より更生資金貸付に改称）を取り上げ、生活困窮者の自立にむけた活動の施策の内実に

迫ってみたい。

あらためて述べるまでもなく「自立」は、近年の社会福祉をめぐる動向の中で重要なキータームの一つとなっている。障害者自立支援法（障害者総合支援法）や生活困窮者自立支援法の制定など、その名称を冠した制度が矢継ぎ早に創設されている。無論、筆者は「自立」という理念を無条件に賞賛する立場には立たない。対象者の生活実態を無視した就労の強制や生活保護の打ち切りなど、自立という言葉を隠れ蓑にして市民から社会福祉権を剥奪するような近年の政策動向に対しては強い憤りを感じている。しかし、「自立」という理念には従属性（スティグマ）からの解放や自由、自己決定といった市民の権利（社会福祉権）を推進する積極的な意味が包含されていることも事実である。その意味で社会福祉制度からの恣意的な「締出し」に対しては批判の手を緩めることなく、社会福祉制度を活用しながら市民権や生活権を担保していくという方向性で自立概念を捉えていくことが今後の社会福祉（権）研究において重要な課題となってくる。

ところで厚生省とその外局であった引揚援護院を中心に展開された生業（更生）資金貸付制度は、これまで戦後（占領期）社会福祉史研究の分野ではあまり顧みられることがなかった領域の一つである。同制度は政府主導で実施された生活困窮者緊急生活援護の一翼を担い[1]、引揚者を中心とした生活困窮者の生活再建を意図して創設された。さらに同制度は民生委員に制度運用に関する補助的な機関としての役割を与え、民生委員が実質的な指導機関の役割を果たした。その意味で、生業資金貸付制度は民生委員が主体となって創設された世帯更生資金貸付制度へと系譜的につながる側面を持っている。この二つの事実を考慮しても、福祉三法の成立とは別に生業資金貸付事業の歴史的意義を明らかにすることは、戦後社会福祉を評価する上で極めて重要な作業であると判断される。

本稿では新潟県を中心として、主に制度発足時から名称が「厚生資金貸付」に改称された1949年度までの同制度の運用状況を明らかにしてみたい。なお、本研究が依拠している主な資料は、新潟県立文書館に所

蔵されている更生課『更生資金例規綴其の一』及び『更生資金例規綴其の二』である。

Ⅱ. 生業資金貸付制度と同胞援護会

　生業資金貸付制度は、1946年2月25日の次官会議において決定された「定着地ニ於ケル海外引揚者援護要綱」によって制度化されたとする説が一般的である[2]。つまり、引揚者中の生活困窮者に対して生業資金の融通を行うことで、その生活再建の資とすることを目的に創設された。生業資金貸付制度は厚生省、特にその外局として設置された引揚援護院が中心となって運営されたが、創設当初に実質的な運用の役割を担うことが期待されたのが恩賜財団同胞援護会であった。

　同胞援護会は戦時下に結成された戦時国民協助義会が母体となり、1946年3月に発足した。戦時国民協助義会は1944年11月に財団法人として発足したが、その目的はガダルカナル撤退によって戦線が内線作戦となったことに伴う、近隣諸島からの老幼婦女子等の本土引揚と引揚後における援護事業を展開することにあった[3]。戦時国民協助義会では引揚者の生活援護とともに、方面委員との連携による就労指導や職業訓練も主要な援護活動と位置づけていた。戦時国民協助議会は1945年5月18日に下賜金を受けたことに伴い、恩賜財団戦災援護会として再発足したものの、すぐに敗戦を迎えることになった。戦後は戦災者及び引揚者の「常時的な援護更生」へと質的転換を余儀なくされた[4]。戦後における恩賜財団戦災援護会に課せられた役割は、1946年8月14日付で各国務大臣宛に発せられた終戦詔書に端的に表現されている。「帝国国民ニシテ戦陣ニ死シ戦域ニ殉シ非命ニレタル艶レタル者及其ノ遺族ニ想ヲ致セハ五内為ニ裂ク且戦傷ヲ負ヒ災禍ヲ蒙リ家業ヲ失ヒタル者ノ厚生ニ至リテハ朕ノ深ク軫念スル所ナリ」[5]。

　1945年8月30日に開催された次官会議において「外地（樺太を含む）及び外国在留邦人引揚者応急援護要綱」が決定され、翌31日付で健民局長名によって各都道府県知事に対して提示された。その第六項では

「引揚者に対しては極力就職の斡旋、職業補導等をなし生活困難なる者に対しては戦災援護会支部において援護の方法を講ずること」が指示された[6]。この要綱決定をうけて戦災援護会では「本会の前身たる戦時国民協助義会で実施した大東亜戦争中内地に引揚げた島嶼関係者に対する援護の経験を生かすべく」[7]、引揚者等の生活困窮者に対して生活援護、医療援護、生業助成、生活相談所の開設、就労の斡旋、宿泊施設の供与斡旋、留守家族の育英、生活必需物資の調整補給などを展開することになった。つまり、戦災援護会は政府の意向を受けつつ緊急生活援護事業に着手することになったが、それは磯村英一が指摘した「戦災者自身に依る相互救援運動の展開」を主導するための機関でもあった[8]。

　戦災援護会は恩賜財団軍人援護会との合併により、1946年3月13日付で恩賜財団同胞援護会として再発足した。その活動内容を定めた「同胞援護要領」が決定され、5月18日付をもって各支部に通知された。その中で職業補導に関する事項が定められ職業補導所及び授産所の設置に関して補助金を支給することが記されているものの[9]、個々の世帯に対する資金貸付は規定されていない。その後、援護的な職業補導のみならず自立自営による生活再建策の需要が高まるなかで、1946年6月20日に同胞援護会、庶民金庫、厚生省、大蔵省、万生倶楽部の代表者が一同に会席し、生業資金貸付事業第一回準備打合会が開催された。さらに7月6日には同胞援護会、万生倶楽部、庶民金庫による最終打合会が開催され、事業の実施が決定された。7月12日付で全国の同胞援護会支部に対して「生業資金貸付に関する件」が発せられ、「生業資金貸付要綱」及び「生業資金貸付実施要領」が提示された。「貸付要綱」では同胞援護会、庶民金庫及び万世倶楽部が事業主体に位置づけられ、それぞれ庶民金庫が実務事務を管掌し、同胞援護会が受付けの窓口及び審査機関としての役割を担い、万世倶楽部が庶民金庫に対する損失補償の措置を講じることが定められた[10]。『同胞援護』紙上には、実際の貸付は7月20日から実施するとの記事が掲載されている[11]。

　恩賜財団同胞援護会の創設により新潟県でも県支部が設立されたが、さらに市町村レベルにおいても新たな分会が設けられた。1946年5月

24日付で県教育民生部長より県内各地方長官宛に「市町村厚生援護会改組に関する件」が通知された。当事の市町村では戦時下に結成された市町村銃後奉公会の後継団体である市町村厚生援護会が自治組織として整備されていたが、この通知により市町村厚生援護会を新たに同胞援護会新潟県支部市町村分会に改組することが決定した[12]。これによって同胞援護会中央からの指示が、新潟県支部を通して各市町村にまで伝達する系統が完成した。これは戦時下における軍人援護会と銃後奉公会の機能形態と酷似しているが、その機能を踏襲することで国民間の相互扶助機能を再び高揚させるための措置であったといえる。

恩賜財団同胞援護会新潟県支部の活動は、主に引揚者の生活援護に重点が置かれた。例えば、1946年6月に実施された引揚民援護強調運動では各市町村より寄付金を募集し、9月10日までに54,672円を収集した。その寄付金でもって三つ組食器3000組を購入し、引揚者中（戦災者を除く）生活困窮者に対して無償配布を行った[13]。また、敗戦後新潟県で特に窮乏していたのが住宅で[14]、これに対応するため県支部では引揚者戦災者その他一般困窮者に対する援護事業として収容施設の経営に乗り出している。同胞援護会新潟県支部が直営で運営した収容施設は新潟市内に2施設、県からの委託経営施設として県内に4施設存在した。同時に移動中の途中宿泊を求める引揚者及び復員者に対して簡易宿泊所を県内主要駅近くに5ヶ所設置し、軽費もしくは無料で宿を提供した。また、創設当初は同会県支部が申し込みの窓口となっていた生業資金貸付についても事業開始が遅延したもの第一次貸付が実施され、団体関係者4件の申込者に対して317,000円が、個人関係61件の申込者に対して182,000円が貸し付けられた[15]。

このようにして同胞援護会新潟県支部は制度創設期における生業資金貸付の業務の一翼を担っていたが、1946年8月末より同制度は政府直営の事業として再出発することになった。それに伴い同制度は徐々に同胞援護会新潟県支部の手を離れ、県及び市町村、庶民金庫、民生委員が主体となって運営されることになる。以下、その実際の運用状況を明らかにしていきたい。

Ⅲ．新潟県における「生業資金貸付」事業の運用

　1946（昭和21）年8月29日付で、引揚援護院援護局長と厚生省社会局長の連名で「生活困窮者に対する生業資金貸付に関する件」が各都道府県知事宛に提示された。その中で「過般種々應急的措置を講じて来たが諸般の事情により十分なる効果を挙げることが出来なかったのであるが引揚者戦災者其の他の生活困窮者の急迫さる現状に於ては速に生業資金を貸付して生活再建の方途を講ぜしめるの要極めて緊切なるものありと存ぜられるを以て今般大蔵省、庶民金庫其の他関係方面を協議を遂げ生活資金貸付に関する特別措置を講」じることが決定した旨通知され、昭和二十一年度（第一次）生業資金貸付国庫補助額として八百四万八千円が交付されることが周知された[16]。なお、この国庫補助は昭和二十一年度生活困窮者緊急生活援護費に対する国庫補助予算に含まれていることからも、生業資金貸付制度は生活困窮者緊急生活援護の一部と位置付けられていた。同制度にかかる業務は庶民金庫に委託して行うこと、各都道府県は本事業の実施主体であるだけでなく便宜上庶民金庫に対して貸付業務を委託する立場にあることが定められた。なお、昭和21年度における新潟県の貸付目標額は二千六百八十二万七千円に設定されている[17]。

　引揚援護院と社会局が主体となって創設された生業資金貸付事業であるが、その趣旨は「海外引揚者、戦災者、其の他の生活困窮者にして自ら生業を営み自立せんとして適当なる事業計画を有するも之に必要なる資金なき者に對して資金を融通して生活再建の途を開かしめるやうとする」ことにあった[18]。その具体的な運用を提示した「生業資金貸付要綱」では貸付対象を「引揚者、戦災者、其の他生活困窮者」に定め、「具体的にして且つ成果の見込確実なる事業計画を有すること」が条件とされた。第一次貸付事業では一世帯につき三千円を上限（事業の性質により五千円まで増額可）として、貸付期限は償還期間1年を含む五年以内とされた（利子は年六分）[19]。一方で、一般国民向けに発行された

「生業資金貸付案内」では、「商売又は事業の資本に充てるための資金であって所謂生活資金でない」ことが強調された[20]。つまり、生活困窮者緊急援護の一部として創設された同制度であるが、生活扶助としての機能が付加されていたわけではなく対象者の自立更生を目的とした制度であることが周知徹底されていた。実際に同制度の運用は償還が前提とされており、年六分の利子が課せられた他、半年賦年または年賦による分割返済が求められていた。

さらに各都道府県知事宛に提示された「生業資金貸付に関する都道府県の庶民金庫に對する資金交付条件」では資金の交付割合が示され、貸付資金の元金は都道府県による交付金3割、庶民金庫資金7割に決定された[21]。この決定を受けて、新潟県では「生業資金貸付に関する新潟県の庶民金庫に対する資金交付条件」を規程した。それによると貸付資金の一部として庶民金庫に対して八百四万八千円を交付することを決定し、二千六百八十二万七千円が庶民金庫の負担とされた[22]。県による交付金は三回にわたって交付され（第一次交付金は二百六十八万三千円）、厚生費、応急援護費、生活困窮者緊急援護費の支出科目とされた[23]。このように事業の実施主体が新潟県で便宜上庶民金庫に対して貸付業務を委託するという関係から、県は庶民金庫代理所等と緊密な連携を保持することが定められ、主に県は①資金融通希望者の動向、②資金の貸付及び回収状況、③資金の融通を受けた者の資金の運転活用状況、④計画事業の成功不成功等事業の実態、の4点を把握することが定められた[24]。つまり庶民金庫が実際の事業運営主体となった一方で、それを監督する機能を県が担ったのである。

県による事業運営の監督体制が求められる一方で、同制度の県民に対する啓蒙普及活動についても県が担うことになった。県では関係者向けの「生業資金貸付要綱」（原則非公開）を定める一方で、対象者向けのパンフレットである「生業資金貸付案内」を作成している。その冒頭に「生活困窮者で力強く起ち上り眞面目に仕事を初めことによって生業の途を拓き互いに励まし合ひつ、自らの生活を再建すると共に新しい日本の建設に盡すと言ふ人達をもり立てていく為めに生業資金の貸付を始め

ることになりました」との制度の趣旨が述べられているように[25]、生業による国民の自立の促進こそが同制度の意義であった。

このように庶民金庫が主体となり実施された生業資金貸付制度であるが、実質的には県が一定の交付金を支給することで制度の運営主体である庶民金庫を監督する立場におかれたことは先に触れたとおりである。それは単に同制度が小企業及び個人向けの融資制度にとどまらず、後でふれるように社会（福祉）事業としての性格を帯びて創設されたため、公的責任の観点から都道府県による積極的な関与が求められていたことに由来する。そしてこのことは、新たな動きとして生業資金貸付に要する資金の全額国庫補助化の途を拓くことになった。1947年4月17日付で引揚援護院援護局長及び厚生省社会局長の連名で各都道府県知事宛に「生活困窮者に対する生業資金貸付に関する件」が発せらた、「今回金融事情に依り庶民金庫に於て、自己資金の調達が困難な事情に鑑みこれが資金の調達に関し、関係当局と折衝の結果本件貸付事業は、全額国庫補助を以って行うこととなった」旨通知され[26]、新たに「生業資金貸付に関する都道府県の庶民金庫に對する資金交付条件概目」が提示された。これによって都道府県による庶民金庫に対する旧資金交付条件概目に基づく措置は停止となり、全額国庫補助によって貸付事業を行うことになった。同時に新潟県における貸付目標額が51,437,000円に定められ、その内4,920,000円が新しい資金交付条件概目として、差額分の46,517円のみを旧交付条件概目の貸付分として取り扱うことが定められた[27]。

全額国庫補助によって貸付事業を運営することが決定されたことに伴い、引揚援護院では事業強化および統制にむけて新たな取扱方針を各都道府県に提示した。1947年5月29日付で引揚援護院援護局長名による「生活困窮者に対する生業資金貸付に関する件」を通知し、貸付金の総額が10万円を超える貸付に関しては庶民金庫と都道府県が協議することが付加された他[28]、貸付の対象についても引揚者を優先的に取扱うことが定められ、戦災者、一般困窮者に対する貸付は総額の2割以内に止めることが指示された。同時に貸付対象となる事業についても、生産関係の事業に重点的に貸付を行い、商業方面の貸付は全体の2割に抑え

ることが指示された[29]。このように全額国庫補助化は貸付資金の安定した供給体制を構築する一方で、庶民金庫及び都道府県による貸付事業における裁量の余地を狭隘化する一面をもっていた。

　生業資金貸付の国庫補助化は、都道府県の監督機能についても更なる強化をもたらした。実際新潟県では「縣の責任の所在を明かにして本事業の万全を期するため」、新たに「新潟県生業資金取扱方針」を打ち出した。大きな追加事項は貸付世帯の選定に関する事項で、新たに新潟県生業資金貸付審査委員会を設置し、当委員会で国庫補助金の割当ごとに当該貸付に関する範囲を決定することになった（詳細は後述）。さらに、貸付申し込みの取扱については、全て市町村長に提出することを原則とし、提出後に市町村長は関係民生委員と協議の上意見を附して県（地方事務所、支庁）に進達の手続きを採ることが定められた[30]。その進達経路を図にまとめると次のようになる。

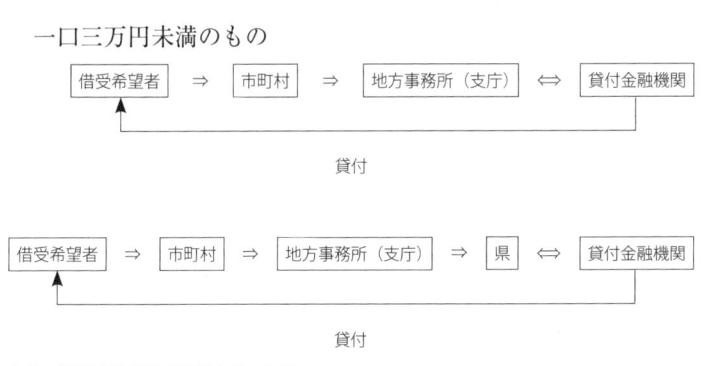

一口三万円未満のもの

借受希望者 ⇒ 市町村 ⇒ 地方事務所（支庁） ⇔ 貸付金融機関
　　　　　　　　　　　　　　　　　　　貸付

借受希望者 ⇒ 市町村 ⇒ 地方事務所（支庁） ⇒ 県 ⇔ 貸付金融機関
　　　　　　　　　　　　　　　　　　　貸付

出典：「新潟県生業資金取扱方針」より

　生業資金貸付における国庫補助化はさらに「縣自体の事業としてその運営の慎重を要望せられて居る次第もある」との認識を生み出し、別途知事の諮問機関として「生業資金貸付審査委員会」が設置されたことは先に触れたとおりである。新たに定められた「新潟県生業資金貸付審査委員会規程」では、新潟県知事を会長とすることが定められ（第四条）、主に「生活困窮者に對する生業資金貸付に関する事項」、「生活困窮者に對する生業指導に関する事項」の二項を審議することが定められた[31]。

国庫補助化によって推進された県による同事業への干渉は、貸付後の個々の対象世帯及び団体に対する指導という名目によって展開されることになった。1948年1月20日付で引揚援護院長官名より各都道府県知事宛に「生活困窮者に対する生業資金貸付事業の指導に関する件」が発せられた。その中で「本事業の効果はその運営如何に依り左右せらるる点に留意され常に引揚者の實態を洞察し庶民金庫その他関係方面と密接な連絡を保持し本資金の適正なる貸付及貸付後の生業の指導育成について更に一段の努力を拂はれたく政府においてはこれに要する経費を各都道府県に対し補助することになった」と記されている[32]。つまり同事業の援護的立場に鑑み、生業の成否を度外視した貸付が横行することを危険視するとともに、地方産業の状況に適した事業に貸付を行うことを各都道府県に指示している。同時に「貸付事業体の指導育成」が指示され、その意味について「本資金貸付対象者は本資金の借受後も種々の点において事業運営上支障の多いものが大部分であるからその事業を成立たらしめるためには都道府県は庶民金庫と共同し常にその指導育成に多大の配慮をなさねばならぬ。此の事は単に本資金の償還の問題に関連するばかりでなく當該地方中小企業の将来に影響を有する」と説明されているように[33]、償還の促進を目的とした事業育成を推進するための都道府県による指導体制の整備が意図された。先にふれた新潟県生業資金貸付審査委員会は、この指導体制を統括する役割を担った。

　政府及び県による償還の促進を目的とした事業への干渉は、昭和23年度の第三次計画の実施に際してなお一層強化されることになった。第三次計画の実施にむけて引揚援護局は新たに「生業資金貸付事業運営強化要綱」を策定したが、その趣旨について次のように述べている。「生業資金貸付事業の効果的成果を収めるためには、貸付の適正を期し、事業体の育成指導を圖って、引揚者等をして一日も早く生活再建の実を挙げしめると共に他面資金の償還を促進せしめる必要がある」[34]。つまり、償還見込みのある事業を育成指導するための事業計画を立案することが各都道府県に課せられた。この要綱に従い都道府県は各地方の実情に即応して夫々具体的な育成指導の方策を立案すること、庶民金庫との連携

を強化すること、市町村長、民生委員を積極的に動員することが定められた。具体的な育成指導方策の指針として提示されたのが、資金資材の斡旋、企業に伴う各種許認可の斡旋、現存の各業種組合への加入の斡旋、販路の拡張並びに技術の指導、事業体相互の製品・原料・素材の交流斡旋、事業経営の指導の6点である。同時に「資金償還の促進」についても、「生業資金については償還を要せざるとの誤解を抱く者があるやに思料せられるから、生業資金の本旨を徹底しこれが誤解の一掃に努め、進んで自主的に償還なさしめるようあらゆる機会を通じてこれが啓蒙に努めること」が定められた[35]。また、第三次計画において資金交付条件概目が改訂され、一世帯あたりの貸付金額の上限が7000円に引き上げられた[36]。

県による生業資金貸付事業への干渉は、各郡市に対しても及ぶことになった。新潟県では生業資金審査委員会を設置し主に事業運営に関する審議機関としての機能を担っていたことは先に触れたが、さらにその下部組織として地方事務所、支庁及び市に地方委員会を設置することが決定した。これによってそれぞれの権限が決められ、五万円未満の申し込みについては各地方委員会で審議することが可能となった。郡市にも地方委員会が設置されたことで、県でも生業資金審査委員会を廃止し、新たに新潟県生業資金運営委員会と改称されることになった[37]。

このように県のみならず郡市も巻き込んで展開された生業資金貸付事業であるが、市町村に権限が一部移行される過程で顕在化した問題が申請手続きの煩雑化による遅延であった。1948年7月3日付で引揚援護庁援護局長より各都道府県知事宛に「生業資金貸付事業の運営に関する件」が発せられた。その中で「一部市町村において借入申込書を庶民金庫貸付機関（支所、出張所、代理所等）へ副申進達するのに長時日を要し申込者側において事業の實施その他に種々支障を来している向がある趣であるので管下市町村長、民生委員に対し借入申込書は迅速に進達するよう充分指導督励」することが指示された[38]。具体的には「市町村長において借入申込書は市町村民生委員会に附議した後でなければ庶民金庫貸付機関に副申進達しない向があるようであるがこのような取扱を

すると民生委員会の開催期日等により書類の進達が著しく遅延する結果となるので担当民生委員の意見によって迅速に書類を取り運んでおいて後次回開催の民生委員会にその案件を報告し、若し担当民生委員の意見と異った結論が民生委員会において得た場合は速かに庶民金庫機関に連絡する等適宜の措置をとること」が指示されている[39]。民生委員が同制度の運用に動員されるなど市町村の役割が拡大したことは先に述べたが、かえってそのことが申請を遅延させる結果を招くという悪循環に陥っていた。

　上記のように生業資金貸付制度の運用が各地で展開されたが、1949年7月より同制度が「更生資金貸付事業」に改称され、一世帯に対する貸付上限金額も一万五千円以内に引き上げられることになった。そうした過程で申請手続きの遅延と並んで健在化した問題が、償還の停滞であった。1949年6月18日付けで、引揚援護庁援護局長名で各都道府県知事宛に「更生資金貸付事業の運営を強化改善する件」が発せられた。その中で「逼迫せる国家財政の現状から考えて、益々増加の傾向にある借入申込に応じて財政支出の増額を望むことは極めて困難なことが予想せられ、従って借入申込の増加に対応して、都道府県の貸付目標額を増額するには償還元金の運用充当によらざるを得ない実情にあるので今後は償還の促進を図って資金需給の円滑を期せねばならない」と述べられているように[40]、償還金を事業資金として運用することが定められた。実際、この指示と同時に提示された「更生資金貸付事業運営強化改善要綱」では、「更生資金の需要激増の傾向にかんがみ、貸付資金は財政支出によるの外既往貸付金の償還を促進し、順次これを貸付資金に回転充当して所要資金の確保を図ること」、「都道府県における償還資金は、原則として当該都道府県における更生資金に充当すること」が定められた。同時に新規貸付についても「民生委員の調査、市町村長の副申、貸付機関の鑑定及び都道府県更生資金運営委員会の審査を一層適正ならしめる」ことが指示されるなど[41]、抑制が意図されていた。

　上記の引揚援護庁からの指示を受けて、新潟県では県内各郡市長宛に「更生資金貸付事業の運営について」を発し、貸付対象世帯の厳正な選

別を求めることになった。実際に貸付対象に「資金の取立について十分信を置き得る確実な者」が追加され、貸付は償還が確実に見込める世帯に限定されることになった。その償還についても「償還目標額の確保を図るため常に関係市町村、民生委員及び引揚者団体等と緊密な連携を保持して償還の督励に努むるとともに必要ある場合は取立その他について市町村長、民生委員及び引揚者団体の協力を求める」ことが定められた[42]。つまり、貸付世帯に対する指導のみならず、償還取立ての実質的な機能を民生委員が担うことになったのである。

　このような償還が強化された背景には、次のような事情があった。つまり、1949年8月19日に更生資金運営委員会が開催され、新潟県における昭和24年度の貸付目標額が8,995,000円に決定された。その内3,160,000円を償還でもって充当することになったが、前述のとおり一世帯7,000円の貸付限度額が15,000円に引き上げられたため[43]、貸付を制限する方向性が打ち出された。新潟県更生運営委員会が提示した「更生資金貸付に関する基本方針」における「貸付の適否」では「事業計画の確実性」が強調され、「新経済態勢下に於ける企業の経営については今後相当の困難が伴うことが予想されるので事業計画が具体的であり且つ将来経営の確実性があるもの」に限定されることになった[44]。つまり、従来は国庫資金のみをもって貸付金に充当してきたが、「逼迫する国家財政をもってしては益々増加にある借入申込に応じ財政支出の増額を望むこと極めて困難な実情にあるので償還元金の運用充当によらざるを得なくなった」という認識のもとで[45]、事業運営の方向性は償還の強化と貸付対象の制限にむけられることになった。

Ⅳ．生業（更生）資金貸付事業の性質と評価

　以上のような経過でもって実施された同制度であるが、その性質はどのようなものであったのか。1949年8月24日付で県民生部長より各市町村長宛に「更生資金貸付業務の運営について」が発せられ、国民金融公庫新潟支所主催の第四次更生資金取扱に関する代理所協議会において

指摘された事項が伝達されている。その中で「更生資金貸付制度は社会事業的性格が強い反面金融事業としての面も忘却し得ないので市町村長及び民生委員においてこれを調査するに当り前考の面のみを強調し貸付機関たる代理所の意向を無視することのない様御注意ありたい」[46]。さらに、「第五次更生資金の仮枠設定」においても、「更生資金の貸付は生活困窮者を対象としており他から必要な資金の融通や援助を得られない者であってしかと生業により自立更生しようとするこれらの者に対し政府が一瞥の力を貸せるというのがその根本趣旨でありますから貸付に当っては飽く迄も社会事業的な感性をもってする必要があります（中略）然しながら一面金融事業としての性格からみてその回収についても亦十分は安定度を考えることが必要です従って信用度と担保力の度合が極めて低いこれ等の者に対し現今のなお不安定な社会経済事情の下においては両立し難いこれ等の諸条件に適合した貸付をすることは極めて困難で、この点については国民金融公庫同代理所市町村当局及び民生委員等と十分な連携の下に本貸付完遂のため万遺憾のないよう願います」[47]。つまり、更生資金貸付制度は生活困窮者を対象とした社会事業としての性質が強調される一方で、融資制度（金融事業）としての性質も無視することはできなかった。つまり、性質の異なる二つの事業が一つの制度の中で並存していたと見ることができる。ここに、ある種コンフリクトともいうべき現象が生み出される要因を確認することができる。

　生業（更生）資金貸付制度が抱えていたコンフリクトの中で、問題として顕在化したのが償還率の低率である。第一次生業資金貸付の最終期限到来を前に、1950年4月段階で公表された「更生資金期限到来高回収高対比調」では、全体の期限到来高1,115,921,935円に対して回収高は507,252,330円で、その比率は43.4％となっている。つまり、全体の回収率は半分にも満たなかった。その中でも新潟県は特に低い状況を示しており、期限到来高41,105,491円に対して回収高は5,933,431円で、その比率は14.1％という全国最低の状況であった[48]。こうした状況について、県民生部では次のように説明する。「更生資金貸付事業は民生安定の重要な一環として其の実績を挙げてゐるが最近の経済諸事情は貸

付に適する事業の範囲を狭くし新規貸付を制約すると共に借受事業の経営をも困難たらしめ従って償還成績を不良ならしめてゐる状況である。然しながら資金の借受申込が増加の傾向にあるのは自力更生の熱意を持ちながら他より融資を受ける途もなく生活苦に喘いでゐる人の如何に多いかを示してゐる」[49]。つまり、前述したように貸付対象が制限されたものの新規貸付希望者は増加する一方で、日本経済の状況悪化が既存の貸付世帯の経営状況を悪化させるという事態に陥っていた。

　こうした状況の中で、県では新規貸付の抑制と償還の強化に取り組むことになる。新規貸付では新たに「借受申込者の人柄、保証人の信用度等について充分な検討を加えいやしくも更生資金の趣旨にふさはしくないものに対しては絶対に貸付を避けること」が付け加えられ、貸付審査の資料となる民生委員の調査を厳密に行うことが指示された[50]。しかし、一方で新たな問題として生まれたのが「地区貸付ストップ」と呼ばれた問題で、国民金融公庫が償還不良を理由として、特定地区内の新規貸付を拒否又は制限する事例が生まれた。それに対して県では解除の措置を構じることを指示しているものの、その成否は明らかではない。また償還促進についても貸付対象の実態を把握した上で、借受事業の育成指導を推進することで償還の促進を図ろうとした[51]。

　以上みてきたように生業（更生）資金貸付制度は低所得者向けの融資事業としての性質が強かった一方で、他に利用可能な制度が存在していない当事の状況では社会事業としての性質も兼ねざるを得なかったというべきであろう。例えば、県民生部では引揚者以外にも、身体障害者及び母子世帯に対しても更生資金の貸付を考慮している。実際に「身体障害者及び母子世帯に対する貸付は極めて低調であります。もとよりこれらの人達の事情を考へて見ると資金の貸付条件に照應して難点の多い場合が尠くないことは豫想されることでありますが多くの悪条件を抱えながら普通人、普通世帯に位して、けなげに闘っておられる不幸な方々に光明を与へ更生の途を開いてやることは本融資の趣旨に最も合致すること、考へられますので本資金の貸付条件を具備する限り積極的に貸付実施」することを国民金融公庫に対して依頼している[52]。このような社

会事業対象者を本制度の対象に据えようとした背景には引揚援護局長及び厚生省社会局長児童局長からの指示があったからであるが、同時に同制度以外には経済的自立にむけた社会資源が存在しないという当事の社会的事情があった。

　単一の制度内で性質が異なる事業が共存することは、その実施機関にも影響を与えていた。その一例として、更生資金貸付地方委員会の性質を取り上げてみたい。貸付地方委員会の審査決定は特別の事情がない限り、そのまま貸付決定に移行することが常例であった。しかし、その審査状況について「申込全部を適当としたり又は内容の再検討を必要と認められるもの或は審査決定の適否を誤記通報する等其の他の取扱に慎重を欠きそのため出縣事情を聴取される等の事例が続出している」と報告されているように[53]、金融事業の側面から見た場合に適正な審査決定がなされているとはいえない状況であった。そのため地方運営委員会の委員委嘱については必ず金融機関の代表者を加えるとともに、民生委員については借受者層を代表するような「ボス的」人物の委嘱を禁止することが強く指示された。その民生委員についてはさらに「社会事業的感覚はもとより金融面に理解ある人を詮衡し委員会の陣容を整備すること」が求められた[54]。つまり、民生委員は単一の人物の中で二つの人格を併せ持つことが求められたのである。この点にも生業（更生）資金貸付事業が抱えていたコンフリクトの一端を確認することができる。

V. まとめ

　以上新潟県を中心に生業（更正）資金貸付事業の内実を見てきたが、生活困窮者緊急援護事業の一部として創設された経緯から多岐にわたる役割が求められてきたことが明らかにされた。同制度は引揚者を中心とした生活困窮者の経済的自立を目的としていたが、実際に生業資金貸付制度を利用することで開始された事業が軌道に乗り、借受者の経済的自立につながったと見られる例は枚挙に暇がない[55]。

　しかし、それは終戦後の復興期特有の現象とみるべきで、社会事業の

視点から考察した場合、償還率の低さからもわかるとおり同制度が生活困窮者の自立支援対策として機能したとは考えにくい[56]。実際にその後、生業（更生）資金貸付制度の社会事業としての性格は薄弱化し、低所得者向けの融資制度として存続していくものの利用者は減少の一途をたどっていく。その一方で同制度が担っていた社会（福祉）事業としての役割は、民生委員が主体となって創設された世帯更生資金貸付制度にその席を譲ることになった。その意味で生業（更生）資金貸付制度は、終戦後の生活困窮者緊急援護としては過度的な役割を果たしたに過ぎなかった。それは同制度が、最低限度の生活保障を目的とした生活資金としての機能を最初から排除した当然の結果であった。

以上のことから、生活保障のない自立支援対策は功を奏さないという教訓を我々は引き出すことができる。経済的基盤のない障がい者や生活保護世帯が経済的自立を志向する場合、安定した経済的基盤が前提となってはじめて可能となる。その前提を無視した自立支援の強化は、制度からの「締め出し」を横行させる危険性をも孕んでいる。その意味で盛業（更生）資金貸付制度の事例は、現代の社会福祉制度の行く末に対する警告でもある。

[注]

1) 百瀬孝『緊急生活援護事業の研究』2006年、202頁。
2) 国民金融公庫調査部編『国民金融公庫十年史』1959年、27頁。『厚生省五十年史—記述編—』1988年、580〜581頁。
3) 恩賜財団戦災援護会『戦災援護』（第一号）、1945年。
4) 加藤聖文監修『恩賜財団同胞援護会会史（上）』海外引揚関係史資料集成、ゆまに書房、2001年、2〜4頁。
5) 前掲、『戦災援護』（第一号）。
6) 同前、『戦災援護』（第一号）。
7) 同前、『戦災援護』（第一号）。
8) 磯村英一「戦災援護の現在及び将来」『戦災援護』（第二号）、1945年。
9) 『戦災戦後』（第九号）、1946年。

10) 前掲、『恩賜財団同胞援護会会史（上）』69～70頁。
11) 『戦災援護』（第十一号）、1946年。
12) 新潟県厚生課『厚生』（第一巻、第三号）、1946年、7頁。
13) 『厚生』（第一巻、第五号）、1946年、23頁。
14) 1946年12月27日に越冬同胞援護運動の一環として日本海会館で開催された「生活保護座談会」では各援護関係者が参集している。その席で県厚生課事務官であった乗松尋匡は「現在縣内で住宅に困ってゐる世帯が約三,五〇〇世帯ありまして洵に気の毒な実情でありますので一日も早くこれらの方々に安住の場所を供與したい」と述べている。「生活援護座談会開催状況」『厚生』（第二巻、第一号）、1947年、6頁。
15) 同前、『厚生』（第二巻、第一号）、22頁。
16) 引揚援護院援護局長・厚生省社会局長「生活困窮者に対する生業資金貸付に関する件」（引揚援護院発指第七三八号）、昭和二十一年八月二十九日、『更生資金例規綴其の一』。
17) 同前、「生活困窮者に対する生業資金貸付に関する件」。
18) 「生業資金貸付要綱」『更生資金例規綴其の一』。
19) 同前、「生業資金貸付要綱」。
20) 「生業資金貸付案内」『更生資金例規綴其の一』。
21) 「生業資金貸付に関する都道府県の庶民金庫に対する資金交付条件概目」『更生資金例規綴其の一』。
22) 「生業資金貸付に関する新潟県の庶民金庫に対する資金交付条件」『更生資金例規綴其の一』。
23) 「生活困窮者に対する生業資金貸付に関する件」（第一四四号）、昭和二十一年九月十七日、『更生資金例規綴其の一』。
24) 教育民生部長「生活困窮者に対する生業資金の貸付に関する件」、『更生資金例規綴其の一』。なお、同資料は「案の一」という位置づけになっている。
25) 「生業資金貸付案内」『更生資金例規綴其の一』。
26) 引揚援護院援護局長・厚生省社会局長「生活困窮者に対する生業資金貸付ニ関する件」（引揚援護院発指第三六七号）、昭和二十二年四月十七

日、『更生資金例規綴其の一』。

27）「生業資金貸付に関する都道府県の庶民金庫に對する資金交付条件概目」『更生資金例規綴其の一』。

28）引揚援護院援護局長・厚生省社会局長「生活困窮者に対する生業資金貸付に関する件」（引揚援護院発指第五六七号）、昭和二十二年五月二十九日、『更生資金例規綴其の一』。

29）民生部長「生活困窮者に対する生業資金貸付ニ関する件」昭和二十二年六月二十八日、『更生資金例規綴其の一』。

30）「新潟県生業資金取扱方針」『更生資金例規綴其の一』。

31）「新潟県生業資金貸付審査委員会規程」『更生資金例規綴其の一』。

32）引揚援護院長官「生活困窮者に対する生業資金貸付事業の指導に関する件」（引揚援護院発指第四九号）、昭和二十三年一月二十日、『更生資金例規綴其の一』。

33）「生業資金運営委員会設置及び運営」『更生資金例規綴其の一』。

34）「生業資金貸付事業運営強化要綱」『更生資金例規綴其の一』。

35）同前、「生業資金貸付事業運営強化要綱」。

36）「生業資金貸付に関する都道府県の庶民金庫に対する資金交付条件概目」『更生資金例規綴其の一』。

37）民生部長「生業資金運営委員会設置について」昭和二十三年六月八日、『更生資金例規綴其の一』。

38）引揚援護庁援護局長「生業資金貸付事業の運営に関する件」（援指第一一四号）、昭和二十三年七月三日、『更生資金例規綴其の一』。

39）同前、「生業資金貸付事業の運営に関する件」。

40）引揚援護庁援護局長「更生資金貸付事業の運営を強化改善するの件」（援指第六六六号）、昭和二十四年六月十八日、『更生資金例規綴其の一』。

41）「更生資金貸付事業運営強化改善要綱」『更生資金例規綴其の一』。

42）民生部長「更生資金貸付事業の運営について」昭和二十四年七月一日、『更生資金例規綴其の一』。

43）民生部長「更生資金貸付に関する基本方針及び育成指導ニ関する基本方針について」昭和二十四年八月二十四日、『更生資金例規綴其の一』。

44)「更生資金貸付に関する基本方針」『更生資金例規綴其の一』。
45)「更生資金貸付業務実施に伴う支払債務相殺規則制定の趣旨説明書」『更生資金例規綴其の一』。なお、同資料では「本縣においても昭和二十一年十一月以来今日に至るまでの間において二万二千五百余人の人々に対し約七千五百余万円に及ぶ国庫補助金を貸付けてきた」と報告されている。
46) 民生部長「更生資金貸付業務の運営について」昭和二十四年八月二十日、『更生資金例規綴其の一』。
47)「第五次更生資金の貸付資金の假枠設定について」『更生資金例規綴其の一』。
48) 審査部「更生資金期限到来高回収高対比調」『更生資金例規綴其の二』。
49) 民生部長「更生資金貸付事業の運営強化について」昭和二十五年八月三日、『更生資金例規綴其の二』。
50) 同前、「更生資金貸付事業の運営強化について」。
51)「縣の公庫に対する要求事項」『更生資金例規綴其の二』。
52) 民生部長「身体障害者及び母子世帯に対する更生資金の貸付について」昭和二十五年十二月二十三日。
53) 民生部長「更生資金貸付地方委員会の運営について」昭和二十五年八月二十五日、『更生資金例規綴其の二』。
54) 同前、「更生資金貸付地方委員会の運営について」。
55) その成功例は、庶民金庫が発行した『更生美談』に記されている。無論「美談集」として発行された経緯から成功例のみが記述されているため、本書をもって事業全体の成否を評価することはできない。
56) この点について、『国民金融公庫二十年史』では次のように述べられている。「そもそも更生資金貸付は、荒廃と混乱のどん底にあった戦後の社会において、引揚者、戦災者など一挙にして生活の基盤を失い、極度の困難に陥った人々の自立更生を促すという援護的性格をもって実施されたものであったから、貸付金の全部について順調な返済を期待することは、それ自体無理であったといえる。しかし、それはあくまで金融として行われたものであり、当然返済されるべきものであった」。つまり、援

護的性質を持つ社会事業と融資制度とは根本的に相容れない性質のものであったことは、国民金融公庫自体が認めるところであった。その意味で同制度は、戦後の混乱期における過渡的な役割を果たしたにすぎなかった（国民金融公庫調査部編『国民金融公庫二十年史』1970 年、114 頁）。

なお、本稿は『草の根福祉』（第 44 号）に掲載した拙稿を加筆修正したものである。

大正時代後期の新潟養老院に関する研究

―財政面からみた施設運営と入所者の生活を中心に―

大正時代後期の新潟養老院に関する研究 ―財政面からみた施設運営と入所者の生活を中心に―

1. はじめに

わが国における救済施設の歴史は、民間では小野慈善院、公立では東京養育院によって幕が開けられた。それ以降、聖ヒルダ養老院、神戸養老院、名古屋養老院などと続き、明治時代の後半から生活困難な高齢者を主な対象とした施設が各地に作られるようになっていった。

新潟県においては1923（大正12）年に新潟県社会事業協会が新潟養老院を開設したことにはじまる。新潟県社会事業協会は新潟県内の社会事業の推進を目的とした公的機関であり、その事業の一環として新潟養老院が設立された。その後、法律や社会ニーズの変遷にあわせて運営されていくことになるが、創設期における施設運営や入所者の状況等を調査研究することは、新潟県の高齢者福祉施設の創設期を調査研究することにつながると考える。新潟養老院については星野による先行研究[1]があるが、本稿では人件費を中心とした施設運営や、食料費を中心とした入所者の生活などを中心に考察する。

2. 新潟養老院開院

1918（大正7）年に終結した第一次世界大戦で日本は勝利したものの、その後の社会各方面に甚大な影響を与えた。生存競争は激烈を加え、貧富の格差は更に甚だしくなり、社会問題は益々紛糾錯雑を極めていった。またこの当時の慈恵救済の範囲は広範かつ多岐にわたったため、行政への一任のみ、或いは隣保相助のみという官民分離状態では対応しきれなくなり、そこには公私の協力、相互の連絡が必要となってきた[2]。このような社会情勢の下、新潟県においては内務省主催の感化救済事業地方講習会が新潟市で開かれた。これをきっかけに1918（大正7）年7月23日に渡邊勝三郎新潟県知事をはじめとする役人を中心に、第一次協議会が開催された。そして同年7月31日、県内の各種救済団体及び感化救済事業関係者によって新潟県慈善協会設立総会が開催され、翌8

月1日に新潟師範学校の講堂において新潟県慈善協会発会式が行なわれた[3]。全国的にみると早い方の設立だったといえよう。(表1参照)

〈表1〉 社会事業協会の設立状況

設立年月	名称	組織
明治16年12月	高知慈善協会	社団法人
明治41年12月	群馬県社会事業協会	会員組織
大正1年11月	秋田県慈善協会	会員組織
大正3年3月	北海道社会事業協会	財団法人
大正6年2月	東京府社会事業協会	財団法人
大正6年3月	兵庫県社会事業協会	財団法人
大正6年7月	愛知県社会事業協会	会員組織
大正6年11月	三重県社会事業協会	会員組織
大正7年6月	愛媛県社会事業協会	会員組織
大正7年7月	京都府社会事業協会	財団法人
大正7年7月	新潟県慈善協会	会員組織

注：明治41年10月には中央社会事業協会が設立している。
出典：『本邦社会事業概要』社会局社会部　大正15年　p22-23

創立して4年後の1922（大正11）年4月、中央慈善協会が中央社会事業協会と名称変更したことに伴い、新潟県慈善事業協会も新潟県社会事業協会とその名称を変更した。そして同年「老齢に達し無告の困難者を救済する」ため、評議員の議決を経て[4] 県内初の養老院である新潟養老院が開設されることとなった。10月13日に上棟式が行なわれ、12月末日には竣工式、そして翌1923（大正12）年1月27日に開院となった。

住所は新潟市古町通十三番町。濱浦市立北濱病院（後の新潟市立北浜病院）の南西の丘に建つ、敷地約三百七十坪、建坪五十五坪の平屋造りにして間数は事務室とも七間[5] であった。周辺環境については、「この付近一帯高台にして老松古木直立参差し自ら一の風趣を添ふ。若しそれ前庭に立たむか、新潟市の大半は雙眸の内にこれを観るを得べく、達く信濃川を超へて遥かの東方には羽越連山蜒蜿として越後平野の一端を圍繞し秀峰将に天を摩す、真にこれ好適の地と謂ふを得べし。」[6] と記されている。現在でもこの辺りにはその面影を残す松があちらこちらにたっている。風光明媚を謳う文書が残されている一方で、新潟養老院があった古町通は、「新潟市内でも古くから細民居住地区として知られて」[7] いたなど、救貧者が多かったという記録も残されている[8]。このような状況であったためか、1924（大正13）年に雲華教団による新潟無料宿泊所が同町内に作られ、同年11月には協会が公設無料職業紹介所を新潟養老院敷地内に建設している。また1932（昭和7）年4月になると新

潟市社会事業助成会が同町の民家を借り入れ「隣保館」を設立し県下初のセツルメント事業を開始している。

　新潟養老院が開院した当時の救済立法は、1874（明治7）年に制定された恤救規則であった。この立法は、本来の救済主体である「人民相互の情誼」から漏れた「無告の窮民」に救済対象を限定した。具体的には立法の対象者は、労働能力及び身内の無い70歳以上・13歳以下の老衰者・重病者に限定され[9]ていた。新潟養老院においても、その開院時には男性5人、女性7人、計12人の行旅病者と、新潟県で救助中の1人の計13人が収容されており、その中には病気や老衰のため歩行さえままならない者もいた。また無告の老人のみならず、5歳の孤児も含まれていた。彼らは新潟市が救助費として年500余円を支出し、山岸地区と中川地区の木賃宿に収容されていた者であった[10]。

　新潟養老院が開設された大正12年当時、全国には32の養老院があった。これらの施設の収容人員は100名をこえる大規模施設から収容人員が一桁という施設まで、一口に養老院といってもその規模は様々であった。このような中で新潟養老院の施設規模は決して大きいとはいえず、どちらかといえば小規模施設であったといえよう。また、経費を収容人員で除した収容人員一人あたりの経費は93.5円で32施設中21番目、また収容人員を職員数で除した職員一人に対する収容人員は18.5人で24番目であった。つまり他の施設と比較して、新潟養老院は収容人員1人あたりの経費は決して高くなく、職員1人に対する収容人員も多い方であったといえよう。（表2参照）

〈表2〉 大正12年院内救助事業（養老院）

名称	所在地	設立年月	経費（円）	資産（円）	職員	収容人員	収容人員1人あたりの経費（経費÷収容人員）	職員1人あたりの収容人員（収容人員÷職員）
函館慈恵院	函館市新川町	M33,11	17,862	100,975	5	19	9401.2	3.8
旭川救護院	旭川市中島町	M43,11	[12,067]	5,701	2	(行)107]	112.8	53.5
東京市養育院＊	東京府北豊島郡板橋町下板橋	M5,10	[578,328]	1,572,157	174	386](行)1,142		
聖ヒルダ養老院	東京府麻布区龍土町	M28,10	2,227	23,000	2	21	106.0	10.5
東京養老院	東京府北豊島郡瀧野川	M36,9	45,220	67,381	14	337	134.2	24.1
京都養老院	京都府葛野郡花園村	T10,12	4,123	6,000	3	16	257.7	5.3
大阪養老院	大阪府東成郡天王寺村	M35,12	8,066	29,705	5	134	60.2	26.8
弘済会養老部	大阪府生野村	T2,5	11,066	17,640	7	158	70.0	22.6
堺養老院	堺市戒之町	T11,12	4,482	1,500	4	18	249.0	4.5
神戸養老院	神戸市都由之町	M32,1	5,887	10,350	5	31	189.9	6.2
新潟養老院	新潟市古町通13番地	T12,1	3,461	4,500	2	37	93.5	18.5
前橋養老院	群馬県前橋市芳町	M36,2	1,881	4,878	2	13	144.7	6.5
奈良養老院	奈良市中辻町	M39,5	3,728	12,550	3	2	1864.0	0.7
三重養老院	三重県河芸郡一身田町	T10,6	3,593	10,175	6	20	179.7	3.3
名古屋養老院	名古屋市中区養老町	M34,6	2,097	21,251	6	4	524.3	0.7
岐阜仏教養老院	岐阜市松鴻2,408／20番地	T7,3	1,709	4,327	22	8	213.6	0.4
富士育児院（養老部）	静岡県富士郡島田村依田原7番地	T12,4	343	―	6	4	85.8	0.7
大観進養育院	長野市元善町	M16,3	―	―	4	12		3.0

210

大正時代後期の新潟養老院に関する研究 ―財政面からみた施設運営と入所者の生活を中心に―

名称	所在地	設立年月	経費（円）	資産（円）	職員	収容人員	収容人員1人あたりの経費（経費÷収容人員）	職員1人あたりの収容人員（収容人員÷職員）
松本市救護所	松本市大字桐	M44,4	1,276	620	―	12（行）17		―
自営館	仙台市坊主町	M29,5	436	1,450	3	?		―
東北慈恵院	仙台市元寺小路	M32,3	331	―		18	18.4	
山形怡々会	山形市宮町	M44,4	982	2,890	14	6	163.7	0.4
小野慈善院	金沢市常磐町	M1,?	14,245	77,178	10	100	142.5	10.0
能美郡広済会	石川県能美郡苗代村	M32,2	2,797	17,489	2	18	155.4	9.0
富山慈済院	富山県上新川郡堀川村	M27,7	6,960	68,962	8	44	158.2	5.5
報恩積善会	岡山市南方	T1,9	1,835	―	5	13	141.2	2.6
広島養老院	広島市広瀬町	M38,6	4,330		7	36	120.3	5.1
和歌山仏教各宗協同会養老院	和歌山市寺町	T4,11	1,416	4,513	4	22	64.4	5.5
阿波養老院	徳島県勝浦郡多家良村	T5,1	919	650	7	16	57.4	2.3
佐賀仏教婦人会 佐賀養老院	佐賀市興賀町	T6,10	5,636	48,754	22	41	137.5	1.9
福岡養老院	福岡市南湊町25番地	T11,12	6,816	31,200	2	14	486.9	7.0
慈愛会（養老部）	熊本県飽託郡健軍神水375	T12,4	1,060	4,900	2	12	88.3	6.0
計			176,715 [12,067]	542,439 [5,701]	184 [2]	1,572 [386]（行）1,266 [（行）1,249]		

出典：社会局第二部（1926）『社会事業統計要覧（大正12年調）』。
＊（行）は行旅病人を示す。［ ］中の数字は大正11年調要覧の数字。
＊東京市養育院の経費、試算、職員は養育事業の数値。収容人員1人あたりの経費及び職員1人あたりの収容人員は著者算出

3. 収容者

　開院以来、新潟養老院は多くの人々を収容していった（表3参照）。特に開院して半年くらいまでは1ヶ月平均1,114人も収容していた計算になる。その中には、新潟養老院が開設した1923（大正12）年におこった関東大震災による避難者（男性13名、女性4名）を同年9月4日から17日まで取扱っている[11]。しかし1924（大正13）年7月末以降は、1ヶ月平均420～450人代、1日平均は14～15人で推移している。また性別をみると、1925（大正14）年12月末以降、女性は男性の2倍以上収容されている。

〈表3〉　収容延人数

	男	女	計	1ヶ月平均	1日平均
大正12年6月末	—	—	5,570	1114.0	37.1
大正13年7月末	—	—	8,247	458.2	15.3
大正14年6月末	—	—	12,409	427.9	14.3
大正14年12月末	5,123	10,435	15,558	444.5	14.8
昭和元年12月末	6,565	14,790	21,355	454.4	15.1
昭和3年3月末	8,288	19,136	27,424	442.3	14.7

出典：大正12年・大正13年『新潟県社会事業協会第四回会務報告』、大正14年『新潟県社会事業協会会報第五号』、昭和元年『新潟県社会事業協会会報第七号』、昭和3年『新潟県社会事業協会会報第八号』
註：1ヶ月平均は合計人数を開院からの月数で除し、1日平均は1ヶ月平均を30で除した。

　各年毎の収容人員については幾つかの資料に数値が記録されていた。例えば「社会事業統計要覧」（大正十二年調）では性別は未記入であったが、全体で37名という記載がある。しかし「新潟県社会事業協会第四回会務報告」では「大正十二年末日に於ける年齢別人員は六十歳未満九名、七十歳未満一名、八十歳未満四名、八十歳以上三名にして」と記されており、合計で17名ということになる。収容者の出入りが多かったためか、資料によって同じ年でも数値に違いがあった。しかし殆どの年で女性の収容者数が男性のそれを上回っていた。

大正時代後期の新潟養老院に関する研究 ―財政面からみた施設運営と入所者の生活を中心に―

また、開院当初の定員数については明確に記した資料は見当たらなかったが、予算における食費の人数を16人で計算している点などから16人程度の収容定員であったと思われる。その後1928（昭和3）年12月に慶福会より補助を受けて増築したことにより収容定員が30名になり、翌1929（昭和4）年1月から施行された「新潟養老院規程」の中で「本院ノ収容定員ハ参拾名トス」と明記されることとなる。しかし実際の収容人員はしばらく12名〜16名の間を推移し、収容人員が大きく増加したのは1932（昭和7）年の救護法施行に伴い、新潟県社会事業協会の運営から新潟市立の救護施設となってからであった（表4参照）。

星野の研究[12]によると新設時の養老院費は総額1,540円であった。その内訳は次の通りである。

○雑給610円（事務員1名月30円、炊婦1名15円、その他臨時雇用費）
○図書及印刷費60円
○消耗品費360円
○食費450円（一人月額7円50銭5人分）
○借地料100円（借地200坪1坪に付き年50銭）
○雑費
　また開院翌年の1924（大

〈表4〉 新潟養老院収容者数

	収容人員			職員数
	男	女	計	
T12年	―	―	37	2
T13年	16	4	20	
T14年	4	12	16	3
S1年	4	12	16	1
S2年（6月）	3	11	14	3
S3年	―	―	12	3
S4年	4	8	12	3
S5年（4月）	7	6	13	2
S5年（5月）	5	7	12	
S5年（6月）	6	8	14	
S5年（7月）	5	7	12	
S7年	―	―	30	3
S8年	11	10	21	4
S10年	9	21	30	3
S11年	11	18	29	4

出典：T12年は「社会事業統計要覧」（大正十二年調）＊収容人員計は「新潟県社会事業協会会報第5号」（大正15年3月）。T13年は「全国社会事業名鑑（昭和2年版）」。T14年は「新潟県社会事業協会会報第5号」（大正15年3月）。S1年は「社会事業一覧」（昭和2年発行）＊職員数は「第六回社会事業統計要覧」。S2年は「新潟県社会事業要覧」（昭和2年）。S3年は「第九回社会事業統計要覧」。S4年は「新潟県社会事業概覧」（昭和5年3月）。S5年（4月・5月）は「越佐社会事業五月号」。S5年（6月・7月）は「越佐社会事業七月号」。S7年は「第十三回社会事業統計要覧」。S8年は「全国養老事業調査（第一回）」。S10・11年は「全国養老事業調査（第二回）」。

〈表5〉 新潟養老院歳入歳出決算

	大正13年度		大正14年度		
	予算高(円)	決算(円)	予算高(円)	備考	決算(円)
養老院費	4,419	2949.26	4,176		2641.68
雑給	930	640	1,060	理事一人月35円、母姆一人月20円、炊婦一人月15円、嘱託医一名年120円、其他雑給100円、	
旅費	90	15.4	50		
図書及印刷費	60	12.93	30		
消耗品費	650	383.57	650	電燈料60円、水道料60円、薪炭費430円、其他消耗品費100円	事務費 759.59円 内給料 580.00円 事業費 1857.70円 その他 24.39円
食費	1369	1046.89	1,460	食費一ヶ年分一人一日平均25銭 16人分	
借地料	311	310.8	311	借地370坪一坪平均87銭	
看護料	90	―	70	看護人一人月平均5円4ヶ月分	
被服費	150	9	150	一人一ヶ年平均10円15人分	
医療費	120	29.65	120		
通信運搬費	36	0.1	12		
修繕費	463	393.9	113		
雑費	150	106.86	150	入院者小使銭、死亡人取扱費、会向費、消毒費、其ノ他雑費	
火災保険料					

注1：大正13年度及び備考は『新潟県社会事業協会会報第5号』大正15年3月、『新潟県社会事業協会会報第7号』昭和2年5月より一部かきかえ
注2：大正14年度決算は新潟県社会課（昭和2年）『新潟県社会事業便覧』より
注3：大正15年度決算は新潟県社会課（昭和3年）『新潟県社会事業協会会報第八号』より

正13)年度の新潟県社会事業協会の歳出経常部合計予算高は22,051円で、このうち約96％にあたる21,076円が事業費であった。そしてその事業費の内訳は、事業資金貸付10,836円、職業紹介所5,426円、新潟養老院4,419円と、この三つの事業だけで事業費の約98％をしめていた。

大正時代後期の新潟養老院に関する研究 ―財政面からみた施設運営と入所者の生活を中心に―

		大正 15 年・昭和元年度	
	予算高(円)	備　考	決算(円)
養老院費	4,283		3002.82
雑給	1,060	理事給 420 円　一人月俸 35 円 母姆給 120 円　一人月給 10 円 炊婦給 180 円　一人月給 15 円 嘱託医給 120 円　一人年手当 120 円 賞与 120 円 傭人給其他雑給 100 円	920.98
旅費	50		―
図書及印刷費	30		需用費 338.67（図書及印刷費/消耗品費/通信運搬費）
消耗品費	440	電燈料 60 円、 水道料 40 円、 薪炭費 240 円、 其他消耗品費 100 円	
食費	1,460	食費一ヶ月分一人一日平均 25 銭 16 人分 4 円　右一ヶ年分	1129.17
借地料	311	坪平均 87 銭 370 坪分	310.80
看護料	70	一人月平均 7 円 50 銭 4 ヶ月分	0.00
被服費	80	一人年平均 5 円 16 人分	0.00
医療費	270	救急薬品其ノ他器機購入費 150 円、 其ノ他医療費 120 円	3.25
通信運搬費	12		＊需用費へ
修繕費	320	畳取換費 90 円　畳一枚 3 円　30 枚分 院舎修繕費 200 円 当時修繕費 30 円	148.71
雑費	150	入院者小使銭、死亡人取扱費、 回向費、消毒費、其ノ他雑費	101.24
火災保険料	30		50.00

新潟養老院の予算高は他の二事業と比べると最も低いものの、事業費の約 2 割を占めていた。

これに対して新潟養老院の決算高は 2949.26 円で、約 34% 減となっている。しかし他の事業の決算高は、事業資金貸付が 3881.56 円で約 64% 減、職業紹介所は 2536.86 円で約 53% 減と、三大事業の中では新潟養老院の減少幅が最も少なかった。そして歳出経常部合計決算高は 9954.54 円であり、養老院費はそのうち約 3 割を占めることとなる[13]。

この年度の予算高の内訳で最も大きいのが食費 1,369 円で全体の約 31%、次いで雑給 930 円で約 21%、消耗品費 650 円で約 15% となってい

る。特に上位二つの食費と雑給についてはその後も他の項目と比べて桁違いの予算がくまれている。（表5参照）この二項目について、以下で詳しくみていく。

5. 食費

　大正13年度の予算高で最も大きな割合をしめた食費は、その後も全体の約34～35％を占めている。また食費の内訳について、大正13年度は不明であるが大正14年度及び15年度は一人一日平均25銭、一ヶ月30日で計算すると7.50円で予算がくまれている。しかし大正13年度の食費の決算額は1046.89円であり、予算高と比較して約23.5％削減されている。また大正14年度の決算については事業費として1857.70円を確認することができたが、食費の決算額については明確に示されている資料をみつけることはできなかった。そこで仮に前年度と同等の削減率だと仮定すると、大正14年度の食費の決算額は約1116.48円となる。この金額を、表3を参照に大正14年の1日の平均入所延人数を14.5人とすると、実際には一人一日平均約21銭、一ヶ月30日で計算すると6.33円ということになる。

　この金額を他の施設と比較するにあたり様々な資料をあたったが、比較対象となる同年代で同様の規模の施設の資料をみつけることは困難であった。強いて示すならば、寺脇（2002）による先行研

〈表6〉　収入階級別一人当食料費（大正10年）

収入段階	世帯数	世帯人員	食料費（嗜好品を除く）
30円未満	3	3.6	4.02円
40円未満	10	3.5	6.10円
50円未満	51	3.8	6.13円
60円未満	82	3.0	6.35円
70円未満	111	4.2	7.08円
80円未満	95	4.5	6.95円
90円未満	67	4.5	7.26円
100円未満	26	4.7	7.38円
120円未満	35	4.9	7.43円
150円未満	14	4.5	7.53円
150円以上	3	6.6	6.91円
計（平均）	497	4.9	6.90円

出典：内務省社会局（1923）『細民生計状態調査』

究をあげることができる。これによると 1934（昭和 9）年の山口救護所の生活扶助額が一人一日平均 14.8 銭、徳山救護所の生活扶助額が一人一日平均 15.0 銭であった[14]。この調査は上述した大正期から約 10 年後であるという点や、それに伴い救護法が施行され食費は同法よる生活扶助として分類されていたという点、山口救護所と徳山救護所は公立であり、大正期における新潟養老院は事業団経営であったという点、或いは地域性の違いなどで比較対象とならないかもしれない。しかしながら、三施設とも地方に存在し、規模は決して大きくなく、主に老衰者や幼者等を対象としていたという共通点からみれば、新潟養老院の食費は裕福な方であったといえよう。

一方、院内救護ではないが、この当時在宅で生活している細民の食生活を調べた。大正 10 年に内務省社会局が東京市民の一部を対象に実施した「細民生計状態調査」によると、月収 30 円未満から 150 円以上の 497 世帯の 1 月の嗜好品を除いた食料費の平均は 6.90 円であった。（表 6 参照）このうち月収 30 円未満の 3 世帯の食料費は平均 4.02 円、月収 50 円未満の 64 世帯の平均は 6.04 円であった。

地域性の違いなどからこれも一概に比較できないかもしれないが、新潟養老院の入所者の食費は概ね在宅で生活している細民に近い食費が充てられていたと考える。

新潟養老院の食費について各年度の予算高は確認することができたが、実際にはいくら使ったのかという決算高については大正 13 年度のものしか確認することはできなかった。また上記の通り収容する延べ人数に変動があるため、具体的に一人にいくらの食費が使われたかという細かいところまで確認することは難しい。また実際の食事については「食事は常に新鮮なるものを用ひ」「祭日、彼岸、正月等には相当のご馳走を食せしめ」[15] という程度で、この頃の具体的な食事内容についての資料を確認することはできなかった。

6. 雑給

　入院者への食費に次いで大きな額を占めるのが、雑給といわれる職員の給与等である。開院時の予算は610円でその後930円、1,060円と毎年度上がっていった。開院時の雑給は予算高全体の39.6%を占め、大正13年度は21.0%、14年度は25.4%、15年度は24.7%を占めている。特に大正14年度と15年度の内訳の特徴として両年とも理事、炊婦、嘱託医の給与に増減はなく、大きな変更点として保母の月給が20円から10円に半減され、残りを賞与としてくまれている点である。

　また昭和4年度の雑給の予算高は1,260円となり前年度と比較して約1.1倍の増加、全体に占める割合は21.3%となっている。(表7参照)

　大正末期の新潟養老院の職員の給与を、1922(大正11)年に中央社会事業協会が調査した『社会事業従事員統計摘要』の結果と比較した(表8参照)。この調査は養老院のみを調査対象としておらず、また事業種別ごとの結果も明記されていなかった。また新潟養老院では炊婦と傭人の給与が予算にくまれていたが、『社会事業従事員統計摘要』にそれらの項目をみつけることはできなかったので、理事・保母・嘱託医のみの比較とする。全国調査と比較して新潟養老院の職員の給与は、三職種とも予算の段階で格段に安い給与であった。

　全国調査と比較して、新潟養老院で働く職員の待遇は決してよいものではなかったようである。医師について新潟養老院は

〈表7〉 新潟養老院費年度別予算高

	昭和2年度	昭和3年度	昭和4年度
養老院費	5275円	5275円	5924円
内訳			
雑給	1110円	1110円	1260円
需用費	422円	422円	719円
収容者諸費	3192円	3192円	3260円
院舎諸費	551円	551円	685円

出典：新潟県社会事業協会(昭和4年)『新潟県社会事業協会会報第十一号』

〈表8〉 給与額別職名別従事員数表

全国調査（大正11年）					新潟養老院		
職　名	性別	人員	給与総額	一人平均月額	職名	大正14年度予算（月給）	大正15年度予算（月給）
会長　理事監督等	男	78人	6,481円	83.1円	理事	35円	35円
	女	5人	255円	51.0円			
保母　保育所助手	女	483人	15,085円	31.2円	保母	20円	10円
医師　医員	男	79人	9,599円	121.5円	嘱託医	10円	10円
	女	10人	787円	78.7円			

注：全国調査の数値は中央社会事業協会（大正12年）『社会事業従事員統計摘要』

嘱託であったということもあり格段に安いということは理解できる。しかし理事や保母の給与までもなぜ安いのか。これについてはあくまでも推測でしかないが、星野も指摘している通り、新潟県社会事業協会の資金不足があったのではないかと考える。新潟県社会事業協会が新潟養老院の事業を始めて以降も、いくつもの新規事業を展開している（表9参照）。当然のことながらこれらには運用資金が必要となり、厳しい財政状況にあったことは否定できない。そこで削れる人件費から削っていっ

〈表9〉 新潟県社会事業協会の事業（大正末期から昭和初期）

大正13年11月	新潟職業紹介所開設
大正13年	生活資金貸付事業開始
大正13年	生活改善子供洋服裁縫講習会開催
大正14年	女工保護組合設置奨励補助
大正14年	社会奉仕デー設定
大正15年	農繁季節託児所の設置奨励と加茂町託児所の設置
大正15年3月	新潟県社会事業大会開催
昭和2年5月	赤ちゃんコンクール開催
昭和4年9月	月刊誌『越佐社会事業』発刊
昭和5年12月	新潟県社会事業協会常磐食堂（簡易食堂）設置

出典：星野吉曹（2007）「戦前期新潟県の養老事業小史（1）- 新潟県の養老事業の始まりから、新潟県社会事業協会の新潟養老院設置と撤退迄 -」『北信越社会福祉史研究第6号』北信越社会福祉史学会、p36-40

た。それでも養老院の運営が難しくなり、最終的には救護法施行を機に新潟市へ移管したのではないかと考える[16]。

7．寄附・寄贈

　上記のように決して裕福とはいえない財政状況において、地元住民からの寄附や寄贈は有難かったに違いない。表10にみる通り、お金や生活用品が地元の人々や新潟市役所などから寄附・寄贈されている。特にお金については大正12年に93円、大正14年に72円、大正15年には1月から3月で860円もの寄附金があった。この中には入所者への小遣いも含まれていた。

　前述の通り恤救規則は「人民相互の情誼」を基礎としている。また法律に明文化されなくても当時の人々が共同体として救済することを重視していたという点からも、新潟養老院に対する地元住民からの一定の理解があったのではないかと思われる。

おわりに

　1932（昭和7）年の救護法施行に伴い、新潟養老院は救護施設となる。またそれに伴い運営を新潟市が継承し、新潟市立新潟救護院となる。つまり新潟県社会事業協会としては約9年間の施設運営であった。そしてその後も新法設置に伴い位置づけがかわっていく。1950（昭和25）年に旧生活保護法が現行の生活保護に改正されたのに伴い養老施設となり、現在では新潟市養護老人ホーム松鶴荘として東区大山で運営されている。このように大正12年の開院以来、運営の形はかわれども長きにわたり、新潟市を中心として生活困窮者の救済や高齢者支援を行なってきた。

　本稿では新潟養老院開設から救護法施行までの期間を対象としたが、少ない史料による研究は困難を極めた。当然のことながら現在のように入所者のケース記録が残っているわけでもなく、入所者がどのように生

〈表10〉 篤志家の寄贈

大正12年2月24日	新潟市湊町一齋藤ノブ子より亡夫追善に際し白米壹斗寄贈。
3月16日	新潟高等女学校卒業生見学に際し菓子料として金五圓寄贈。
10月21日	新潟市湊町笹川加十二氏夫人ミサ子篤志解剖記念として金拾圓寄贈。
11月21日	故坂口仁一郎氏遺族より金五拾圓寄贈。
12月16日	新潟市役所より左記物品寄贈。 一、古浴衣大小取合　四十六枚 一、古晒足袋　九十三足 一、古シャツ、股引　三十七足
12月28日	愛国婦人会の寄贈に係る金貳拾八圓収容者十四人へ新潟市役所より交附。外に五合板餅、腰巻、サルマタ等の寄贈あり。
大正13年3月18日	新潟高等女学校卒業生二百餘名の見学に際し菓子料として金五圓寄贈爾後年々幻例。
8月13日	新潟市内西大畑某氏より左記物品寄贈、大正十四年八月十三日亦如姫斯、某氏は盆暮には必ず寄贈せらるる篤志家なり。 一、浴衣　五枚 一、白玉粉　二十本 一、砂糖　五斤 一、腰巻、サルマタ　二十箇 一、其の他菓子等
12月28日	愛国婦人会より寄贈の金貳拾六圓収容者十三人へ新潟市役所より交附。外に腰巻、サルマタ、板餅五合宛寄贈。
大正14年8月13日	川上県土木課長より金貳拾五圓寄贈。
12月12日	紅白鏡餅一ヶ宛づつ十六人分皇孫殿下御命名式記念として富山虎三郎氏より寄贈。
12月28日	収容者十六人に対し左記金品新潟市役所より寄附。 一、一升鏡餅　十六箇 一、フランネル大巾四尺　十六包 一、金貳圓　十六封 一、金壹圓五拾銭　十六封 一、金壹圓　十六封
12月31日	新潟市内西大畑某氏より年々の例としてフランネル四尺物十枚、サルマタ五枚寄贈。
大正15年1月25日	故横尾彦太郎氏未亡人の遺言に依り金六拾圓寄贈。
2月10日	新潟市下大川前通一ノ町椎谷ヨシ子より故マキ子の遺志に依り金五百圓指定寄附。
3月5日	刈羽郡石地町山岸良雄氏より亡父死亡の際受けられたる香典金参百圓指定寄附。

出典：『新潟県社会事業協会会報第5号』大正15年3月

活していたかという点などについても確認することができず、施設の概況を確認した程度という見方も否めない。昭和7年以降の救護院時代の

研究については別の機会に発表させていただくつもりでいる。

【注】

1) 星野吉曹（2007）「戦前期新潟県の養老事業小史（1）- 新潟県の養老事業の始まりから、新潟県社会事業協会の新潟養老院設置と撤退迄 -」『北信越社会福祉史研究第6号』北信越社会福祉史学会
2) 新潟県慈善協会（1919）『新潟県慈善協会第一回会務報告書』
3) 前掲2)
4) 新潟県社会課（1927）『新潟県社会事業概覧』
5) 新潟県社会事業協会（1926）『新潟県社会事業協会会報第五号』
6) 前掲5)
7) 新潟市社会事業助成会（1932）『新潟隣保館成績概況』
8) 前掲5)
9) 田代国次郎・畠中耕（2008）『現代の貧困と公的扶助』社会福祉研究センター、p104
10)「新潟新聞」大正12年1月27日・28日付
11) 前掲5)
12) 前掲1) p11
13) 前掲5)
14) 寺脇隆夫（2002）「救護法下の救護施設の実態 - 普及と施設実態、認可と補助、施設財政など - 」『長野大学紀要第24巻第3号』p27-110
15)『新潟県社会事業協会第四回会務報告』には以下のように記されている。
衛生及待遇
　食事は常に新鮮なるものを用ひ、風呂は隔日位に沸かし院内のもののみに止まらず、附近の生計豊かならざる人々にも廣くこれを解放し、尚病者に対しては速に医師の診療を受けせしめ、その多くは医科大学附属病院に於て診療を受けつつあり、其他衛生事項に関しては特に留意し、時々寝具、衣類等は日光消毒或は洗濯をなし、特に消毒を要する場合には県衛生会に依頼しこれを消毒しつつあり。

娯楽慰安

当院に収容する人達はみな無告の老者なるが救に時々近隣篤志の宗教家に依頼して法話を聴かせ、或蓄音機等を用ひてこれを慰め、其の他祭日、彼岸、正月等には相当のご馳走を食せしめ理事の小林門平夫妻及炊婦一名をして専ら其の世話を為さしめ懇切を旨とせり。

16）前掲 1）p28

本稿は、田代国次郎先生喜寿記念論文集編集委員会編『いのち輝く野に咲く草花に‐田代国次郎先生喜寿記念論文集‐』社会福祉研究センター、2012年、p57-70 を修正した。

新潟県における免囚者保護事業の展開
―大正初期の動向を中心に―

新潟県における免囚者保護事業の展開 ―大正初期の動向を中心に―

はじめに

本稿は新潟県における1912（大正元）年から1916（同5）年までの免囚者保護事業の展開を中心に、実態資料を踏まえてまとめたものである。

新潟県における明治期の免囚者保護事業では、星野吉曹による著作[1]があり、全国的な動向を扱ったものについては、戦前では原　胤昭[2]および森山武市郎[3]の著作があり、戦後では田代国次郎[4]、山田憲児[5]、佐藤勲平[6]、鈴木昭一郎[7]、安形静男[8]、守山正[9]及び金澤真理[10]などの研究がある。

1．免囚者保護事業の設立の背景

免囚者保護事業の設立の背景については、直接的には恩赦による釈放者の増大があり、これを受けて、内務省、司法省が免囚者保護事業の奨励を積極的に推し進めたこと、これを受けて、地方（道府県並びに郡市）が受け止め、免囚者保護事業について奨励し、さらに、仏教各宗派がこれに積極的に呼応した。

しかし、これだけではなく、犯罪者の急増、これに対応できない監獄の収容能力の限界があり、さらに監獄経費の問題とくに、物価の高騰による食費、薪炭費の暴騰が大きな問題となった。監獄経費に関連して、監獄で働く看守の待遇についても監獄の改善問題となっていた。

1）囚徒の増加　1912（明治45）年末、「囚徒の増加」について、東京出獄人保護所の原胤昭が以下のように述べている。囚徒の増加は1909（同42）年の新刑法実施の影響により累犯者の刑期を長くし、改悛の見込み少ない掏摸については重刑を科すことになり、自然在監者が増加した。1907（同40）年ごろまでは全国平均5万3千人位であったが、1909年末の統計では7万2,436人となり、それが1911（同44）年

末に減じて6万8,000人であった。当時の監房の収容は約5万人が限度であった。加えて犯罪は東京、大阪などの都会地で激増し、それがため、あふれた囚徒が地方の監獄へ回された。また、許容量を越した囚徒の激増に対して、仮出獄を頻繁にするような傾向となり、1年6ヵ月の刑期から無期刑の者まで仮出獄させるようになった。仮出獄は1903（明治36）年までは300人から400人位であり、37、38年の日露戦時下は特別事情で2,400から2,500人の仮出獄をゆるしたが、1910（同43）年は1,600人、1911年は4,000人の仮出獄であった。囚徒の改悛で仮出獄ならよいがこれが監房不足からだとする甚だ面白からぬこととし、これにより却って再犯の機会を作りやすくし、これにより在監者激増して収容監房が不足となり、それは犯罪者増加の原因となりまた仮出獄を許して姑息的、弥縫的手段をとるのは司法当局者の一代失態と述べ、併せてこうした状況は経費の不足からきたすと述べ、社会一般が哀れな犯罪者の上に多大の注意を向ける様にならねば、根本的な監獄改良は出来ぬと思う、と述べている[11]。

　原が言及するように、1909年の刑法改正により、累犯者の刑期を長くすることになり、刑務所の囚人が増加し、そのため刑務所の収容の許容量の限界を超すことになり、仮出獄者を大量に出さねばならなくなった。それが免囚保護事業対象者の増加となり、民間の免囚者保護事業への期待が高まることに連動した。

　2）監獄費の問題　谷田監獄局長は在監人の食料はサイゴン米、ラングーン米、台湾米で麦は極めて劣等なものを用い、その額70万石経費179万1,371円にして40年来の予算を踏襲し、米1石12円50銭、麦8円50銭の見積もりが、近時の米麦の暴騰により外国米17円台、麦15円台となった。そのため、1石につき3円の超過となり、予算が20万円の不足となり、その不足は予備費で補てんすることになると、述べている[12]。

　谷田監獄局長は、刑務所の食糧費は外国の米麦の急騰のため全体で20万圓不足と述べている。

実際に、新潟県の状況では、新潟監獄署の三池典獄が語るに、当監獄には未決囚も含めて750人の人がおり、そのうち女囚が30人であった。飯の需要は1人平均して1日5合3勺で、飯の内容は麦が6分で米が4分の割合、米は外国米である[13]。米価の影響は在監者だけではなく、監獄で働く下級官吏看守の月給は12円から13円で、これで5ないし6名の家族を養っていかねばならず、看守は概して生活困難であるが、米価昂騰で普通のやり方では生きておることもできないと状態だ、と述べている[14]。看守の待遇問題も監獄改良の課題となっていた。新潟監獄の囚人の1日1人平均の生活費は精細に計算すると11銭であった。これを5人家族だとすれば月に16円50銭で、これに家賃4円を加えると20円50銭はないといけないわけだが、最下級の月給取りにはこの20円50銭という収入のないものが少なくないように見受けられ、このほかに衣服費、交際費、医薬費を加えると、どんなに倹約しても5人暮らしで25円は必要となる。月収20円以下の官吏は、ほとんど囚人同様の生活に甘んじているといえる。これは全く天下の一大奇観、一大矛盾といはねばなるまいかと思うと、三池典獄は語っている[15]。

　さらに、眞木司法省経理課長は囚人の食物費は前2ヵ年の平均を標準とし主食物たる米麦の価格見積もりは現在米1石12円麦1石8円50銭として前3ヵ年在監囚徒数平均に応じ計算し、在監人総数は約7万4千人で、狂的騰貴により主食物の予算不足の見積もりが少なくとも8、90万円あるいは100万円となる、と語った[16]。

　このように、谷田監獄局長は先に監獄の食糧費は20万圓不足と述べたが眞木司法省経理課長は8, 90万円から100万円不足と述べている。監獄の食糧費は国の財政上からみても大きな問題となった。

　3）恩赦による釈放者の増大　床次内務次官は、一時に2万人以上の囚人が特赦恩赦により釈放されるが、これら免囚者の保護は国家社会政策上もっとも必要な事であるが、内務省にこれに関する機関十分ではなく、司法省の管轄において各府県には免囚保護事業があり、年々同事業の奨励に努めつつあるのでその大部分はここに収容しもしくは職業を与

えて遷善良民たる道を講じている。これらの設備のない地方では出獄時予めその者の行先引き取り人の有無を訊し、免囚の到着するころまでにはその町村役場にその旨を通達して郡長町村長駐在巡査等の協力を得て、一方適当なる職業を与える外一面には調査監督を十分に行い、再び国法に触れないことを期す筈であるが地方においても徒にその罪を悪まず寧ろ進んで改善の域に導くよう心掛けねばならぬ、と述べている[17]。床次内務次官は免囚保護が国家社会政策上もっとも必要なことと述べているが、それを国費で対応するのではなく、民間による免囚保護を奨励した。それは次に取り上げる一連の国の各通牒に表れていた。

4）免囚者保護について国家行政の対応
「恩赦出獄人保護ニ関スル件」　大正元年9月12日
　　　　　　　　地第894号内務次官通牒
　今般在獄舎ニ対シ恩赦行ハルヘキヤニ候處右恩赦出獄人ヲシテ再ヒ犯罪者タラシメサル様相当保護ノ途ヲ講シ候事ハ最モ緊要ノ義ニ有之平素ニ於テモ出獄人保護ニ関シテハ夫々御注意相成候事トハ存候得共地方ニ依リテハ未タ保護規程ノ設ケナク又保護機関ノ備ハラサル所モ之或ハ其ノ設備アルモ其ノ活動十分ナラサル向モ有之哉ニ聞及ヒ候就テハ此ノ際左記事項御配意相成候様致度尚今回宗教家ニ於テモ此ノ事ニ関シ大ニ盡瘁セントノ希望ヲ有シ本省並ニ司法省ヘ申出ノ次第モ有之候ニ付篤ト地方当局者監獄当局者と協議シ其ノ指導ヲ受クヘキ旨相示シ置候間経営上ニ関シ申出有之候節ハ可然御取計相成度司法省ヨリ協議ノ次第モ有之依命此段及ヒ通牒候也

一出獄人保護規程ノ設ケナキ地方ニ於テハ便宜之ヲ設定シ並ニ一般官民ニ出獄人保護ノ必要ヲ周知セシムル様御配慮相成度事
一既ニ保護規程ノ設ケアル地方ニ於テハ此ノ際特ニ其ノ実行ヲ奨励セラレ度事
一出獄人保護機関ノ設ケナキ地方ニ在リテハ監獄官及有志官民ト商議シ其ノ設立ニ尽力セラレ度事

一既ニ保護機関ノ設ケアル地方ニ在テモ必要ニ応シ其ノ拡張及改善ニ協力セラレ度事
一出獄人ノ身上ニ関シ監獄又ハ保護者ヨリ事実ノ取調方を照会シ来リタルトキハ成ルヘク詳細ニ且迅速ニ回報ヲ為スヘク其ノ他出獄人ノ保護若ハ引渡ニ関シ嘱託アリタルトキハ成ルヘク便宜ヲ與フル様警察官署並市町村長ニ訓令相成度事
一出獄人帰郷シタル場合ハ親族舊故各種ノ救済事業矯風団体教育家有志寺院教会等相互連絡シ保護ヲ遺憾ナラシムル為市区町村当局者ヲシテ十分同情ヲ以テ斡旋盡力スル様御諭示相成度事
一出獄人ノ保護ハ一箇所ニ集合シテ保護スルヨリモ適当ニ分散シテ職ニ就カシムル方効果多カルヘキニ依リ保護会宗教家等ニ於テ引受ケタル場合ト雖可成速ニ之ヲ個人又ハ団体ニ紹介シ適当ノ職ニ就カシメ自活ノ道ヲ立テシムルヲ目的トシ可成多数者ヲ同一場所ニ長ク寄宿セシムルヲ避ケシメ度事
一出獄人保護ノ目的ヲ充分ナラシメンカ為生業扶助職業紹介等ニ関シテハ特ニ相当ノ便宜ヲ與ヘラレ度事追テ監獄官ヘノ通牒及宗教家ヘ交付セシ希望事項為御参考別紙添付致候也[18]

　この通達によれば、①出獄人保護の必要性について、一般官民へ周知すること、②出獄人保護の規程ある地方はその実行を奨励し、③出獄人保護機関のない地方は監獄官と官民有志により、その設立に尽力を、④すでに出獄人保護機関のあるところは、その拡張・改善に協力すること、⑤出獄人の身上に関し監獄及び保護者より、取り調べ方の照会があれば、速やかに詳細かつ速やかに回報し、出獄人の保護もしくは引き渡しに関し嘱託があればなるべく便宜を与えるよう警察官署ならびに市町村長に訓令すること、⑥出獄人の帰郷の場合は、親族、故旧、各種の救済事業、矯風団体、教育家、有志、寺院、教会等相互に連絡をして保護を遺憾ないようにするため市区町村当局者をして十分に同情をもって斡旋尽力するよう諭示すること、⑦出獄人の保護は一カ所に集合して保護するよりも適当に分散して職に就かせることが効果多く、保護会、宗教

家等に於いて引き受けた場合といえどもなるべく速やかにこれを個人または団体に紹介し適当の職に就かせて自活の道を立てさせるのを目的とし、なるべく多数者を同一場所に長く寄宿させるのを避けたい、⑨出獄人保護の目的を十分にするためには生業扶助、職業紹介等に関しては特に相当の便宜を与えられたいこと、を挙げ出獄人保護の方法やその原則が示されている。

　この通達に関して、新潟県では新潟新聞が以下のように報道している。

　「免囚保護事業は元来内務省の所管であるが司法省にてもこれに関係し現に保護金の予算を要求しているが、内務省は今回の恩赦の大詔に対しての大要を各地方長官に発した。

　一司法官等より出獄人の身元に関し照会し参りたる際は市町村をして丁寧迅速に之が便宜を与えとむべきこと

　一免囚保護に関する訓令県令等を有するものは之が励行に努め、是れなきものは此際訓令県令を発令すべきこと

　一出獄人保護会の設けあるものは十分活動を奨励し其設けなきものは此際之が設置に努めしむること

　一過般京都に会合せし仏教徒等は各派聯合の上此際出獄人保護に努べき決議をなせし如く此際宗教の力を藉るに注意すべきこと

　一出獄人は成るべく親族の引取を勧告すべき親族なき者にして□て保護機関に依嘱する事[19]」

　恩赦令の発布により多数の出獄者となるが、今回は英照皇太后崩御の際は出獄者に対して監視を附する制度がないため免囚者の取り締まりに各警察もその処置に窮したが、今回司法省は19日付けで以下の趣旨を道庁各府県並びに監獄に通達し善後の策につき遺漏なきことを期し。先ず免囚者は成るべく郷里に帰りて家庭に居らしめ就役中の貯金賞与金などは出獄に際し必要の額だけを渡し剰余はこれを町村役場もしくは警察署保管せしめ、仏寺の檀徒は同寺住職において保護監督し、出獄者に遇する際には、成るべく犯罪者なりとの印象を与えないよう注意し、再犯

の虞れある者に対しては教誨師を派して時々教誨を加え、また出獄者は能う限り公共団体の労役に従事させるように取り計らいをすべし、と[20]。

　この司法省の通達に於いても、免囚者はなるべく郷里の家庭に居らしめ、就役中の貯金賞与金などは出獄に際し必要な額は渡し、剰余金は町村役場か警察官署で保管し、仏寺の檀徒は同寺住職が保護監督し、出獄者を扱う際はなるべく犯罪者であるという印象を与えないよう注意し、再犯の虞れの或る場合は教誨師により時々教誨を加え、出獄者なるべく公共事業の労役に従事させるなど、免囚保護の方法や原則が示された。

「恩赦令発布と共に各監獄より釈放さるべき囚徒出獄の處置取扱に関しては主に司法省監獄局所管として当路者の考慮に係るべきも之をして家庭の人たらしむると共に可成正業に就かしむる方法を講じて以て聖旨の徹底を期せんとせば先づ以て大体に於て之を囚人扱ひせざる方針を主要なる眼目とせざる可らざれば此関係より自然地方当路者殊に市町村並に警察当路者の協力一致を必要とすべきを以て内務省は既に此点に対して地方庁に訓令を発したるが愈々恩赦令発布の上は其細目に関するものに就て更に具体的の訓令を発すべく以て恩令の御趣旨をして闊然する所なからしむる筈なり[21]」、と内務省水野地方局長は述べている。内務省地方局では市町村並びに警察当事者の協力一致につき訓令を発したがさらにその具体的内容の細目について訓令するとのことであった。

「▲内務省の出獄者保護に関する希望事項
一、出獄者保護の事に当るには先づ監獄当局者並に司法当局者と充分なる協議を遂げられたき事
一、出獄者は可成郷里又は家庭に帰らしむるを適当とすべきにつき出獄の前後共可成其方法を容れしむる様相当方法を講ぜられ度き事
一、監獄当局者並に司法当局者との打合につき各宗協議の上便宜上代表者を定めて之に一任し事項を各宗派に通知するは相互に便宜なるべし然し寺院に於て出獄者の保護又は引受を為すにつきては各宗派の間に充分の協議を遂げ檀徒以外の者と雖も之を保護し又は引受くる事

一、出獄者に対して聖恩の優渥なる事を充分諒知せしめ改悛の実に挙げしむる事
一、出獄者の保護又は引受けに当り多数の人々一ヶ所に収容するときは悪しき誘惑を受け易きに依り可成　各寺院に分配し速に檀徒其他に紹介し職業を得せしめ永く多人数を一ヶ所に留むるを避くる事
一、出獄者の保護訓導に付ては公人私人に対し犯罪者たりし事の印象を与え為に其生活の妨となる事無き様注意せられたき事
一、出獄者にして在監中の貯金を携帯するものあれば可成之を郵便貯金を為さしめ其引出に付ては受取人若しくは連署引出の方法に依らしめ相当監督を為し消費せしめざる様注意せられ度事
一、出獄者にして一戸を成すに至るも引続き其の生活状態職業状況等に注意を払ひ其相談
相手となり又は指導者たる事に注意せられ度き事
一、一旦保護したる出獄者に対し永く関係を断たず引続き保護監督の実を挙げられ度き事
▲司法省の希望事項
一、檀徒に対して新たに出獄するもの有る時は菩提寺は進んで其者を迎へ自引取人となり出獄後の生計並に各部関係等に付き充分に斡旋の労を取り爾後引続其者の監督輔導に盡力せられむ事を望む
一、監獄及免囚保護会と協議の上必要に応じ寺院の一部を臨時出獄人収容に充てられむ事を望む
一、右の外猶監獄及免囚保護会に於て処理する保護事務殊に本人が出獄後に於ける生活方法の考究職業の紹介本人を其近親、親族古舊間の居中調停に努力せられむ事を望む
一、監獄の本監およ分監の所在地に今尚出獄人保護会のもうけなき場所には新に設立の計画を定められむことを望む
一、機会ある毎に世人に対し出獄人を悪むべき者にあらずして寧ろ憐れむべき者なりと出獄人に同情し之を保護するは獨り人道の要求たるに止まらず刑事政策上大犯防遏の最良手段にして之吾人及社会の利益を確保する為め必要条件たる事を説明し保護思想の普及に努められん事

を望む[22)]」

　1912(大正元)年10月、内務省および司法省の出獄人保護事業に関する希望事項を訓令した。その中にはさらに詳しくきめ細かな免囚保護の方法が示されていた。

　なかでも、出獄者が一戸を成しても引き続きその生活状態職業状況等に注意を払い相談相手となりまたは指導者である事に注意されたいこと、一旦保護したら出獄者に永く関係断たず引き続き保護監督するように、監獄及び免囚保護会と協議のうえ寺院の一部を臨時出獄人収容に充てることを望む、監獄の本監および分監の地に今なお出獄人保護会の設置のない地に新たに設立計画を定めることを望む、などが新たに加わった。しかし、内務省や司法省が希望する保護の方法についてはケースワーク的な対応のものがあり、専門的な訓練も受けていない仏教関係者に担えるものではないと思われる。

　司法省監獄局長の谷田三郎は「現代の国家及び社会では一つの有機的組織体にして、国家社会に於ける制度文物は何れも総合牽連の関係を有志…仮に国家の立法、司法、行政は何れも其任務を了し、犯罪鎮圧の働きに於いて何らの欠点なしとするも、社会に於ける教育、宗教、恤救、矯風、保護等の機関完備せざれば、犯罪の原因を杜絶し、其発生を予防すること能はざるべし…」と述べている[23)]。すなわち、犯罪を防遏するには国家における立法、司法、行政だけではなく、社会における教育、宗教、恤救、矯風、保護などの機関が完備されなければならないとしている。さらに、谷田は「私の愚見では保護事業なるものは性質上社会的事業に帰すべきものであって国家的事業ではないのである[24)]。すなわち、国は刑事制度の整備強化をし、放免された免囚者の保護は社会的事業が担うべきとし、とくに、民間の宗教家や有志が担うように奨励している。

「出獄人保護ニ関スル件」　大正元年11月4日

地大 1921 号地方局長通牒

出獄人保護ノ義ニ関シテハ当省次官ヨリ通牒ノ次第モ有之夫々御配意相成候處宗教団体ニ於テモ既ニ事業ヲ経営シ又ハ着手シタル向不尠其ノ未タ着手ニ至ラサル地方ニ於テモ各宗派ノ間ニ在テハ連絡保護ノ方法ヲ計画スヘキ機運ハ熟シ居ルニ不拘互ニ其ノ発起ヲ談合フノ気配ニテ其ノ着手ヲ遷引シ居ル向不尠哉ニ付テハ已ニ夫々御配慮ヲ得タル地方モ有之候得共其ノ他ノ地方ニ在リテハ此ノ際各宗派ニ対シ当局者ノ側ヨリ斡旋仲介ノ労ヲ採リ之カ着手ヲ促サシ候ハ自然進行モ速カナルヘクト存候郡市長其ノ他当該官憲ヨリ指図ヲ得候様致度旨申出候次第モ有之候ニ付可然御措置相成候様致度

追テ地方ニ於ケル宗教家ノ主ナル人名簿並ニ派内ニ於ケル訓達等提出候ニ付御参考ノ為添付候也[25]

地方局長が「出獄人保護に関する件」を宗教団体に通牒し、免囚保護事業を奨励した。

・谷田監獄局長談

「先づ人の改良　現在の監獄が其設備及行政上に於て完全のものに非ざるや云ふ迄もなき所先づ監獄官吏なり就中最も囚人に接近し居る看守なり而して其数は全国に於て実に八千余人なり今之か俸給の平均額を見るに一人宛金十五円なり現在の社会状態より見て月報十五円を以て完全に近き人材を得るは到底不可能なるのみならず其勤務時間よりするも他の官吏に比して甚だ不公平なれば之に改良を加へ以て人材の登用を期せざるべからず

次は建物改良　行刑の目的を完全に達成せんとせば設備も亦完全にするを要す然るに我全国の監獄を見るに殆ど完全なるもの無し云ふも差支無し従って未決囚の如きも悉く分房に拘禁する能はざる結果往々証拠隠滅等のことあり且つ経済の点より見るも年々歳々風雨の為め各所に破損を来し之れが修繕に要する費用亦尠からざれば之れを完全なる建造物となし得ば此の憂いなし[26]」と谷田監獄局長が述べている。監獄改良は免囚保護には直接関連するものではないが、在監中の囚徒の処遇に関連

するものであり人権上看過できない。

　恩赦については1912（大正元）の後、1914年、1915年と3度にわたった。以下に、その後2回の出獄人保護の通牒等を挙げておく。

・免囚保護の通牒
　内務省にては恩赦出獄人の保護事業に付曩日来文部司法の了承と協議中なりしが今回大隈内相は渡邊地方局長、安河内警保局長並に柴田文部省宗務局長に命じて各地方長官に対し左の通牒を発せしめたり[27]
　　　　以下略

・減刑出獄人保護ニ関スル件
　　　　　　　　　　大正3年6月8日
　　　　　　　　　　　発地第52号地方、警保、宗教3局長通牒
　今般勅令第104号を以て減刑の件公布相成候に付出獄人ある場合には大体大正元年9月12日地内9号通牒の趣旨に準し御取扱相成度旨内務次官より通牒相成候處右出獄人保護の義に関して従来御配意に依り宗教家篤志家其の他慈善団体等に於て相当保護の方法を講し今や保護機関の設けあらさるの地なきの状況に候得共曩に大正元年9月の恩赦令に依り出獄したる者にして再ひ犯罪者となりたるものも不尠趣に有之是等は諸種の事由に基き敢て保護上の不備にのみ因るものと云ひ難かるへきも今回恩赦に依り出獄する者に於て再ひ斯の如きことありとせは恐懼に堪へさる次第なるを以て既に之か救済に従事する者は勿論一般宗教家篤志家等を一層誘掖指導せられ保護に関する設備を始め職業の紹介授産の方法其の他訓化の道に於て十分の留意を為さしめ以て聖旨に奉答し救済の実を挙けしめんことを期せられ候様致度[28]

・大禮ニ際シ恩赦出獄人保護ニ関スル件
　　　　　　　　　　大正4年11月10日
　　　　　　　　　　　秘第2213号内務次官通牒
　大禮ニ際シ本日恩赦ノ義仰出サレ候ニ就テハ右恩赦出獄ノ保護ニ関シ

テハ大正元年9月12日地第894号通牒ニ依リ御取扱相成度尚従来出獄人ニシテ再ヒ犯罪者トナリタルモノモ不少趣ニ候處今回ノ恩赦ニ依リ出獄シタル者ニシテ累ネテ犯罪者トナルカ如キコト有之候アハ恐懼ノ至ニ付現ニ保護ノ局ニ當レル者ハ勿論宗教家等篤志家等ヲ誘掖指導セラレ改過遷善ノ實ヲ挙ケシメ候様御留意相成度[29]

　1914，1915年いずれも1912年の通牒に準じて出獄人を取り扱うように通牒していた。

　5）仏教徒の動向

　こうした国の免囚保護についての意向を受けて、仏教界も積極的に呼応した。関東関西各宗代表者は去る1912年9月4日、京都西山派誓願寺に於いて協議会を催し、同9月12日、芝増上寺にて各宗派管長代表者が打ち合わせ会をした結果、この際各宗派は互いに連絡を取り、それぞれ全国末寺を督励し地方の状況により保護会既設のものは将来なるべく奨励して益々その効を図り又未設の箇所には各宗僧侶が中心となり、官民共同して新たに保護機関を創設せしめるように努とめ、追って東京に各宗連合免囚保護協会本部を置き当局者の意見に基づき地方保護会の統一指導の任に当たることとなった。そして実際的施設についての方法注意事項等は便宜上谷田監獄局長に起草を依頼し、一両日中に脱稿の予定で、各宗務所では、実際的施設の方法注意事項等の成案を添え全国末寺に訓令を発する筈であった[30]。

　「仏教各宗派にては先帝御登□以来しばしば会合し仏教各宗派連合にて免囚保護事業に従事し以て、先帝の威澤を普霑する事に努力すべく発起し、京都各派仏教各重役信徒連盟にて内務司法両省の主義希望を聞き各宗派重役会議にて決定し愈よ共同一致免囚保護事業に従事する事に決定し各宗派本院寺院より一般寺院に対し本事業実施心得準則及び諭達を交付したれば、今後各地に於て免囚保護事業の隆起を見るべしと」[31]。

　免囚保護に関しては仏教各派懇談会東京委員主となり、過般来しばしば会合して協議中であったが今回いよいよ具体的成案を見るに至り、そ

の成案によれば各宗連合の免囚保護機関を設け、これを慈済会と名付け各宗派による各支部を設け互に連絡を図り、免囚中その宗派に属する檀信徒を保護するものにして本部は当分芝公園内浄土宗々務所内に置き、各宗派は本月中にそれぞれ支部を設置した上来月初旬さらに会合を催し、諸般の打合せを行うが司法省当局並に教誨師等の希望もあれば免囚を多数同所に収容せず親戚又は相当保護者に於て引取る迄これを収容し、若くは就職の紹介を為すに止めると云う[32]。

2．新潟県内免囚保護の展開（1912 年～ 1916 年）

1）大正初期における免囚保護事業の展開

1912（大正元）年 9 月、明治天皇の大葬に際しての恩赦により、免囚者が多数にのぼり、その保護のため、司法省は民間篤志家に呼びかけ、保護の万全を期した。これに仏教各宗が積極的な反応を示し、免囚保護事業に乗り出した。仏教王国である新潟県も同様に積極的に呼応し、大正元年から同 5 年の間に 24 カ所の免囚保護団体が結成された。1913（同）年には新潟県保護会内に県内の免囚保護会の連絡統一のための新潟県連合保護会が置かれ、さらに、1914（同 3）年 5 月、新潟県より「出獄人保護規程」が訓令され、これにより、1915 年 10 カ所、1916 年 5 カ所結成された。1915 年が新潟県における免囚保護会結成のピークであった（表 1）。

・新潟聯合保護会の動向

新潟聯合保護会主催は 1915 年 9 月 11 日、12 日、新潟監獄楼上において県下及び隣県保護会協議会を開催した[33]。

聯合保護会協議の結果は以下の通りである[34]。毎年一回以上隣県保護会の主任打合会を開き保護事業上の協議を遂げ度き事（提出者信濃福寿園）可決打合会の主催者は今回会同の新潟、長野、富山、福島、山形、群馬の外猶ほ他県保護会を参加せしむるを得る事明年は信濃福寿園主催者為る事

〈表1〉 新潟県免囚者保護事業団体一覧

	設立年月	団体名	位置	出典
1	1885（明治18）年10月	愛衆院	新潟区（新潟市）	①
2	1889（同22）年	新潟県出獄人保護会	新潟市	③
3	1906（同39）年6月	清風園保護会	中頸城郡高田町	②
4	1912（大正元）年10月	中越悲田会	長岡市長岡警察署内	③
5	同年12月	相川各宗慈済会	佐渡郡相川町大乗寺	③
6	同年12月	新穂村佛教慈教会	佐渡郡新穂村乗光坊	③
7	1913（大正2）年5月	栃尾郷慈恵会	古志郡栃尾町大字栃尾	③
8	同年9月	三島郡保護会	三島郡役所内	③
9	同年12月	吉井村佛教慈恵会	佐渡郡吉井村	③
10	1914（大正3）年1月	葵博善会	南蒲原郡加茂町加茂	③
11	同年7月	佛心会	南蒲原郡見附町見附警察署分署内	③
12	同年11月	東頸城郡佛教団免囚保護部	東頸城郡安塚村	③
13	1915（大正4）年1月	中魚沼郡各宗徳化救護会	中魚沼郡十日町警察署内	③
14	同年7月	東蒲原郡慈教会	東蒲原郡津川町3313	③
15	同年7月	中頸城郡高田市慈善協会	高田市中頸城郡役所内	③
16	同年7月	北魚沼郡北部保護会	北魚沼郡役所内（小千谷町）	③
17	同年8月	岩船郡慈雲会	岩船郡村上町岩船郡役所内	③
18	同年10月	中蒲原郡慈済会	中蒲原郡役所内	③
19	同年10月	北蒲原郡免囚保護会	北蒲原郡新発田町	③
20	同年11月	南魚沼郡六宗聯合免囚保護会	南魚沼郡塩沢町長恩寺	③
21	同年12月	北魚沼郡南部保護	北魚沼郡小出町正圓寺	③
22	1915年	南魚沼郡曹洞宗免囚保護会	南魚沼郡上田村大字雲洞	③
23	1916（大正5）年1月	南蒲原郡弘済会	南蒲原郡三條町	④
24	同年2月	西蒲原郡慈照会	西蒲原郡巻町西蒲原郡役所内	③
25	同年7月	刈羽郡慈済会	刈羽郡柏崎町刈羽郡役所内	③
26	同年10月	佐渡郡佛教慈済会	佐渡郡相川町大字廣間町	③
27	同年11月	五泉和合会	中蒲原郡五泉町興泉寺町内	③

注1） 星野吉曹『明治期新潟県社会福祉資料集（二）』平成13年①
注2） 原　胤昭『出獄人保護』天福堂、大正2年②
注3） 新潟県『新潟県感化救済事業概覧』大正7年③
注4） 吉井村教育会『吉井村現勢』吉井村教育会、昭和2年④
注5） 新潟県保護会『更生保護　つれづれ百年』新潟県保護会、2006年）

二、打合会は保護事業上相互の便宜を計り有効ならしむる事、同上可決
三、中央保護会、輔成会へ提出可き議案は打合会に於て豫め協議を遂げ
　　其会に参同したる各保護会の聯合を以て提出する事、以上可決
四、各保護会は相互に連絡して便宜を交換する事、提出者会津保護会

可、可決
五、監獄と各保護会は互に聯絡して相互の便益を計る事、以上可決
六、有期懲役受刑者中改心の認め難きものに対し釈放後再販豫防のため監督保護を有効ならしむる規定を設くる事を中央保護会より建議する事、提出者新潟出獄人保護会、可決
七、作業賞與金を濫費せしめず之を有効ならしむる規定を設くる事を中央保護会より建議する事、同上可決

・「新潟県「出獄人保護規程」の制定（1914年5月25日）
　本県にては今回出獄人保護規程を制定し市町村をして出獄人保護を為さしめんとする意志を表示し昨日県報号外訓令第十一号を以て公布せるが其の大要左の如く市町村長は其の区域内の出獄人にして保護を要するものと認むるものあるときは左記各号に修り之を保護すべく所轄警察官署は市町村長の出獄人保護に関し必要なる援助をなすべしとなり

　出獄人保護規程
一、所轄警察官署と協力して常に出獄人の素行の良否業務の勉否及生計状態等に留意し懇篤に之を教導感化する事に努むること
二、所轄警察官署と協力して諸種の機会を利用し出獄人に対する保護思想の普及を図ること
三、出獄人をして速やかに正業に就かしむる様盡力すること
四、出獄人にして自ら業務を得ることを能はず且親族故舊等に於て之を保護し能はざる事情あるときは適当なる業務を得せしむることに盡力すること
五、公共団体の労役には可成出獄人を使役すること
六、出獄人の労役賃金、監獄より送付を受けたる出獄人の所持金又は業務上の収入余金等は可成之を銀行又は郵便貯金を為さしめ其預金通帳は市町村長又は其の委嘱者に於て之を保管する等専ら勤倹貯蓄の奨励に努むること
七、出獄人にして特に其の業務に勉励し又行状善良にして改悛の情顕は

れたりと認むる者に対しては所轄警察官署と協議し便宜適当なる奨励の方法を講ずること
八、本條第一号、第二号、第七号に関しては宗教家教育家其他篤志家の協力を求むること
九、其他必要と認むる手段に依ること
尚ほ市町村長は出獄人の保護に関し出獄人保護会に之を委嘱することを得るも様式に依る保護人名簿を備え保護すべき出獄人に関し所定の事項を登載し其他通報等手続きを為すべく郡長は之に関し町村長を監督すべしと[35]」

　第八号に、出獄人の教導感化、出獄人に対する保護思想の普及、出獄人にして改悛の情ある者に適当なる奨励の方法を講ずることについては宗教家、教育家、篤志家の協力を求むることとあり、免囚保護の実際は民間の宗教家、篤志家が担うことが制度化されている。

　2）新潟県内免囚保護会の諸傾向
　免囚保護會の諸傾向についてみると、①組織は会員組織であり、②会の維持については、各団体により相違がみられた、新潟県連合保護會は補助金（県や市が想定される）寄付金、各免囚保護団体からの負担金、新潟県保護會は司法省の奨励金、県市の補助金、寄付、雑収入とあり、この2団体以外にも、6団体が司法省から、あるいは郡や村より補助金を受けたが、その他は会員の醵出金や基金の利子、寄付などに依っていた。中には托鉢による喜捨金、また、慈善演芸会を開催してその純益を維持費に充てる団体もあった。③資産については、資産なし（6団体）から基金4,510圓の団体まで幅がみられるが、100円から500円以下の団体が8カ所みられ（表2）、財政的に厳しく、それを反映してか、④保護の実践では、保護成績なしが2カ所みられ、一時保護10人のみ、間接保護14人のみの団体も見られた。基本資金も乏しく、また、会員の拠出金や寄付一般から寄付金を経営資金とする脆弱な経営基盤のもとでの免囚者保護事業には限界があり、保護の方法では、収容保護は3団

体のみで、間接保護と一時保護の団体が多数を占めた。また、家族保護を行う団体もあった。収容または救護者数及び収支の状況は表3の通りであった。免囚保護会の中には、免囚保護だけではなく、地域の貧困者に対する各種の救済事業などを行う団体もあった。

〈表2〉 新潟県免囚者保護施設の資産（基金）の状況（1917年末調査）

	団体名	資産（基金）
1	新潟県出獄人保護会	4,510 円
2	中越悲田会	628 円
3	相川各宗慈済会	28 円
4	新穂村佛教慈教会	100 円
5	栃尾郷慈恵会	506 円
6	三島郡保護会	91 円
7	葵博善会	50 円
8	佛心会	521 円
9	東頸城郡佛教団免囚保護部	ナシ
10	中魚沼郡各宗徳化救護会	886 円
11	東蒲原郡慈教会	293 円
12	中頸城郡高田市慈善協会	ナシ
13	北魚沼郡北部保護会	ナシ
14	岩船郡慈雲会	ナシ
15	中蒲原郡慈済会	269 円
16	北蒲原郡免囚保護会	2,349 円
17	南魚沼郡六宗聯合免囚保護会	105 円
18	北魚沼郡南部保護会	335 円
19	南魚沼郡曹洞宗免囚保護会	503 円
20	西蒲原郡慈照会	113 円
21	刈羽郡慈済会	28 円
22	佐渡郡佛教慈済会	ナシ
23	五泉和合会	ナシ

注）新潟県『新潟県感化救済事業概覧』大正7年
注）東頸城郡佛教団免囚保護部は資金1500円を募集の計画あり

〈表3〉 新潟県免囚者保護施設の収容又は救護者数および収支の状況(1917年末調査)

	団体名	収容又は救護者数	収　入	支　出
1	新潟県出獄人保護会	100人	2,318円	1,232円
2	中越悲田会	35	209	49
3	相川各宗慈済会	12	8	8
4	新穂村佛教慈教会	―	19	19
5	栃尾郷慈恵会	14	430	198
6	三島郡保護会	21	1,006	1,006
7	葵博善会	7	58	40
8	佛心会	84	408	390
9	東頸城郡佛教団免囚保護部	39	245	245
10	中魚沼郡各宗徳化救護会	74	1,896	1,896
11	東蒲原郡慈教会	7	89	24
12	中頸城郡高田市慈善協会	19	384	384
13	北魚沼郡北部保護会	6	44	44
14	岩船郡慈雲会	1	202	17
15	中蒲原郡慈済会	―	139	39
16	北蒲原郡免囚保護会	13	130	130
17	南魚沼郡六宗聯合免囚保護会	13	41	41
18	北魚沼郡南部保護会	―	206	11
19	南魚沼郡曹洞宗免囚保護会	10	30	30
20	西蒲原郡慈照会	―	26	26
21	刈羽郡慈済会	5	71	32
22	佐渡郡佛教慈済会	―	75	10
23	五泉和合会	―	31	31

注）新潟県『新潟県感化救済事業概覧』大正7年

　明治天皇大喪により近日中に大赦、特赦、復権の発表あるが、新潟県では本県参事会議場に1912（大正元）年9月26日、出獄人保護に関する協議会を開催した。出席者は三池典獄、吉田新潟市長、高野新潟警察署長、堀出獄保護会事務員、県側より石川内務部長、藤澤地方課長、同課土屋、大平二属等であった[36]。

3）新潟県内出獄人保護の展開

①新潟県出獄人保護会

「沿革の大要　明治22年内務省は各府県知事に出獄人保護事業を計画せしむへき旨内訓せられぬよって時の新潟県知事篠崎五郎は之を時の新潟監獄教誨師光山大雲、山本法泉、一乗空現等に託して経営せしめ遂に其年9月10日を以て創立し假りに出獄人保護会の牓を市内本浄寺に掲けこヽを事務所として其事業を開始したり然るに市内の篤志家櫻井市作か曩きに北越鉄道沼垂停車場爆発事件に坐して縲絏の身となり具に鉄窓の下に辛酸を嘗め35年2月21日特赦を得て出獄するや深く囚人の境遇を憐みてこの事業に盡瘁し私費を投して市内田中町に284坪の土地を買収し屋舎を建設し總てこれを本会に寄付したりしかは其年5月を以て本浄寺よりこヽに移転す翌年1月21日司法大臣より社団法人の認可を得櫻井市作これか会長となりて爾後更に事業の拡張を見るに至れり

一、維持方法及基本財産　はじめは主として篤志者の寄附金を以て維持せしか明治41年度より司法省免囚保護事業奨励費より金300圓県費より200圓を年々補助せられ稍資金に乏しからさるに至る現在基本財産金2,744圓16銭5厘を有す

一、成績　事業開始以来収容したる免囚143名にして現在直接被保護人4名間接被保護人6名あり皆一定の職業に従事し成績共に良好なり」[37]とある。これによると当時の新潟県知事が仏教徒に託して免囚保護事業を展開したとあるが、実際の同会設立の立役者は三重県出身の警察官から看守になった杉野喜祐で、設立発起人に宗教家の名を借りて県に届け、会長に県の高官を据えて、同会は出発した。しかし翌年半ばには名前だけの休眠状態に陥っていた[38]。

それは無理もないことで、それまで公費で行われていた免囚者の保護を、公費補助もないなか民間でカバーすることになったからである。

同会を1902（明治35）年に復活させたのが篤志家櫻井市作、茨城県で免囚保護事業に尽力した経験のある柏田盛文（新潟県知事）と野口謹造（新潟監獄典獄）の三人であった。同会は翌年には社団法人となり経営は安定化した[39]。

新潟県出獄人保護会の拡張
　1912（大正元）年の特赦減刑等により多数の出獄人あることを受けて、新潟市の櫻井市作の経営に係る新潟出獄人保護会では本年度より更に工場その他を増築し百余名の出獄人を収容する計画を立て、この増築費に対し相当補助ありたる旨櫻井市作同保護会長より新潟県知事に向け申請した[40]。櫻井は1905（明治38）年より同会会長となるが、免囚者の増大を考えて同会の拡張を図った。

新潟県出獄人保護会の親睦会（1915年1月8日）
　新潟県出獄人保護会では旧新被保護人、直間被保護人の親睦会が開かれた。参加者30余名で、来賓には三池典獄、山本、関の両看守長、神谷、根津の教誨師が臨席し先ず林幹事の開会の辞の後、櫻井会長の訓辞、教誨師の懇篤な教誨があった後至極清楚な晩餐会があり福引、蓄音機などの余興があり、散会となった。この日三池典獄より金5円、櫻井キイより3円、林幹事より余興費の内へ寄付があった[41]。同会では、旧新被保護人、直間被保護人の親睦会が新潟監獄の関係者らを招いて開催された。

新潟県出獄人保護会の総会
　1915（大正4）年1月22日、新潟出獄人保護会総会を開き、大正3年度の成績報告があった。
　　一、収容して保護した総人員44名、延べ人員5,106名
　　　　内訳　・越人員　　　　　　　12名
　　　　　　　・新保護人　　　　　　32名
　　一、保護を解きたる人員　　28名　内訳　・保護の必要なきに至りたる者　9名、親族引受　5名、他人引受　6名、他の保護会へ移転　1名、退会を命じたる者　2名、無断退会　4名、死亡　1名
　　一、年末現在人員　16名

一、間接に保護したる者総人員　17名、延人員　4,216名
　　内訳　越人員　9名、新保護人　8名、保護を解きたる人員　4名（無断退会3名、犯罪入監1名）
一、年末現在人員　13名
一、一時的に保護したる者総人員　64名
　　内訳　出監者の際一時宿泊をせしむ20名、保護者を呼寄せ引渡す6名、職業の紹介を為す18名、旅費を給与す4名、停車場又乗船所迄同伴す4名、家庭の融和を計る3名、被保護者の家族を扶助す9名[42]

　事業報告よりみるに、1911（明治）44年当時の直接保護4名、間接保護6名と比べて、直接保護は44名、間接保護が17名、一時保護64名と保護人員が急増したことがわかる。櫻井らの免囚保護事業への積極的な対応があった。
　翌年1月、新潟県出獄人保護会の慰安会に新潟新聞の記者が招かれ、慰安会の様子を記事にしている[43]。

新潟県出獄人保護会の慰安会
　惻隠の心無きものは人ではない、罪を犯すような人にも、考えてみればそう一概に貶なし去る可きものでもない、場合に依っては汲んでやる可き事情もある況んや一旦過ちを改めて善に遷った以上所謂其罪を憎んで其人を悪まず出来る丈けこれを救って世の中の為めに働かすようにしてやることは人間の互の義務でもあり又た情誼でもあると思ふ。新潟県出獄人保護会の慰安会に臨んで親しく彼等の状態を視て記者は尠なからず心をうごかした。
▲保護会事務所　新潟の濱田中町、松翠にして砂白き處に保護会の事務所がある。此の土地と建物とは全部櫻井市作氏の寄附に係れるもので、明治35年以来大正4年3月に至るまで直接此處で保護した出獄人は295人あり、間接保護を與へたもの42人あったといふ、内再入監者が8人、逃亡者が25人でたが、これは彼等としては決して無理からぬ事で

これでも余程成績が好い方であるのだ、会長は櫻井市作氏、幹事には林静治氏、石橋清氏、常務取締は嘗て判事を勤めた事のある堀小太郎氏がやって居る、櫻井氏が能く社会公共の為めに尽くして居ることは誰一人知らぬものは無いが、斯うした隠れた仕事にまで尽力して居て呉れることは吾人の感謝措く能はざる所で、此日も集まって来て嘗ての被保護者が櫻井会長へ\と子が親を慕ふやうに附き纏ふて居たのは故あることで徳孤ならず必ず隣りあるといふ事は如何にも眞理であると思ふた

▲再犯者の防止　集まった人々は何れも嘗て罪を犯したものである併し過をも改めて善に遷った以上は何時までも之を憎んで居る必要は無い、然るに社会が之を救ふことなく□は罪人扱にして居るために為めに再び三たびも入監するものが数多い

　出獄人保護会の必要は茲に於て起ったのだ、出獄人を保護するといふだけの単純な考えを以てすれば何んでもない仕事の様に思はれるが併し出獄人を保護するといふ事が取りも直さず再犯者防止する所以となるのだ惻隠の心なきものは人にあらずと亞聖孟子はいって居る、社会の仁人は此等の事業にたいしても相当の助力を與ふべきものだと考へる、維持費は寄附が第一、県補助、司法省免囚保護事業奨励費、財産収入、雑収入等約一千圓の経費でやって居る、資産は總額 6,892 圓、地所 318 坪 5 合、建物 67 坪余、基金 3,200 圓、預金 67 圓、債券 200 圓となって居る。

▲主客共に平等　此日の来賓は典獄、教誨師、看守長、新聞社員を始め役員、被保護人等約 50 名主客相並んで慰安会が開かれる、二見蜻州の源蔵徳利の別れの一席があって林幹事から一場の挨拶があり、更に松山典獄が懇篤の訓示をなし終って別席で一同晩餐会に臨む、酒三行にして福引が出る、詩吟が出る、端唄が出る、今日のみは無礼講となって仕舞には樽さへ叩き出すといふ騒ぎ、常に苦り切手居る典獄も笑へば嘗て罪人であった人も其動機などを語って懺悔などもする相共に入り乱れて興がれば主客何れも平等となって罪もなければ悪もない達観すれば悪の裏は直ぐ善である、犯した罪にも懺悔すれば其罪消ゆとキリストもいっている、親鸞は善人然り況んや悪人をやともいって居る、犯した罪を悔い

て善に遷った以上何處迄もお互ひに之を救ふてやるは所謂仁の端である。

　同会の慰安会の様子であるが、免囚者への温かい待遇の一端が、新潟新聞の記者により描かれていたことがわかる。

新潟県出獄人保護会の慈善演芸会について
　新潟県出獄人保護会では1916年10月、免囚保護事業の拡張のための工場建設を計画し、そのための費用に資するため、慈善演芸会を開催することになった[44]。同年10月、新潟県出獄人保護会では、免囚保護事業拡張のため工場建築資金を得、併せて免囚保護思想の普及のため慈善演芸会を開催することになった。慈善演芸会を開催し、事業の資金を確保するやり方は当時の救済団体ではよく行われていた。

　慈善演芸会（大正5年10月28日、29日）[45]
▲活動写真　二十八日、二十九日の両夜改良座に於て開会の慈善演芸会にて映写する活動写真は第一夜は仏国ダール会社泰西探偵劇「十時の秘密」と題する長尺物にして大竹座の水書未狂説明の任に当るべく第二夜は天活会社作勤王志士高山彦九郎全三巻にて大竹座弁士総出にて演ずべく就中彦九郎橋上に於ける皇居遥拝の場面の如き真に教育上の好資料なるべしといふ
▲寄附申込　出獄人保護会に対し左記の人々より頭書の如き寄附あり
　　金三百圓　　　濱口熊蔵
　　金二十圓　　　新潟教会婦人会
　　金十圓　　　　無名氏
　　金五圓　　　　真宗相資傳

　同会は1914（大正3）年6月、直接被保護者のため屋舎を増築し、さらに1916（同5）年12月、直接被保護人および間接被保護人の就業のため工場を建築した。また、同年より市内の寺院住職は同会の基金増殖

と免囚保護思想普及のため市内各戸より勧請し、収集した廃物を利用しフリーマーケットを行った。

　大正初期の新潟県出獄人保護会の展開について概況を示した。同会は1889（明治22）年に創設されたが翌年には休眠状態に陥り、その復活は1902（同35）年まで待たねばならなかった。大正期に入って恩赦により出獄人が急増するが、それへの対応のため屋舎を増築し、就業のため工場を建築し、経営資金を確保するため、廃物を回収しフリーマーケットをおこない、さらに、慈善演芸会も開催し、経営資金の確保と更生保護思想の普及に努めた。また、被保護者に対しては親睦会や慰安会を開催し、職員、来賓および被保護者の立場を超えたて平等な場を醸成した。

②中越悲田會

　中越悲田會の起源は刑余者で世に排斥され寄る辺なき者で自活できない者又は改悛の状なき者を保護監督し社会に立って独立経営をさせ、聖恩に酬い奉る趣旨に基づき1912年10月20日、明治天皇御大喪の恩典を記念するため長岡分監長であった山本千代楠が免囚保護が急務であると感じ、市内各宗寺院、司法当局や有志などを勧説して本会を創設した。に一家屋を新築して免囚者の収容所に充て、長岡市及び古志郡郡9カ村の免囚者を対象に保護することになった。しかし、翌1913年、行政整理のため長岡分監は廃止となり、其の事業は頓挫したが、当時の長岡警察署長中村安治及び市内教覚寺住職毛利榮十などが熱心に経営の任にあたった。1915（同4）年11月、大正天皇御大典恩赦出獄に対しては会員一層奮って事業に従事した。同会は会員組織で本派寺院全部保獄監督の任にあたり、経費は会員及び篤志家の寄付金を以て維持した。事業は前年度繰越人員男45人女3人、本年度引受人員男34人女1人（この延人員男13,832人、女728人）を保護した。基金は628円、収支は収入209円、支出49円であった。会長は木村文治、職員会長、副会長各1名、保護監督16名、会計1名、庶務1名であった[46]。1916年9月、

250

長岡区裁判所判事島村忠二郎の企画により、さらに微罪釈放及び起訴猶予者の保護も行うことになった。目覚ましい活動ではないが事業は継続され、1930（昭和5）年の事業成績は以下のようだった[47]。

釈放者保護　7人　　　　窮民旅費食費給与 161人
年末貧民救済　124人　　その他　2人

③相川各宗慈齊會

相川各宗慈齊會は1912（大正元）年12月21日に佐渡郡相川町に創設され、明治天皇崩御につき大赦を受けて出獄したものを保護し引き続き出獄者及び起訴猶予者などを保護し、時々家庭を訪問し、教誨、慰安等を行った。組織は相川各宗寺院並びに篤志者により組織し、各宗寺院の拠金にて維持した。出獄者及び起訴猶予者などの保護事業では、1917（大正6）中に、12人を保護し、これに要した費用は8円40銭であった。同会の基金は28円で、経費は収入8円、支出は8円であった。代表者は藤木黙笑、職員会長1名、幹事3名、評議員5名、教誨師2名であった[48]。

④栃尾郷慈恵会の設立

古志郡北谷、上北谷、上塩谷、下塩谷、東谷、入東谷、荷頃、中野俣、半蔵金の各仏寺住職主唱にて今回の恩赦に依り放免となれる囚人に対し再犯防遏保護の目的を以て全郡役所々在地栃尾町に慈恵会なるものを設立し放免囚人に対して専ら独立自営の道を得べき職業を授け出獄の際など衣類帰郷費用なき者へは之れを給し出獄後一家不和合にて帰宅困難なるものには一々家庭調和の労を取るものにして之れに要する費用は目下の處右寺院にて支弁し居れり[49]

⑤新潟県内曹洞宗の免囚者保護事業関連の動向

1912（大正元）年11月14日　新潟県内曹洞宗寺院は本山の諭告に基づき免囚保護のため新潟市宗現寺、宗務所長、布教師、布教部員など十余名が審議し、県下同宗寺院700カ寺は既に既設に係る新潟出獄県人保

護会を賛助応援し同会の発展を期すことが最善の方法とした。翌日、新潟県出獄人保護会会長櫻井市作に面会し、その意を通じ、同氏同行により新潟監獄に三池俱典獄を訪問し、在監者の動向及び免囚保護事業に関して種々意見を叩き、後に新潟免囚保護会を視察して解散した[50]。

「司法省、内務省よりは、各宗派連合して、免囚保護事業に当たるようにとの論達があったが、先ずは、県下の曹洞宗寺院で協議した。」

翌年5月　県下曹洞宗寺院は新潟出獄人保護会の後援を強化することになり、県下各郡より5名以上の勧募委員を選出した[51]。

「県下曹洞宗寺院は、新潟出獄人保護会を賛助応援に当たるともに、1915（同4）年、南魚沼郡上田村大字雲に南魚沼郡曹洞宗免囚保護会を設立した。各宗連合ではない南魚沼郡同宗寺院22名の住職による同宗単独の免囚保護団体であった[52]。

⑥新穂村佛教慈教会の設立

佐渡郡新穂村各宗の僧侶は1912（大正元）年11月30日午後2時より新穂村役場に集合し免囚保護其他に付協議を行った[53]。

1912年12月20日、佐渡郡新穂村に、1912年大赦令により、とくに免囚保護の必要を生じ、各宗派寺院協議し感化救済事業を目的に発会式を挙げ、新穂村佛教慈教会を創立した．同会は村内各宗派僧侶及び篤志者より会費寄付金及び基本金を以て維持し、事業は在獄者及び免囚者の家庭訪問慰籍訓戒不老少年の調査及び感化方法の講究実施、戦士軍人並びに横死者遺族の慰籍などを行い、1916年中保護した人員は男2人、女1人あったが経営を要しなかった。1917年中は保護人員はなく、基金は100円で、経費は収入19円、支出19円であった。同会の代表者は齋藤實義、職員会長1名、副会長1名、評議員10名、幹事3名であった[54]。

⑦三島郡保護会の設立

三島郡保護会発会式は1913（大正2）年9月19日、与板町別院本堂

にて、水田署長の発起により、安藤知事、福田検事正、三池新潟監獄典獄、佐野代議士、与板町町長らの出席により行われた。同保護会の会長は、大平三島郡長であった。因みに同保護会の会員は正、特を合わせて1,071名であった[55]。同会の理解に資するため、以下に同会設立趣意書を挙げておく。

　　三島郡保護会創立趣意書
　社会ハ共同生存ニ依ッテ其ノウンヨウヲ滑カナラシメテ居ル云フ事ハ何人モ首肯スル處テ而シテ其ノ共同生存ヲ完フスル所以ノ者ハ何テアルカ取リモ直サス吾人ノ愛国心ト義理人情カ経緯トナリテ此ノ堅固ヲ造ルノテアルナレトモ各自カ其ノ目的地點ニ就クニハ勢ヒ競争裡ニ立ッテ奮闘努力セ子ハ須ラク頂ニ達スル事ハ難ヒノテアルカ世ノ中ソヲ押シナヘテ理屈通リ行ケハ強弱貧富ノ差別ハ生子ト残念ナカラ此ノ奮闘ノ場面ニ種々ノ障害物カ顕出シテ終ニ落伍者トナル者カアル其ノ源ニ索及セハ無論自己カ忍耐努力カ足ラセル處モアラウカ一面此ノ落伍者ヲ顧ミテヤラナイト云フ同胞惻隠ノ心カ薄ライタ罪モ多少助長シテ居ルテ云フテモサマ左迄ノ外ツレトモナルマイ其ノ落伍者ノ中テ哀レヲ催ス者ハ一時ノ過リカ因ヲ為シ國法ニ觸レタル所謂犯罪人テアル夫レ等人生ノ悲極ニ陷リタル者カ放免後ノ状態ハ社会ノ共同生存ニ莫大ノ懸隔ヲ生シ自他別社会ヲ作ルノ感カアル殊ニ此ノ輩ノ社会瞰眼ハ倍々黮的異彩ヲ放チ刻一刻トシテ醫滅ノ徴ヲ呈シ其ノ良心ヲ毒セントスル悪魔ハ捕ヘテ放サス固ヨ深ク浸潤シ恐ルヘキ罪悪ヲ再ヒシニ終ニ累犯者タル用語ヲ冠セラルルニ至ル同胞ノ為メ眞ニ痛恨事テアルマイカ桎梏ノ汚縄ヲ受クル罪悪ヲ茶飯事ノ如ク思フ痴漢モ廣ヒ世ノ中ニ絶無トハ云フヲ得サルモ其ノ大部分ハ放免後長苦節生活問題ニ窮迫シタル結果ニ外ナラナイノテアル之レヲ人道ヨリ観察シ國家経済社会政策ヨリ見ルモ亦罪ヲ悪ンテ其ノ人ヲ憎マサルト云フ聖言ニ則ルモ之等可憐ノ同胞ヲ救済感化シ以テ善導ニ努ムルハ聖代ノ皇澤ニ浴スル吾人ノ最大急務ニシテ座視スルニ忍ヒサル處テアルカカカル故ニ這般與板警察署管下一町十カ村ノ各宗派寺院及ヒ本県司法典獄警官等相會シ聯々協力シ茲ニ三嶋郡保護会ナル者ヲ組織シ刑餘ノ同胞ハ

勿論釋放者ヲ救済善導セントス然レトモ元是レ人心ノ奥秘ニ訴フル頗ル至難ノ事業ナレハ汎愛義士ノ温情ニ依□シ奏功ノ確信ヲ現實ナラシメントス敢テ乞フ大方ノ諸彦吾等ノ微意ヲ諒トセラレ奮フテ賛同扶翼ノ誠意ヲ表セラレン事ヲ [56)]

　三島郡保護会は「出獄人の保護並びに釈放者などの感化救済」（三島郡保護会規則第1条）を目的とし、その目的達成のために別に三島郡保護会細則を設けた。目的達成の方法は以下の10項目（三島郡保護会細則第4条）である [57)]。

①保護を加ふるには本人の身分年齢来歴性情技能志望財産教育宗教罪質犯因家族の関係各般の事情を精査し其人物並に保護上の必要を確め司獄官の意見を参酌して予め本人の為め適当なる保護方法を定むへきものとす
②本会区域内寺院の檀信徒にして入監者ありたるときは本会より訓戒を発し主管寺院住職は時々入監者及家族を見舞ひ之れを慰安し訓戒奨励するものとす
③司法官典獄及警察官より釈放者ある旨通知を受けたる時は本会専務理事は監獄又は裁判所検事局に可成り出頭し之を引取り警察署より通知を受けたる時は其の主管寺院住職直に出頭し之れを引取るものとす
④本人帰宅したる時は主管寺院は其宗規に依り仏前に於て懺悔誓約せしめたる後之れに訓戒を与え而して持続的に精神の感化を与ふるものとす
⑤本人帰宅後は理事主管寺院住職に於て其の行状を監督し若し本人と親族故旧隣佑又は被害者との間に不和の事情あるときは之れか和解調停に努むへきものとす
⑥本人無職業なるときは当該市町村長並に有志者に謀り就業紹介の労を取るものとす
⑦在監中の貯金を携帯する者ある時は理事又は主管寺院に於て可成之れを郵便貯金となさしめ不止得場合の外引出を制し浪費せしめさることに努むる事

⑧保護救済を加へつつある者にして的確に就職の途を得他に旅行する場合旅費に窮シたる際は其主管寺院住職の申請に依り会長審査の上之れを補助するものとす
⑨本会の趣旨を民間に普及し一般精神修養の目的を以て主として本区域内に於て講話会を開催するものとす
⑩主管寺院は別に定むる様式に依り毎年6月、12月の両度被保護者の行状を本会に報告するものとす

　三島郡保護会は1914年9月25日、通常総会を指導奨励のため寒川理事官の臨席を新潟県へ申請した[58)]。
　1914年10月12日、三島郡保護会は事業拡張のため役員会を開き、11月1日小学校において総会を開催する予定。当日は新潟県知事、警察部長、新潟監獄典獄を始めその他来賓及び金1以上寄付者を招待する事に決定[59)]。

　三島郡保護会の被保護者の動向では（表4）、被保護者の犯罪種別では、賭博が87人と最も多く、次いで窃盗の60人であった。被保護者の改悛の情については（表5）、「改悛の情ある者」が202人で、全体の8割以上を占めていた。

〈表4〉　被保護者調（一）自大正2年8月（創立）至大正4年7月

種　別	窃　盗	詐　欺	文書偽造	横　領	賭　博	その他	計
出獄人	11	7	3	3	5	6	35
罰　金					23	18	41
行刑猶予	2	4	4	2		1	13
起訴猶予	47	9	4	18	59	16	153
計	60	20	11	23	87	41	242

注）新潟県三島郡『三嶋郡是』大正6年 pp.18-19

〈表5〉 被保護者調（二）自大正2年8月（創立）至大正4年7月

種別	改悛の情ある者	稍改悛の情ある者	改悛の情なき者	改悛の有無不明な者	計
出 獄 人	26	3	1	5	35
罰 金	37	4			41
行刑猶予	12	1			13
起訴猶予	127	15	1	10	153
計	202	23	2	15	242

注）新潟県三島郡『三嶋郡是』大正6年 p.19

⑧吉井村佛教慈恵会の設立

△起源及沿革と事業の大要…明治大帝崩御の際囚人の特赦せられたるに対し、其等の再犯を防がん為に大正12年12月本会を組織し、感化救済保護の事業をなし、併せて日清日露戦病死者並横死者の追悼法要を毎年勤め、村内の貧民を救助し民心教化布教伝導を行ふ。

△名　　称・・・吉井村佛教慈恵会と称す。

△事務所・・・吉井本郷普門寺内に置く。

△会　　員・・・左の4種に分つ。

　　　正会員　　各宗派僧侶を以てす。

　　　名誉会員、特別会員　本会に対し特に功労ある者及地位名望あるも
　　　　　　　　　　　　　のに就て照会に依り会長之を推薦す。

　　　賛助会員　本会の趣旨を賛し本会の事業に援助を與ふる者。

△計画及希望・・・毎年秋季に托鉢をして村内の喜捨を得及び特志者の寄付を仰ぎ資金を蓄積し、不時の災害貧民救助の資に當つ。此の主旨を御了解の上村内有志者は精々御入会あらんことを切に希望す。

　　　正会員　相運寺　市橋本賢、地福院　原　智常、善積寺　林　浄憲、
　　　　　　　大聖院　星野俊英、賢光院　瀧本　喬、醫福寺　田中眞越、
　　　　　　　万福寺　仲川信浄、安養寺　臼杵淳隆、普門寺　計良浄諦、
　　　　　　　観音寺　小濱大應、光輪寺　近藤融音、剛安寺　佐藤冠猴
　　　　　　　地西院　齋藤隆天、圓徳寺　鈴木實運[60]

なお、同会については、新潟県『新潟県感化救済事業概覧』大正7年

には記載されていない。

⑨葵博愛慈善会の設立

1913年9月、既報の如く南蒲原郡加茂町の仏教会の事業として経営せんと企画せる出獄人保護会は其筋より規則書の下附次第起草の上総会に於て決定することに近頃さらに打合せをなしたり[61]

葵博愛慈善会は既に6名の出獄者を迎え、是に対する費用も増加するので加茂警察分署と協力し、費用に充てるため1914年10月18日より毎月1回全町寺院16カ所寺の各宗派住職並びに徒弟20名以上各宗合同の大托鉢を行うという[62]。

同会の1915年の動向

基本金25円、収入71円(繰越金12円、奨励下付金25円、托鉢収入32円、寄付金2円)、支出36円(事務費19円、保護費17円)、事業内容は「別に収容所を設けず出獄者あるときは監獄に出迎えて帰郷し仏前に懺悔誓約せしめ遷善改悪精神的感化を施し兼ねて商業の紹介被服の給与を為す大正4年の保護者6名とす」とあった(南蒲原郡『新潟県南蒲原言郡是附調査書』大正9年 p.938)。

⑩佛心会の設立

1914年2月7日、南蒲原郡見附分署長伊久太は昨秋来最寄り各宗派有力な寺院に免囚保護事業について説き、結果各寺院の賛同を得て、1914年2月7日、見附町役場にて集会を開き満場一致で免囚保護会を結成することになり、6月5日に発会式を行うことになった。なお、発起者寺院住職において三百円の負担をなし、他は正会員より金二百円以上を募集し、基本財産とし・・・・・・・・[63]。

佛心会は1914年7月、南蒲原郡見附町見附警察署分署内に結成された。

同会の1915年の動向

基本金300円、収入165円（繰越金47円、会員拠金114円、雑収入1円、財産収入3円）、支出57円（事務費19円、保護費38円）、事業内容は「別に収容所を設けず出獄者あるときは監獄に出迎えて帰郷し専ら精神的感化を行い帰郷旅費に乏しき者には旅費を給し入監者家族にして貧困なる者には衣食を給与す大正4年の保護者18名とす」とあった（南蒲原郡『新潟県南蒲原言郡是附調査書』大正9年 p.938）。

⑪中頸城郡高田市慈善協会の設立

高田市には、1906（明治39）年設立の清風園があったが、同園は当事者に其人を得られず経営法の拙悪のため却って世の疑惑の的となり、殆どその実績がない状態で、高井高田分監長、田村検事等が協議し、組織を改めて会員組織による出獄人保護会を結成する計画と、高井分監長は語った[64]。

1915（大正4）年7月、中頸城郡高田市慈善協会が高田市に結成された。

⑫岩船郡慈雲会の設立

1914年9月、岩船郡長伊奈金雄、村上警察署長片桐正吾、府屋分署長高田末三郎氏及び郡内各宗寺院住職一同の発起に係る免囚保護会は、一般篤志者を組織し近きに発会し、喜捨金を募集すべしと[65]

南蒲原郡森町村の出獄人保護

南蒲原郡森町村葎谷の○○○○（27・男）は去る9月中新潟監獄を出発（出獄）し以来一定の職業を求めず再び危険に陥る虞あるに保護すべき親戚家族なきより早川村長外吏員合議の上厳重監督の上役場小使見習ひとして使役の傍ら宿直員は読書作法礼儀勤労等を教え全力を以て善導しつゝあり改悛の情を見るときは寺院又は良家の傭人たらしむべく努めつゝありと[66]

これは出獄人保護会による出獄人保護ではなく、村の村長ら対応した出獄人保護の事例であった。

⑬南蒲原郡三條町で出獄人保護会設立の動き

　田宮南蒲原郡長は1915年1月20日、三條警察署管下町村長9名およびその郡内寺院住職等を招集し、出獄人および微罪釈放者保護を目的とする保護会設立について協議を行った。協議の結果保護会設立のため、田宮郡長、深海三條警察署長、渡邉三條町長、石月長澤村村長他寺院住職により調査委員18名を決定した[67]。三條町の出獄人保護会は、1915年に南蒲原郡弘済会という名称で結成された[68]。なお、同会については、新潟県『新潟県感化救済事業概覧』大正7年には記載されていない。

⑭中蒲原郡免囚保護会設立の動き

　中蒲原郡においては、免囚保護会設立のため調査委員会を開き、各町村に1名の理事を推薦し同会を組織する。同会の事業は免囚保護のみだけでなく不良少年を改善教養する機関を設け、各町村の僧侶を嘱託して不良の徒を戒告し或は就職先を斡旋するもので、経費は各会員応分の醵出をなし基金を定め随時活動方法を講じている[69]

・免囚保護の講演

　中央仏教免囚保護会名誉顧問（元福島地方裁判所検事正）、河西博文が来県し、私費にて7月1日より同20日まで、県内各地を免囚保護事業について講演をなす。

　1日新潟、2日移動、3日佐渡相川、4日移動、5日柴田、6日村上、7日津川、8日新津、9日三條、10日巻、11日與板、12日長岡、13日小千谷、14日十日町、15日六日町、16日移動、17日柏崎、18日高田、19日安塚、20日糸魚川[70]

⑮中蒲原郡慈済会の設立

　中蒲原郡慈済会は1915年10月1日午前11時より新津町の町菓城寺にて発会式を行った。福田検事正、松井新潟監獄典獄を来賓に迎え、郡

内官民僧侶有志200余名出席し、保護会会則を議決し、午後1時より福田、松井の講話があり、午後4時過ぎ閉会となった[71]。

なお、1915年には新潟県当局は県内の免囚者保護事業の動向を把握するため、以下のような調査項目で調査を行うとある。なお、調査結果に就いては不明である。

・免囚保護事業調査

　新潟県は出獄人保護の為め法人又は個人をして保護会の如きものを経営し居るものを調査すること、なり左記事項調査方を郡市長へ照会した
　（1）保護会名　（2）設立年月日（近く設立の見込みあるものは其設立豫定時期）
　（2）組織役員及び会員の数　（4）保護区域　（5）保護会の収支及資産
　（6）保護の方法　（7）定款又は会則[72]

⑯北蒲原郡免囚保護会の設立（大正4年10月）

　北蒲原郡免囚保護会が1915年10月結成されたが、同会の会則や同会細則が保存されており、貴重な資料となるので以下に挙げておく。なお、会則第4条に4カ所の支部を置くとされ、細則第2条では関係寺院住職及び町村長のとるべききめ細かな保護方法について定めていたことがわかる。しかし、前述したこととも関わるが、専門的な力量の求められる免囚保護の内容に、寺院関係者ならびに町村長が対応できたのであろうか。

　「北蒲原郡免囚保護会

　犯罪統計に於て示す如く本郡に於て再犯者の甚だ多きは其原因種々あるべしと雖も一つは一度罪辟に触れし者に対し社会の之を嫌忌すること甚だしく之を歯ひするを屑しとせざる為め容易に生業に就く能はず心ならずも再び三たび罪を犯すに至るものなるべく従って免囚保護の事業は極めて必要なりと本郡は即ち郡内の宗教家並に篤志家と謀り大正4年10月免囚保護会を組織して以て感化救済の事に従ふこと、なれり

　北蒲原郡免囚保護會規則

第一條　本會は北蒲原郡免囚保護会と称す
第二條　本會は出獄人及釈放者を感化救済し正業に就かしめ良民となすを以て目的とす
第三條　本會は郡内の宗教家並に篤志者を以て組織す
第四條　本會は本部を北蒲原郡役所内に支部を新発田、水原、中條、葛塚の四ヶ所に設す
第五條　本會の目的を遂行する為め必要なる細則は評議員会の決議に依り之を定む
第六條　本會々員は左の如し
　一、名譽會員　地位名望を有志又は本會の為め功労顕著にして評議員会の決議に依り會長の推薦したる者
　一、特別會員　金拾圓以上寄附したる者
　一、正会員　金壱圓以上寄附したる者
第七條　本會に左の役員を置く
　一、会長　一名　一、副会長　一名　一、支部長　四名　一、顧問　若干名
　一、理事　若干名　一、評議員　若干名　一、書記　若干名
第八條　役員の任期は四ヶ年とす
第九條　會長、副會長は総會に於て選挙し理事、評議員は會長之を推薦し書記は會長之を嘱託す
　　支部長、顧問は評議員會の意見を聞き會長之を推薦す
第十條　役員の職務左の如し
　一、會長は會務を統理し會議を招集す
　一、副會長は會長を補佐し會長事故あるときは之を代理す
　一、支部長は部内の事務を掌理し會長に事務の報告をなすものとす
　一、顧問は重要事件に付會長の諮問に応ずるものとす
　一、理事は庶務を掌り本會目的の遂行に努むるものとす
　一、評議員は豫算決算を決定し重要事項の協議に與かるものとす
　一、書記は會長又は支部長の指揮に依り庶務及出納に従事するものとす

第十一條　役員は渾て無報酬とす
　　　　但會務の為め要したる費用を支給することあるべし
　　　　書記は評議員會の決議に依り手當を支給することを得
第十二條　本會の目的を達する為め基金を設く
　　　　基金は前年度剰余金及指定寄附金を以て之に充て確實なる銀行に保管せしむ
第十三條　本會経費は基金より生する利子及一般寄付金を以て支辨す
第十四条　評議員會は少くとも毎年一回之を招集す
　　　　總會は必要に応じ随時之を招集す
第十五条　本則の改正は總會の決議に依るものとす

　北蒲原郡免囚保護會細則
第一條　本郡内の住民にして保護救済を要すべき出獄者釈放者あるときは檀信徒の関係ある寺院住職に於て相當之が方法を講ずるものとす
　　　　但し郡内に於ける寺院の檀信徒にあらざる者にして保護救済を要すべき者あるときは理事に於て関係町村長の意見を聴き其方法を講ずるものとす
第二條　出獄人釈放者の保護救済は概ね左の方法に依り行ふものとす
　一、保護を加ふるには身分、年齢、職業、来歴、性情、技能、志望、財産、状態、教育程度、宗教、罪質、犯因、家族及親族関係等各般の事情を精査し、其の人物に就き保護の必要を確め司獄官の意見を参酌して本人の為め最も適切なる保護方法を定むるものとす
　　　　前項の保護方法は町村長及関係寺院住職の協議に依る
　二、本郡内の住民にして入監者ありたるときは本會より訓戒状を発し理事又は関係の寺院住職に於て入監者を見舞ひ若くは訓誡奨励に努むるものとす入監家族に対しては前項に準し慰安奨励を與ふるものとす
　三、出獄人釈放者ある旨通知に接したるときは理事に於て関係寺院

住職に通知するものとす
　　　関係寺院住職に於て前項の通知を受けたるときは事情の許す限り該官署に出頭之を引取るものとす
　四、町村長又は関係寺院住職に於て出獄人釋放者の保護状況に付左の各項に依り調査本會に報告するものとす
　　　(1) 家庭の實況　(2) 親族隣佑間の感情　(3) 行状　(4) 其他の事項
　五、町村長又は関係寺院住職は常に出獄人釋放者の行状に対し注意監督し勤倹の良習に就かしむべきは勿論親戚故舊隣佑又は被害者等の間に於ける折合の圓満を計るものとす
　六、出獄人釋放者改悛の情状顕著にして町村長又は関係寺院住職に於て保護を要せすと認めたるときは之を會長に報告するものとす
　　　會長に於て前項の報告を受けたるときは之を審査し保護監督を解除し又は事情に依り表旌を為すことを得
　　　前項該当者は直に司獄官に申告するものとす
第三條　左の各号に該当するものは保護を解除す
　一、行衛不明となり一ヶ年を経たる者
　二、郡外に転住の者
第四條　本會員は出獄人釋放者の保護救済に関し常に応分の援助を與ふるものとす
　　　附　則
第五條　本細則に規定せざる事項又は本細則の改正は評議員會の決議に依る
　　　但緊急を要する事件に付ては會長之を決す
第六條　郡外より転入の出獄人釋放者に付ては本細則を適用す[73]

　北蒲原郡免囚保護会にては先般役員会を開き基本金募集に関し協議する所あり其の後基本金応募成績頗る良好にして天王市嶋家にては勧誘を待たず今回金300圓を寄附されたる程なり左れば同会の基本金も意外の

多額に上るべく豫想せらる[74]」なお、天王市嶋家は当時日本一の巨大地主であり、後に社会事業に貢献することになる。

むすびにかえて

　以上、国内で免囚保護事業が大正初期に盛んに設立される背景と新潟県内の大正初期の免囚保護事業の成立と展開に就いて実態資料を踏まえて述べた。

　谷田三郎監獄局長の言及にあるように、刑事に関しては国家に責任があるが免囚保護については社会にその責任があるとし、とりわけ仏教徒に免囚保護を奨励した。国は刑事に関わるところは国の責任で資金を手当てするが、免囚保護については社会でと、民間へ丸投げした無責任な対応であった。

　新潟県内では仏教徒が宗派を超えて結束し、県や郡、市町村行政及び警察署と連絡を取りながら、免囚保護事業に取り組んだ状況が窺える。

　しかしながら、国は免囚保護を奨励するのみで、運営資金に対する予算措置を講ぜず、免囚保護会の実際の運営は困難であった。すなわち、保護会の運営については、会員の拠出金や基金の利子、一般からの補助金にたより、中には托鉢により工面している状況があり、概して脆弱な経営基盤のもと免囚保護事業が行われていた。そのため、免囚保護事業には限界があり、仏教徒に依る精神的感化を中心に若干の給与を行う免囚保護会が多数を占めていた。

　厳しい財政状況などを背景に十分な成果が上がらない面もあったがこうした経験が、大正後半以降新潟県内で社会事業が著しく展開する、仏教徒による社会事業実践の基礎になったといえる。さらに新潟県の農村社会事業にも影響を与えたように思われる。それは例えば、1928年設立の佐渡郡吉井村の吉井隣保館である。吉井村の普門寺住職らが1913年に吉井村仏教慈恵会を結成しているが、これが吉井村隣保館の実践に繋がったことは容易に想定できる。

　ところで、こうした免囚者の保護事業も重要な要救済者への対応であ

るが、罪を犯してしまう背景にも注目する必要がある。1915（大正 4）年の新受刑者と資産の有無と犯罪の関係をみると、男は「資産ある者」1.14％、「稍資産ある者」6.81％、「資産なき者」60.45％、「赤貧なる者」31.60であり、女は「資産ある者」0.33％、「稍資産ある者」3.68％、「資産なき者」51.74％、「赤貧なるもの」44.25％ [75]で、殆どの者は資産がなく、生きんがための犯罪である。それと関連して、年次は前後するが、新潟県内の 1912（同元）年 9 月の新潟監獄の 836 名の囚人のうち、「窃盗」が 455 名（54.43％）[76] と最も多く、貧困問題が背景にあったことが認められる。犯罪の背景には明治 40 年代から大正初期にかけての慢性化する経済恐慌や各地の災害、凶作などを背景に創出される窮乏化問題があったことを見逃してはならない。

本稿は 1912 年から 1916 年までの免囚保護の動向について扱ったが、1945 年までの動向については別の機会にまとめる予定である。

なお、本稿は拙稿「新潟県出獄人保護会の展開 - 大正初期を中心に -」『北信越社会福祉史研究』第 10 号、2013 および拙稿「新潟県における免囚者保護事業の展開—大正初期の動向を中心に—」『草の根福祉』第 43 号、2013 を加筆修正したものである。

[注]

1) 星野吉曹『明治期新潟県社会福祉資料集（二）』平成 13 年 pp.1-76
2) 原　胤昭『出獄人保護』天福堂　大正 2 年
3) 森山武市郎『司法保護事業概説』常磐書房　昭和 16 年
4) 田代国次郎『日本社会事業成立史研究』童心社 昭和 39 年 pp.1-22
5) 山田憲児「更生保護 - 図説更生保護 -」『更生保護』第 34 巻 3 号、日本更生保護協会、1983 年 3 月 pp.46-52
6) 佐藤勲平「更生保護の歴史を振り返り見る」『罪と罰』第 27 巻 3 号、日本刑事政策研究会、1990 年 4 月 pp.2-5
7) 鈴木昭一郎「更生保護施設の変遷とその刑事政策的意義」『更生保護の課題と展望 - 更生保護制度施行 50 周年記念論文集 -』日本更生保護協会、

1999年 pp.97-112

8) 安形静男「更生保護の礎となった人々」『犯罪と非行』132号、日立みらい財団、2002年5月、pp.149-167

9) 守山正「更生保護の沿革・現状及び課題」『法律のひろば』第55巻5号、2002年 pp.4-11

10) 金澤真理「研究ノート 更生保護施設の機能に関する一考察」『法政論叢』第37・38合併号、山形大学法学会、2007年 pp.1-26

11)「囚徒の増加」『新潟新聞』明治45年1月30日

12)「監獄費と米価騰貴」『新潟新聞』明治45年5月30日

13)「米価騰貴の影響（一）」『新潟新聞』明治45年7月4日

14)「米価騰貴の影響（二）」『新潟新聞』明治45年7月6日

15)「米価騰貴の影響（四）」『新潟新聞』明治45年7月7日

16)「米価騰貴と監獄費－不足額約百万円－」『新潟新聞』明治45年7月7日

17)「赦免後の取り調べ」『新潟新聞』明治45年8月11日

18) 中野財団『社会法規類集』中野財団、昭和3年 pp.86-87

19)「免囚保護と内務」『新潟新聞』明治45年9月19日

20)「免囚の取り扱い注意－司法省よりの通達－」『新潟新聞』明治45年9月22日

21)「恩赦実行と内務－水野地方局長談－」『新潟新聞』大正元年9月24日

22) 原　胤昭『出獄人保護』天福堂、大正2年、pp.641-643) 及び (「出獄保護事項」『新潟新聞』大正元年10月9日

23) 谷田三郎「犯罪防遏事業の統一を論ず」中央慈善協会『慈善』第4編第1号大正年月、p.4

24) 谷田三郎「免囚保護に対する当局者並に希望」中央慈善協会『慈善』第4編第2号、大正元年10月、p.9 及び谷田三郎『免囚保護事業に就いて』監獄協会、大正元年

25) 中野財団『社会法規類集』中野財団、昭和3年 p86

26)「監獄改良急務」『新潟新聞』大正元年11月10日

27)「免囚保護の通牒」『新潟新聞』大正3年6月13日

28) 中野財団『社会法規類集』中野財団、昭和3年 p.87

29）中野財団『社会法規類集』中野財団、昭和3年 pp.87-88
30）「各宗と免囚保護」『新潟新聞』大正元年9月22日
31）「免囚保護と各宗」『新潟新聞』大正元年10月2日
32）「慈済会設立」『新潟新聞』大正元年10月18日
33）「聯合保護会協議会」『新潟新聞』大正4年9月10日
34）「聯合保護会議決」『新潟新聞』大正4年9月19日
35）「出獄人保護規程」『新潟新聞』大正3年5月26日）及び（中野財団『社会法規類集』中野財団、昭和
3年 pp,89-90
36）「出獄人保護協議会」『新潟新聞』大正元年9月27日
37）新潟県『新潟県勢概覧』新潟県、明治44年12月 pp.194-195
38）新潟県保護会『更生保護 つれづれ百年』更生保護法人、2006年 pp.53-56
39）新潟県保護会『更生保護 つれづれ百年』更生保護法人、2006年 pp.59-62
40）「免囚保護拡張」『新潟新聞』大正元年10月2日
41）「出獄人保護会の親睦会」『新潟新聞』大正4年1月8日
42）「出獄人保護会總会」『新潟新聞』大正4年1月24日
43）「保護会慰安会主客平等の饗応改過遷善の効果」『新潟新聞』大正5年1月14日
44）「保護会と演芸会」『新潟新聞』大正5年10月4日
45）「免囚保護会演芸会彙報」『新潟新聞』大正5年10月31日
46）新潟県『新潟県感化救済事業概覧』大正7年 pp.41-42 及び長岡市役所編纂『長岡市史』長岡市役所、昭和6年 pp.842-843
47）長岡市役所編纂『長岡市史』長岡市役所、昭和6年 pp.842-843
48）新潟県『新潟県感化救済事業概覧』大正7年 pp.60-61
49）「栃尾慈恵会設立」『新潟新聞』大正元年年11月10日
50）「県下曹洞宗と免囚保護」『新潟新聞』大正元年11月18日
51）「曹洞宗と免囚保護」『新潟新聞』大正2年5月17日
52）新潟県『新潟県感化救済事業概覧』大正7年 pp.55-56

53)「免囚保護の協議」『新潟新聞』大正元年 12 月 7 日

54))新潟県『新潟県感化救済事業概覧』大正 7 年 pp.61-62

55)「保護会発会式」『新潟新聞』大正 2 年 9 月 21 日

56)新潟県三島郡『三嶋郡是』大正 6 年 pp.19-20

57)新潟県三島郡『三嶋郡是』大正 6 年 pp.22-26

58)「免囚保護会總会」『新潟新聞』大正 3 年 9 月 19 日

59)「三嶋免囚保護会」『新潟新聞』大正 3 年 10 月 15 日

60)吉井村教育会『吉井村現勢』吉井村教育会、昭和 2 年 p.85

61)「加茂町の免囚保護会」『新潟新聞』大正 2 年 9 月 27 日

62)「加茂町の出獄人事業」『新潟新聞』大正 3 年 10 月 15 日

63)「西蒲原郡に於ける免囚保護」『新潟新聞』大正 3 年 3 月 27 日

64)「高田と免囚保護」『新潟新聞』大正 3 年 5 月 26 日

65)「岩船郡の保護会」『新潟新聞』大正 3 年 9 月 18 日

66)「森町の出獄人保護」『新潟新聞』大正 3 年 12 月 12 日

67)「保護会設立協議」『新潟新聞』大正 4 年 1 月 22 日)

68)更生保護法人 新潟県保護会『更生保護 つれづれ百年』新潟県保護会、2006 年 p.161

69)「中蒲免囚保護会」『新潟新聞』大正 4 年 7 月 21 日

70)「免囚保護事業講話」『新潟新聞』大正 4 年 6 月 28 日

71)「中蒲慈剤会設置」『新潟新聞』大正 4 年 10 月 2 日

72)「免囚保護事業調査」『新潟新聞』大正 4 年 10 月 2 日

73)新潟県北蒲原郡役所『新潟県北蒲原郡是』新潟県北蒲原郡役所、大正 5 年、pp.856-860

74)「北蒲免囚保護会へ寄附」『新潟新聞』大正 5 年 9 月 26 日

75)二階堂保育則(内閣統計官)「監獄統計一般」『社会と救済』第 2 巻(上)中央慈善協会、大正 7 年 4 月、p.23

76)「恩赦と當監獄」『新潟新聞』大正元年 9 月 28 日

[参考文献]

1)伊藤俊光編輯『第二回免囚保護講演集』輔成会、大正 3 年

2）輔成会『第十回免囚保護事業講習会－日程並ニ協議事項－』輔成会、大正11年

3）中央社会事業協会『釈放者保護問題調査会報告』中央社会事業協会、大正14年

4）司法省調査課『司法研究』第17輯「報告集4　免囚保護事業に就いて」司法省調査課、昭和9年

5）本派本願寺教務局社会部『司法保護事業と寺院宗教家の活動』本派本願寺社会部、昭和10年

6）更生保護50年史編集委員会『更生保護50年史』全国保護司連盟、全国更生保護法人連盟、日本更生保護協会、大正12年

7）更生保護誌編集委員会『更生保護の人びと』日本更生保護協会、平成11年

8）北澤信次『新潟県の更生保護－沿革と現状－』新潟県保護司連盟、新潟寺報事業者出版部、平成2年

9）新潟県保護司連合会『新潟県更生保護五十年の歩み』新潟県保護司連合会、2000年

10）谷田三郎『免囚保護事業に就いて』監獄協会、大正元

11）新潟県保護会『更生保護 つれづれ百年』更生保護法人

新潟県における協和事業の展開

―新潟県協和会の動向を中心に―

1．はじめに

　協和事業について、厚生省協和官 武田行雄は、協和事業は「一視同仁」の聖旨を奉体して、内地に在住する外地出身の人々を、速かに内地の生活に融け込まして、国民偕和の実を収める事を目的としているとし、その目的達成の方法として、「第一に協和事業は、外地の人々を、内地生活を基準として指導教化して、生活の安定向上を図り、盡忠の精神を啓培するのであります」、「第二の方法として、協和事業は、内地の人々の、外地同胞に対する理解を啓発していはれの無い優越感を棄て去らせて双互の信頼を深め、相愛の情誼の促進委努むるものであります。」[1]と述べている。

　さて、筆者は新潟県協和会について「1936年に新潟県内に、朝鮮半島出身者が1,607人であったが、1940年には5,589人と急増し、同化事業対策が課題となった。1939（昭和14）年6月、全国機関である中央協和会の設立に呼応して、新潟県協和会を組織し、国民精神の作興・協和事業の趣旨普及・矯風教化・保護指導・福祉増進・協和事業に関する調査研究を行うことになった」[2]と述べたが、この記述だと、朝鮮人に対して保護や福祉増進の事業を展開したかのような表現となる。しかし、協和会は強制連行した朝鮮人を戦争遂行のため、戦時動員・労務動員するための取り締まり機関として存在したのである[3] 戦時動員・労務動員された朝鮮人には、保護指導や福祉増進どころか逆に過酷な労働条件のもと虐待的労働と悲惨な生活が待っていた。

　たとえば、戦時下ではないが1922（大正11）年7月、中津川第二発電所工事現場での朝鮮人に対する過酷な労働と虐殺事件があり、1934年5月、小瀧村の姫六発電所工事現場で朝鮮人土工が低劣な労働条件であるとして労働争議が勃発し、とくに戦時下の1939年以降、佐渡鉱山での朝鮮人労働者の戦時動員[4]など、新潟県内で朝鮮人が労働力として動員され、弾圧と過酷な労働と生活を強いられた経緯があった。

　本稿では、田代国次郎が指摘する「負の遺産」[5]としての協和事業が

新潟県内でいかに展開したかについて実態的な把握を試みる。
　なお、本稿では、本文、資料において朝鮮人を蔑視する表現の用語があるが、歴史的事実を重要視し、そのまま使用している。

2．新潟県協和会の展開

(1) 新潟県協和会の成立

　前述したように、1939年6月、新潟県協和会が新潟県学務部社会課内に設置されたが、これと併せて、県内に協和会の支会が1939年6月から翌年4月にかけて23カ所設置された[6]。

　協和会について、新潟県協和会会則[7]よりみるに、同会の事務所は新潟県学務部社会課内に設置され（第2条）、目的は「本会は県内在住半島出身者の生活改善並教育教化の徹底に努むると共に内鮮相互の認識を深め以て等しく皇国臣民として同胞一体の実を挙ぐるを目的とす」とあり、①朝鮮人への社会教化、②内鮮融和を通して③朝鮮人の皇国臣民化をすすめ、同胞一体化を図ることにあった。このような目的を掲げる背景には、朝鮮人を戦争遂行のために人的資源として動員する必要があったからである。新潟県の厚生事業の一端として、新潟県協和事業が展開した。目的達成のための事業として、協議会、講習会、講演会、懇談会、映画会の開催およびその他の事業とし（第4条）、社会教化や内鮮融和に資する事業を掲げている。同会役員では、会長に県知事、副会長に県学務部長と県警察部長、理事では常務理事に県社会課長および特別高等警察課長とし、他は会長が委嘱し、評議員は協和会支会長（いずれも所轄警察署長）を充て、幹事若干名を置く（第5条）とあり、県学務部と県警察部が一体となった組織で、社会教化と内鮮融和を図る一方、警察権力で朝鮮人を管理・取り締まりをするための組織であった。

　新潟県協和会の運営資金は1940年は新潟県より3,640円の補助費があり、繰越金260円と寄付金1円、雑収入1円の計3,852円の歳入で、歳出は事務費790円、事業費が協議会日200円、講習会日800円、協和会支会への助成費1,540円、朝鮮へ送還するための送還旅費が150円及

び予備費272円で3,852円であった。事業費を見るに、各種協議会費や朝鮮人に対する社会教化のための講習会費及び支会への事業費補助に補助金が使われているのがわかる。1941年度は県費補助費が4,200円、繰越金が500円、寄付金と雑収入が2円の合計4,702円の歳入で、歳出は事務費が1,000円、事業費が3,530円（協議会費200円、講習会費1,100円、支会助成費1,430円、送還旅費200円、社会教化費500円、教育奨励100円、）および予備費172円の計4,702円であり、社会教化費と教育奨励が新設され、講習会費が増額されている[8]。

（2）新潟県協和会支会の成立

　新潟県協和会の設立と連動して、1939年6月20日設立の安塚支会を皮切りに、翌年の4月18日設立の巻支会まで23カ所の支会がいずれも地区警察署内に設置された。

　新潟県協和会では新潟県協和会何々支会々則準則を設け、支会の事務所を所轄警察署内に置き（同準則1条）、新潟県協和会の目的を達成するため、①日本精神作興に関する事項、②風俗改善に関する事項、③教育奨励に関する事項、④生活改善に関する事項⑤その他の事業（同2条）と具体的にあげ、日本精神の注入と朝鮮人の風俗改善、生活改善および教育を押し付け、朝鮮人としての民族の誇りやアイデンティティーを奪う性質の事業であった。会員を正会員（半島出身者）と賛助会員（本会の事業を援助する者）の2種とし（同4条）、協和事業の対象者である朝鮮人を会員にして、管理・取り締まりを強化できる方策をとっていた。1939年以降日本国内に移入した朝鮮人は協和会に強制加入させられた[9]。事業遂行のため、同一市町村居住の15世帯もしくは一飯場を一事業区とし（同5条）、役員として、支会長は地区の警察署長とされ、副会長1名のほか、幹事若干名をおき、常任幹事として所轄特高主任を充てる（同6条）、本会は事業区毎に指導員並びに補導員を置く、これらは支会長が会員中より任命す（第10条）、指導員および補導員は幹事と協力し所轄事業区の指導に当たる（第11条）とされ（指導員には概ね協和事業に理解を持ち、かつ指導力がある日本人が充てられ、補

導員は会員（朝鮮人）が充てられた[10]、支会は所轄警察署長と所轄特高警察による警察権力で管理・取り締まりを行った。朝鮮人の抗日意識や労働争議など労使紛争さらに飯場からの逃走も含め問題が生じればそれを弾圧する仕組みが出来上がっていたのである[11]。

1940年末現在、新潟県内の朝鮮人数（表1）は4,086人であったが、協和会の正会員になっているのは、全体で1,959人と約半数が加入している。正会員（朝鮮人）の多い支会は、三菱佐渡鉱業所のある相川支会

〈表1〉 新潟県協和事業機構（1940年末調べ）

団体名	設立年月日	所在地	選任指導員数	補導員数	会員数（正会員・準会員）
新潟県協和会	昭和14年6月1日	新潟県社会課内	71	49	県内朝鮮人数 4,086人
新潟支会	昭和14年7月5日	新潟警察署	6	—	正60 準11 計70
村上支会	昭和14年6月28日	村上警察署	1	4	正50 準0 計50
新発田	昭和14年7月3日	新発田警察署	2	6	正55 準1 計56
新津支会	昭和14年7月8日	新津警察署	—	9	正106 準7 計113
燕支会	昭和14年7月21日	燕警察署	3	—	正50 準2 計52
三條支会	昭和14年7月5日	三條警察署	11	—	正47 準35 計82
見附支会	昭和14年8月7日	見附警察署	2	—	正28 準6 計34
與板支会	昭和14年7月30日	與板警察署	—	1	正28 準26 計54
小出支会	昭和14年7月8日	小出警察署	3	6	正54 準0 計54
十日町支会	昭和14年8月15日	十日町警察署	4	—	正250 準8 計258
六日町支会	昭和14年6月25日	六日町警察署	2	—	正18 準7 計25
長岡支会	昭和14年8月8日	長岡警察署	—	—	正51 準3 計54
柏崎支会	昭和14年7月24日	柏崎警察署	9	11	正110 準8 計118
安塚支会	昭和14年6月20日	安塚警察署	—	2	正27 準0 計27
直江津支会	昭和14年8月20日	直江津警察署	—	5	正71 準7 計78
高田支会	昭和14年8月19日	高田警察署	8	—	正65 準200 計265
新井支会	昭和14年8月21日	新井警察署	4	—	正126 準17 計142
糸魚川支会	昭和14年7月25日	糸魚川警察署	6	—	正71 準12 計83
小千谷支会	昭和15年1月13日	小千谷警察署	3	—	正20 準6 計26
津川支会	昭和15年1月15日	津川警察署	—	3	正26 準1 計27
柿崎支会	昭和15年1月23日	柿崎警察署	2	—	正16 準2 計18
相川支会	昭和15年3月10日	相川警察署	4	2	正655 準0 計655
巻支会	昭和15年4月18日	巻警察署	1	—	正11 準17 計28
計			71	49	正1,959 準376 計2,371

注）新潟県協和会『新潟県協和事業要覧』昭和16年8月 pp.18-20

で655人と最も多く、次いで十日町支会の250人、新井支会126人、柏崎支会110人、新津支会106人の順である。

(3) 新潟県協和会主催の事業を以下に挙げる。
①協和事業指導員講習会
　1939年9月4日漢月6日、三條市本成寺、9月7日～月9日、中頸城郡春日村国府
　別院の2会場で協和事業指導員講習会を開催し、本成寺会場では32名、国府別院では17名が受講した[12]。

　講習科目及び講師
　・社会事業一般　鹽川県社会課長　　・日本精神　村川県特高課長
　・内鮮融和の諸問題　樋口寅之助
　・社会生活と道徳　　三條市会場　県社会事業主事　青野俊梁
　　　　　　　　　　　春日村会場　県社会事業主事補　成澤初男
　・指導の任務　県特高課長　篠宮文作
　・時局と国民の覚悟　三條市会場　三條警察署長
　　　　　　　　　　　春日村会場　直江津警察署長
　・敬神崇祖　　　　　三條市会場　八幡宮神職
　　　　　　　　　　　春日村会場　春日山神社神職
　・国史と内鮮関係　県嘱託　五十嵐　棐
　・行事指導　　　　県嘱託　五十嵐　棐

　支会で幹事と協力して担当事業区の補導員や会員の指導に当たる指導員（概ね日本人が充当される）の講習会である。講習内容は、社会事業一般をはじめ、内鮮融和の諸問題、社会生活と道徳は主に県社会課職員が担当し、社会事業と社会教化に関わる内容である。指導員の任務については、県特高課長が担当し、時局と国民の覚悟については、講習会場の所轄警察署長が担当した。日本精神の注入に関わる敬神崇祖については、各講習会場の神職が担当した。国史と内鮮関係と行事指導について

は、新潟県社会課嘱託の五十嵐棐が担当した。具体的な各講習科目の内容については不明であるが、県社会課職員のほかに、県特高警察・警察署長及び神職が講師担当であるところが他の社会事業関連の講習会と異なる点である。すなわち指導員には補導員および会員に対する社会教化や内鮮融和の指導と併せて、管理・取り締まりの役割が担わされたのである。

②協和事業婦人講習会
　朝鮮人の内地化は先ず婦人からという考えから、1940年に新潟県下22ヵ所の協和会支会所在地で婦人講習会を開催した。受講者は22会場合計で719名であった。新潟」県社会課嘱託の五十嵐　棐は、受講者719名を通覧して、半島服着用者が約3割、日本語の全然わからない者が約2割、朝鮮式に片膝を立てて座る者が約2割の状態であり、君が代を歌える者が4割しかなく、心細く感じられたと述べている[13]。

　講習科目及び講師
　・協和事業概説　　特高課
　・国民精神講話　　特高課
　・時局関係講話　　支会長（所轄警察署長）
　・作　法　　　　　社会課
　・国家練習　　　　社会課
　・生活改善講話　　社会課

　協和事業婦人講習会をみると、「協和事業概説」は協和事業が保護や福祉増進の厚生事業であるならば社会課の職員が講師を担当するのが順当なのであるが、特高警察が担当しているところに、協和事業を特色づけている。すなわち、警察権力で管理・統制する性格を有していることを端的に示すものである。しかし、厚生事業が戦争遂行のための事業と捉えるならば、特高警察が担当してもなにも不自然なことではない。

③協和事業男子講習会[14]　　新潟県協和会主催の協和事業男子1日講習

会が1941年1月13日の相川支会をはじめに2月22日の新潟支会まで県下23カ所を会場に行われた。受講者は合計で1,440名であった。

講習科目
・新体制下における協和会員の使命　　特高課員
・協和会員と国民生活　　　　　　　　社会課員
・内鮮協和の諸問題　　　　　　　　　支会長（各警察署長）

これは協和会の男子会員の講習会で、同講習会も婦人講習会と同様で特高警察と警察署が主導で講習会が開催され、一段と警察色が濃くなっている。

④新潟県協和会昭和15年度事業実施状況[15]・婦人講習会　婦人会員の自覚を促し国民精神を顕揚せしめ生活を改善するため4月、5月両月中県下25カ所に於て婦人の一日講習会を開催せり　受講者876名
・第2回男子講習会　内鮮協和国民一体の実を挙げて以て世界新秩序建設に対処すべき高度国防国家体制の整備を期し1月2月両月中県下25カ所に男子1日講習会を開催して皇国臣民としての生活向上並時局下に於ける協和会員としての使命達成に奮起万進を促した、受講者1,707名
・指導員移動講習　先進府県の会員指導状況を実地に見学せしめ以て管内会員指導に資せしむる為3月中優良指導員6名を選抜し愛知、大阪、京都各府県に亘り移動講習会を実施せり
・支会助成　23支会の事業として会員の向上を図る諸会合、家族慰安会、婦人修養会等各種施設を助成する為1,166円を交付す
・季刊雑誌購入配布　中央協和会発行「協和事業」を購入毎月本会役員及支会に配布す

⑤新潟県協和会昭和16年度事業計画[16]　新潟県協和会は昭和16年度事業計画として「皇国精神の涵養と生活の刷新、同胞愛の喚起を目標と

して内鮮両面各人の指導に努む」を一般方針とし、本部事業として(1) 指導者並補導員の指導訓練（①指導者（内鮮係り、小学校教員等）－中堅指導者養成の目的を以て指導者の座談会、研究会、講習会を開催す、②補導員（中堅人物を含む）の訓練－中堅補導員の養成並素質向上を図る為補導員の講習会を開催す③敬神思想の普及並皇国精神の涵養の為年1回各支会より6名簡抜して伊勢神宮並橿原神宮に参拝せしめんとす、(2) 協和事業の趣旨普及（内地人に対する啓蒙）（①主要市町村関係者学校関係者との懇談会を開催す②半島人雇傭主の懇談会を開催す（併而事業の後援を依頼す）③一般内地人に対する斯業認識徹底の為映画会、講演会を開催す）、(3) 就学奨励に関する事業（県内在住者にして中小学校に入学なしたるものに対して就学奨励の為入学祝金として予算内に於て交付向学を奨励せんとす）(4) 協和事業奨励上必要なる印刷物を随時刊行す、(5) 協和事業進展上必要なる調査研究を為すおよび (6) 協和事業功労者及優良支部の事績を調査し感謝状を贈呈す、を挙げていた。

　支会の事業としては、実践細目を基礎として各支会の実情に即したる事業を実施するもとくに本年度は先事項を以て主要目標として、以下の8項目をあげていた。

(1) 精神作興に関する事項　(2) 補導員の訓練
(3) 部落懇談会の開催　(4) 服装改善の徹底的奨励
(5) 国語講習会の開催　(6) 衛生思想の普及
(7) 貯蓄の奨励　(8) 学校、各種団体、各種委員、工場主方面との懇談会開催

⑥新潟県協和会昭和17年度事業計画[17]

　新潟県協和会は戦局が深まる1942年になると、「時局ノ重大ニ鑑ミ会員ヲシテ皇国精神ノ涵養ト時局ニ対スル認識並ニ報恩感謝ノ赤誠ヲ昂揚セシメ銃後奉公ノ至誠ヲ竭サシメントス」の方針を掲げ、本会事業として①連絡強調として、常任幹事会（支会常任幹事：警察署特高主任）の開催、関係各課連絡協議会開催、指導員協議会（各支会指導

員）開催、補導員協議会開催（各支会補導員）、半島人雇用主の懇談会開催、協和教育研究協議会開催（学校職員の協和問題に関する協議会、②指導奨励として、中堅補導員錬成講習会開催（2泊3日）、労務動員に依る労務者指導（朝鮮人労務者の教化指導）、婦人会員の生活改善指導（作法和服着付けその他衛生指導）、補導員移動講習会伊勢神宮、橿原神宮に参拝せしめ敬神思想と皇国精神の涵養）、支会への講師派遣、就学奨励（中小学校に入学したものに対する奨励）の事業を行う計画で、前年度より事業内容が拡張された。

支会の事業計画は、精神作興ニ関する事項、時局に対する認識の徹底、報恩感謝の赤誠の昂揚、補導員並労務指導員の指導訓練、応召農家の勤労奉仕、貯蓄の奨励並公債の購入、補導区懇談会開催、服装改善の徹底奨励、国語講習会の開催、衛生思想の普及、学校、各種団体、工場主方面との懇談会開催で、こちらも事業内容が拡張されている。

⑦「国民協和ノ夕」開催[18]

1942年12月21日、新潟県協和会では戦時下協和事業の重要性を一般に認知させるため中央協会作成の映画「同胞」の発表会を兼ね午後6時より市公会堂にて「国民協和の夕」を開催した。プログラムは開会の辞、国歌斉唱、宮城遥拝、戦捷祈念、主催者の挨拶（新潟県社会課長　木村忠雄）、国民協和の歌・日の丸兄弟、音楽（太平洋行進曲、荒鷲の歌、興亜行進曲、そうだその意気）、詩吟物語（上杉謙信）、舞踊（日本万歳、仲よし小道、君が代行進曲、進むよ日本の兵隊さん、太平洋行進曲、世紀の若人、決意一番、國の幸）、映画「同胞」の上映、合唱（国民協和の歌）、万歳奉唱、閉会の辞であった。

内鮮融和を意図し、時局を反映した戦時色の濃い内容のプログラムである。

さらに、この年、新潟県協和会は11月26日午前11時より同28日昼食までの2泊3日の協和事業補導員錬成講習会を開催した[19]。昼間は各講師の後援を聞き、夜は研究座談会で意見を交換した。なお、受講者（朝鮮人である補導員）一同は、42円を傷痍軍人慰問金とし

て拠金している。拠金についてはどれだけ補導員（朝鮮人）が主体的に拠金しているか疑われる。拠金をせざるを得ない状況に於かれていたことが予想される。会員のリーダー的存在が拠金をすることが美挙につながり、一般会員に拠金を迫ることにも連動する。

協和事業補導員錬成講習会の講習科目と講師
・協和事業に就いて　財団法人中央協和会主事　大久保徳五郎
・協和の目的　本会常務理事特高課長　村川重太郎
・興亜問題としての協和事業　本会理事県会議員　石井　善佐
・現下の国際情勢に就いて　新潟日日新聞社編輯総務　松井　敬
・法　話　堅正寺住職　橋本　禪巖
・国家総力戦と常会　長岡市嘱託　渡邊平治郎
・厚生行政と協和事業　本会理事社会事業主事　土居　顯
・内鮮関係の歴史的考察と国民感覚　本会幹事　五十嵐　棐
・行事指導　本会幹事　五十嵐　棐
・行事指導　本会幹事　新井　三夫
・行事指導　本会幹事　芝田佐一郎
　　　　　　　長岡支会職員

受講者は47人で、講習会の時間表を見れば、1日目は午前11時から夜の8時から8時30分の座禅まで講習会があり、2日目、3日目の朝は5時起床、洗面、座禅から始まるという、かなりハードな講習会（訓練）であった。強制連行された朝鮮人のリーダーとしての補導員であるだけに、協和会では力を入れていたことがわかる。

さらに、1943年5月27日より3日間、協和事業補導員錬成講習会が瀬波町日本会館道場で開催され、補導員36人が受講した[20]。
　講習科目と講師
　・協和事業行政に就いて　中央協和会主事　吉村良司
　・徴兵制実施に就いて　新潟連隊区司令部　吉野中佐
　・日本歴史概要　新潟郷土博物館長　齋藤秀平

・大東亜戦争と協和会員の使命　特高課長　中川薫治
・厚生事業と協和問題　厚生課長　土居　顯
・内鮮関係の歴史的考察　厚生課長　土居　顯
・戦時下産業と協和会員　特高課警部　伊佐早幸吉

　戦局がさらに厳しい状態になるなかで、協和事業も戦時体制下へさらに引き込まれ、朝鮮人のさらなる軍事産業への動員と徴兵が課題となり、講習科目に「徴兵制実施に就いて」、
　「大東亜戦争と協和会員の使命」および「戦時下産業と協和会員」が設けられていた。
　この年さらに、「徴兵制実施に即応すべき朝鮮人壮丁の錬成─これは本年度より協和会に課せられた重大任務の一つである。」[21]とし、県内在住朝鮮人壮丁錬成が北蒲原郡笹岡村大日原陸軍演習所に於いて9月17日から10月6日までの20日間240時間の規程錬成時間で実施された。参加した壮丁は54名であった。なお、最後の1日は東部23部隊に1日入営した。

学科担任
・修身、算数、書方、会話、綴方　新潟県協和会幹事　五十嵐　棐
・読方　前小千谷中学教諭　原　春治
・体練　陸軍准将　佐藤　勘治　外助手数名

期間中課外講演
・9月24日　講演及紙芝居「軍神ノ母」　土居厚生課長
・9月29日　映画「僚機よさらば」「父に祈る」　軍人援護会支部
・10月1日　講演　大政翼賛会県支部　三浦実践部長
・10月2日　講演及紙芝居　「七ツノ石」「父帰る」「軍馬の出征」　松原属
・10月4日　査閲並講演　太田連隊区司令官

1941年、朝鮮人に対し陸軍特別志願兵制が敷かれていたが、戦局が深まる中、内地朝鮮人は日本の軍人として戦争へと駆られていくのであった。「県内在住朝鮮人壮丁錬成」の項には徴兵に湧きだつ3人の朝鮮人のコメント[22]が記載されて、美挙、美談と示されている。それをそのまま朝鮮人全体の声と受け止めるわけにはいかない。強制連行され、厳しい労働と生活を余儀なくされ、そのうえ兵隊に徴用される理不尽さを感じた朝鮮人は多数いたと思われる。そうした状況に追い込むことに手を貸したのが協和会であり、さらにはこの時期の厚生事業である。

(4) 1941年、支会主催の会員指導会の開催[23]

　支会主催による会員対象の指導会が開催された。
① 7月27日、新潟市内本覺寺にて新潟支会女子会員指導会が開催され、26名の女子会員が受講した。映画「杉野兵曹長の妻」の上映後、作法の指導、精神講和あり、10時開始午後3時終了。

講師
・郷土博物館長　齋藤　秀平　　・国防婦人会新潟地方副本部長　斎藤勝子
・県協和会幹事　特高課　新井　三夫　　・県協和会幹事　県社会課　五十嵐　栞

② 8月3日、白山神社社務所にて新潟支会男子会員指導会が開催され、28名の男子会員が受講した。小林社司より神社参拝方式に関する指導を受けた後、精神講話あり、午後1時開始午後5時終了。

講師
・郷土博物館長　齋藤　秀平　　・県協和会幹事　特高課　新井　三夫
・県協和会幹事　県社会課　芝田　佐一郎

③ 8月15日、三川鉱山集会所にて津川支会三川鉱山会員指導会が開催され、男子会員42名、婦人会員11名が受講した。精神講話及び朝鮮視感想談などあり、午前10時開始午後3時終了。

協和会支会においても、協和会の男女会員に対して、精神講話や作法の指導などが実施された。

3．むすびにかえて

以上のように、厚生省協和官の武田行雄が協和事業の方法として、「外地の人々を、内地生活を基準として指導教化して、生活の安定向上を図り、」とあり、朝鮮人に対する保護指導や福祉の増進をうたうが、実際はこれに反して、内地に連行された朝鮮人が過酷な労働条件のもと虐待的労働と悲惨な生活を強いらていたことをそのままにしておいて、それらを緩和、あるいは改善することなく、朝鮮人を暴力的に内地化（皇民化）[24]し、戦時動員、労務動員するために、管理、取り締まる機能を担ったのである。杉山博昭は「問題はなのは、このようなものが社会事業として存在しえたことである」[25]と述べている。

こうした「負の遺産」に向き合い、そこからしっかり学ぶ必要がある。そうでなければ民主主義と平和の下の権利としての社会福祉の基盤を構築することは叶わないだろう。

なお、本稿は拙稿「新潟県における協和事業の展開—新潟県協和会の動向を中心に—」『草の根福祉』第44号、2014を加筆修正したものである。

[注]
1) 武田行雄「協和事業とはどんなものか」『社会事業』（協和事業特輯号）第13巻第9号、昭和16年9月号 pp.2-9
2) 矢上克己『北信越社会事業のあゆみ』清泉女学院短期大学叢書刊行会 1993 p.54

3）朴　慶植『朝鮮人強制連行の記録』未来社、1965p.30、朝鮮人強制連行真相調査団編『強制連行された朝鮮人の証言』明石書店、1990年及び新高教「同和」教育推進委員会編『人の世に熱あれ、人間に光アレー新潟県高等学校「同和」教育資料　第１集―』新潟県高等学校教職員組合、1987年

4）広瀬貞三「佐渡鉱山と朝鮮人労働者」『新潟国際情報大学情報文化学部紀要』（人文科学編）第３号 2000年

5）田代国次郎『続・社会福祉学とは何か―「平和的生存権」―』本の泉社 2013pp.168-195

6）新潟県協和会『新潟県協和事業要覧』1941、pp.18-20

7）新潟県社会事業協会『新潟県社会事業』第11巻第7号、1939年 pp.44-45

8）新潟県協和会『新潟県協和事業要覧』1941、pp.15-17

9）外村　大『朝鮮人強制連行』岩波新書、2012、pp.51-52

10）芝田佐一郎「本県の協和事業概要に就いて」『新潟県社会事業』（協和事業特輯号）第13巻第9号、1941年9月、p.12

11）外村　大『朝鮮人強制連行』岩波新書、2012、pp.51-52

12）新潟県社会事業協会『新潟県社会事業』第11巻第10号、1939、p.90

13）五十嵐　粜「協和事業婦人講習会を終りて」『新潟県社会事業』第12巻第7号 1940、pp.37-39

14）「協和事業男子講習会終了」『新潟県社会事業』第13巻第3号、1941年3月、p.34

15）芝田佐一郎「本県の協和事業概要に就いて」『新潟県社会事業』（協和事業特輯号）第13巻第9号、1941年9月、pp.23-24

16）芝田佐一郎「本県の協和事業概要に就いて」『新潟県社会事業』（協和事業特輯号）第13巻第9号、1941年9月、pp.20-21

17）「昭和17年度新潟県協和会事業計画」『新潟県社会事業』第14巻第5号、1942年5月、pp.15-16

18）「国民協和の夕開催」『新潟県社会事業』第14巻第2号、1942年2月 p.28

19)「協和事業補導員錬成講習会」『新潟県社会事業』第 14 巻第 2 号、1942 年 2 月 pp.29-31

20)「協和事業補導員錬成講習会」『新潟県社会事業』第 15 巻第 7 号、1943 年 7 月 pp.21-22

21)「県内在住朝鮮人壮丁錬成」『新潟県社会事業』第 15 巻第 11 号、1943 年 11 月 pp.21-24

22)「県内在住朝鮮人壮丁錬成」『新潟県社会事業』第 15 巻第 11 号、1943 年 11 月 pp.23-24

23)「協和会支会の会員指導会開催状況」『新潟県社会事業』(協和事業特輯号) 第 13 巻第 9 号、1941 年 9 月、p.44

24) 小沢有作 序「『協和』を忘却の淵から掬いだすために」『協和事業年鑑』〔復刻版〕社会評論社、1990p.4

25) 杉山博昭『近代社会事業の形成における地域的特質—山口県社会福祉の史的特質—』時潮社、2006、p.359

田代国次郎著作目録

田代国次郎著作　主著目録　－1－

No.	〈主著〉書名	発行所	年次	ページ
1	『日本社会福祉施設発達史研究』	社会福祉を勉強する会	1962	54p.
2	『日本社会事業成立史研究』	童心社	1964	304p.
3	『日本社会福祉の基礎的研究』	童心社	1965	225p.
4	『福祉問題研究』（第1巻）	童心社	1965	184p.
5	『福祉問題研究』（第2巻）	童心社	1966	277p.
6	『同和型スラムに関する資料』	童心社	1967	168p.
7	『日本の貧困階層』	童心社	1968	307p.
8	『医療社会福祉研究』	童心社	1969	305p.
9	『老人福祉の諸問題』（社会福祉研究シリーズ No.1）	童心社	1970	27p.
10	『社会福祉の記録』（社会福祉研究シリーズ No.2）	童心社	1970	31p.
11	『東北社会事業史研究（1）－山形県高擶村社会事業協会の歴史－』（社会福祉研究シリーズ晦3)	社会福祉研究センター・資料室	1972	18p.
12	『東京都内スラムの歴史と実態』（社会福祉研究シリーズ No.4）	社会福祉研究センター・資料室	1972	32p.
13	『東北社会福祉問題文献史（1）』（社会福祉研究シリーズ No.6）	社会福祉研究センター・資料室	1973	27p.
14	『東北社会福祉問題文献史（2）』（社会福祉研究シリーズ No.7）	社会福祉研究センター・資料室	1974	16p.
15	『福島県社会事業年報－近代のあゆみ－』（社会福祉研究シリーズ No.9）	広島女子大学・田代研究室	1977	20p.
16	『現代栃木福祉の基礎－栃木県社会事業成立日記－』	社会福祉研究センター	1981	64p.
17	『社会福祉実践方法の展開－ケースワーク実践のあゆみ－』（社会福祉研究シリーズ No.12）	社会福祉研究センター	1983	44p.
18	『山口育児院80年史』	社会福祉法人山口育児院	1984	234p.
19	『21世紀の社会福祉－ヒロシマ社会福祉権の課題－』	相川書房	1989	207p.
20	『戦後社会福祉の展開－広島県の社会福祉問題を中心に－』	渓水社	1990	263p.
21	『社会福祉研究の新居開－社会福祉権科学の検討課題－』	社会福祉研究センター	1993	177p.
22	『地域総合福祉計画の検討』（社会福祉研究シリーズ No.17）	社会福祉研究センター	1995	30p.
23	『高齢者福祉の新展開－高齢者福祉権科学の検討課題－』	社会福祉研究センター	1996	196p.
24	『高齢者福祉の基本問題』	社会福祉研究センター	1997	304p.
25	『社会福祉改革への挑戦』	社会福祉研究センター	1999	244p.
26	『社会福祉政策批判序説』	社会福祉研究センター	2001	309p.
27	『ヒロシマ地域社会福祉史』（田代国次郎著作集1）	社会福祉研究センター	2002	523p.
28	『東北地域社会福祉史』（田代国次郎著作集2）	社会福祉研究センター	2002	521p.

田代国次郎著作目録

No.	〈主著〉書名	発行所	年次	ページ
29	『日本地域社会福祉史』(田代国次郎著作集 3)	社会福祉研究センター	2002	529p.
30	『地域社会福祉調査』(田代国次郎著作集 4)	社会福祉研究センター	2002	525p.
31	『社会福祉基礎問題』(田代国次郎著作集 5)	社会福祉研究センター	2003	551p.
32	『現代社会福祉学講義』	社会福祉研究センター	2003	317p.
33	『医療社会福祉研究』(田村国次郎著作集 6)	社会福祉研究センター	2003	606p.
34	『苦悩する社会福祉学―反戦平和の社会福祉基本原則を守る―』	社会福祉研究センター	2004	243p.
35	『現代社会福祉変革の課題』	本の泉社	2006	365p.
36	『改訂・現代社会福祉学講義』	社会福祉研究センター	2007	297p.
37	『社会福祉研究実践運動』	本の泉社	2007	253p.
38	『地域社会福祉史入門』	社会福祉研究センター	2007	252p.
39	『現代社会福祉労働問題』(社会福祉研究シリーズ M21)	社会福祉研究センター	2008	63p.
40	『戦後社会福祉崩壊史―権利、人権としての社会福祉原則が壊れる―』	社会福祉研究センター	2009	422p.
41	『近現代社会福祉人物小史』(社会福祉研究シリーズ No.23)	社会福祉研究センター	2009	96p.
42	『岡山県社会福祉史ドラマ』	社会福祉研究センター	2010	272p.
43	『近現代地域福祉批判』(社会福祉研究シリーズ No.25)	社会福祉研究センター	2011	80p.
44	『社会福祉学とは何か―現代社会福祉学批判―』	本の泉社	2011	199p.
45	『介護福祉実践の課題』(社会福祉研究シリーズ No.26)	社会福祉研究センター	2012	46p.
46	『続・社会福祉学とは何か―「平和的生存権」実現運動―』	本の泉社	2013	337p.

No.	〈共著〉書名	発行所	年次	ページ
1	『東京都社会福祉年表』	東京都社会福祉協議会	1962	144p.
2	『近代日本社会事業史文献目録』	日本生命済生会	1971	257p.
3	『社会福祉と社会変動』	誠信書房	1971	388p.
4	『社会福祉研究入門』	童心社	1971	283p.
5	『増訂・社会福祉研究入門』	童心社	1972	283p.
6	『社会福祉研究の課題』	ミネルヴァ書房	1973	279p.
7	『秋田県社会事業年表草稿』(社会福祉研究シリーズ No.5)	社会福祉研究センター・資料室	1973	44p.
8	『東北社会福祉年表―戦後東北の社会福祉―』	東北福祉大学	1974	49p.
9	『養育院百年史』	東京都養育院	1974	761p.
10	『社会福祉史入門』	童心書房	1974	138p.
11	『社会福祉辞典』	誠信書房	1974	487p.

No.	〈共著〉書名	発行所	年次	ページ
12	『宮城県保育所の歴史―農繁託児所を中心として―』（社会福祉研究シリーズNo.8）	社会福祉研究センター・資料室	1975	34p.
13	『増訂・社会福祉史入門』	童心書房	1975	164p.
14	『社会福祉と児童福祉』	童心書房	1975	216p.
15	『社会福祉要論』	ミネルヴァ書房	1975	365p.
16	『宮城県教育百年則』（第2巻）	ぎょうせい	1977	983p.
17	『ケースワークの基礎知識』	有斐閣	1977	330p.
18	『社会福祉論―その課題と展望―』	川島書店	1977	222p.
19	『ボランティアの諸問題』（社会福祉研究シリーズNo.10）	社会福祉研究センター・資料室	1978	22p.
20	『社会教育と地域福祉』（全社協選書10）	全国社会福祉協議会	1978	296p.
21	情森県平内町一人暮らし老人の実態』（社会福祉研究シリーズNo.11）		1978	12p.
22	『リッチモンド・ソーシャル・ケースワーク―社会的診断論を中心に―』	有斐閣	1979	215p.
23	『幼児保育学辞典』	明治図書	1980	850p.
24	『社会福祉学概論』	中央法規出版	1981	328p.
25	『社会福祉の歴史』（講座社会福祉2）	有斐閣	1981	370p.
26	『現代社会福祉事典』	全国社会福祉協議会	1982	505p.
27	『現代社会福祉論』	学文社	1982	273p.
28	『社会福祉用語集』（昭和57年度版・非売品）	全国社会福祉協議会	1982	114p.
29	『広島県大百科事典』（上・下）	中国新聞社	1982	
30	『現代社会福祉の展開』	学術図書出版社	1983	235p.
31	『戦前山口育児院史資料―山口育児院80年史・史料―』	社会福祉法人山口育児院	1984	76p.
32	『保育・施設実習の理論と実際』	文化書房博文社	1984	
33	『社会福祉実習教育論』（大島侑 編）	海声社	1985	293p.
34	『論集・近代部落問題1』（部落解放研究所 編）	解放出版社	1986	373p.
35	『日本社会福祉人物史』（上）（田代国次郎、菊池正治 編著）	相川書房	1987	245p.
36	『社会福祉』（幼児教育・保育講座9）（田代国次郎、野口勝己編著）	福村出版	1987	221p.
37	『日本社会福祉人物史』（下）（田代国次郎、菊池正治 編著）	相川書房	1989	309p.
38	『現代日本朝日人物事典』	朝日新聞社	1990	501p.
39	『戦後広島の都市診断』	ミネルヴァ書房	1991	500p.
40	『社会福祉概論』（改訂介護福祉士養成講座1）	中央法規出版	1992	273p.
41	『社会福祉原論』（改訂社会福祉士養成講座1）	中央法規出版	1992	281p.
42	『風と光を―ケア研2周年記念号―』	福島地域ケア研究会	1992	137p.

田代国次郎著作目録

No.	〈共著〉書名	発行所	年次	ページ
43	『高齢者保健福祉の今日的課題』(非売品)	福島県国民健康保険団体連合会	1993	
44	『高齢者福祉の諸問題』(田代不二男先生追悼論集)	相川書房	1994	175p.
45	『社会福祉研究入門』	中央法規出版	1995	294p.
46	『社会福祉概論』(第2版)(改訂介護福祉士養成講座1)	中央法規出版	1996	276p.
47	『社会福祉原論』(第2版)(改訂社会福祉士養成講座1)	中央法規出版	1996	287p.
48	『三訂社会福祉概論』(介護福祉士養成講座1)	中央法規出版	1997	228p.
49	(監修)『現代高齢者福祉入門』	中央法規出版	1998	329p.
50	『岡山孤児院、濃尾孤児院、里子の話』(上笙一郎編〈日本の子どもの歴史叢書〉28 (解説者二田代国次郎)	久山社	1998	329p.
51	『児童史研究のために』(上笙一郎編)	久山社	1998	292p.
52	『21世紀と社会福祉』(人間的富の発展の科学的福祉研究会編)	權歌書房	1998	245p.
53	『三版・社会福祉概論』(三訂介護福祉士養成講座1)	中央法規出版	2000	252p.
54	(監修)『21世紀の児童福祉』	西日本法規出版	2000	215p.
55	『現代社会福祉史入門』(矢山克己と共著)	社会福祉研究センター	2000	271p.
56	『新版・社会福祉概論』(新版介護福祉士養成講座1)	中央法規出版	2001	277p.
57	『日本老人福祉施設政策の展開と現状』	韓国・新羅大学社会科学研究所	2001	179〜198p.
58	『現代社会福祉学』	学文社	2003	278p.
59	『日本の医療ソーシャルワーク史―日本医療社会事業協会の50年―』(50周年記念誌編集委員会〈委員長・田代国次郎〉編)	川島書店	2003	276p.
60	『新修倉敷市史―現代―』(第7巻)	倉敷市	2005	953p.
61	『福祉文化の創造』	ミネルヴァ書房	2005	
62	『社会福祉の未来は』(畠中耕と共著)	社会福祉研究センター倉敷支部	2013	92p.

田代国次郎著作　論文　目録　－2－

No.	論文題名	発行所	年次	ページ
1	「英雄犯罪とマスコミー小松川女高生事件をめぐってー」『社会問題研究会会報』	立正大学社会問題研究会	1958 (昭和33年)	pp.42-44
2	『資本主義社会の一分析』『福祉』(創刊号)	立正大学社会問題研究会	1962 (昭和37年)	pp.11-12
3	「全国ボランティア協会設立趣意書」	童心社	1965 (昭和40年)	pp.1-4
4	「再び崩壊する近代的救貧法案ー産業革命期の救貧思想をめぐってー」 『立正大学社会学・社会福祉学論叢』(第3号)	立正大学社会学・社会福祉学会	1966 (昭和41年2月)	pp.57-76
5	「京浜地区の保育所問題」『京浜文化』(通巻41号)	神奈川県立川崎図書館	1966 (昭和41年3月)	pp.6-10
6	「スラムの生成史」『住宅』(第15巻第5号)	日本住宅協会	1966 (昭和41年5月)	pp.14-27
7	「スラムに関する文献目録」『住宅』(連載・第15巻第5号(第1回から第14回)第17巻第1号まで)	日本住宅協会	1966～1968 (昭和41年5月 ～43年1月)	
8	(書評)「もう一つのアメリカ」 『月刊福祉』(第49巻第6号)	全社協	1966 (昭和41年7月)	p.49
9	「教育・衛生・福祉すべて不在ー神戸市番町スラム地区ー」『生活と福祉』(第120号)	全社協	1966 (昭和41年10月)	pp.8-11
10	「スラムの分類に関する一試論」 『第14回日本社会福祉学会研究報告要旨』	立正大学	1966 (昭和41年11月)	pp.45-46
11	「宮城県社会福祉発達史研究」 『東北福祉大学論叢』(第7～15巻)	東北福祉大学	1968～1976 (昭和43～51年)	
12	〃　〃　(1)		1968 (昭和43年)	pp.201-220
13	〃　〃　(2)		1969 (昭和44年)	pp.63-89
14	〃　〃　(3)		1970 (昭和45年)	pp.57-69
15	〃　〃　(4)		1971 (昭和46年)	pp.61-68
16	〃　〃　(5)		1972 (昭和47年)	pp.17-37
17	〃　〃　(6)		1973 (昭和48年)	pp.43-60
18	〃　〃　(7)		1974 (昭和49年)	pp.73-92
19	〃　〃　(8)		1975 (昭和50年)	pp.25-42

田代国次郎著作目録

No.	論文題名	発行所	年次	ページ
20	「宮城県社会福祉発達史研究」 『東北福祉大学論叢』(第7～15巻) 　　〃　　　〃　　　(9)	東北福祉大学	1976 (昭和51年)	pp.15-34
21	「医療社会福祉(MSW・PSW)年表」 (第16回日本社会福祉学会報告資料)		1968 (昭和43年9月)	pp.1-10
22	「日本社会福祉発達史の一考察」 『日本社会福祉学会第16回大会発表論文集』	北星学園大学	1968 (昭和43年9月)	pp.5-6
23	「社会福祉対象論に関する諸構想」(その1) 『東北福祉研究』(第1号)	日本ソーシャルワーカー協会東北支部	1969 (昭和44年)	pp.69-73
24	「ソーシャルアクション協会の設立を」 『月刊福祉』(第52巻第5号)	全社協	1969 (昭和44年5月)	p.4
25	『東北六県における医療ソーシャルワーカーの実態調査報告集』	東北福祉大学	1969 (昭和44年5月)	pp.1-34
26	「ソーシャルアクション協会の具体的な構想」 『月刊福祉』(第52巻第8号)	全社協	1969 (昭和44年8月)	pp.4-5
27	(書評)「老人扶養を考える」 『月刊福祉』(第52巻第9号)	全社協	1969 (昭和44年9月)	p.58
28	「医療社会福祉(MSW.PSW)の新しい展開」 『日本社会福祉学会第17回大会発表要旨集』	仏教大学	1969 (昭和44年11月)	pp.9-10
29	「社会福祉対象論に関する諸構想」(その2)	日本ソーシャルワーカー協会東北支部	1970 (昭和45年6月)	pp.108-112
30	「第18回全国医療社会事業大会がのこした課題」 『東北ソーシャルワー・カー協会会報』(No.14号)	日本ソーシャルワーカー協会東北支部	1970 (昭和45年6月)	pp.22-24
31	「東北における社会福祉研究活動の状況」 『社会福祉学』(第10号)	日本社会福祉学会	1970 (昭和45年10月)	pp.85-89
32	「医療社会福祉(MSWPSW)の役割と課題」 『山形県医療社会事業研修資料』	山形県医療社会事業協会	1970 (昭和45年11月)	pp.1-2
33	「東北社会事業年表」(戦前編)『東北社会福祉研究』(第3号)	東北日本ソーシャルワーカー協会	1971 (昭和46年4月)	pp.118-121
34	「保育所の運営管理と諸問題 ―保育所をめぐる諸問題―」 『昭和46年度保育所長会議資料』	山形県民生部児童課	1971 (昭和46年5月)	pp.3-6
35	(書評)「一番ヶ瀬康子著『現代社会福祉論』ほか」 『社会福祉研究』(第9号)	鉄道弘済会	1971 (昭和46年10月)	pp.100-102
36	「社会福祉について」 『福祉ジャーナル』(第1号)	福祉ジャーナル編集会	1971 (昭和46年11月)	pp.6-12
37	「全国民生委員児童委員総会が残した課題」 『東北社会ソーシャルワーカー協会会報』(第17号)	日本ソーシャルワーカー協会	1971 (昭和46年11月)	pp.3-4
38	「東北・福祉戦争」 『地域福祉』(通巻第102号)	日本生命済生会	1972 (昭和47年1月)	pp.36-37
39	「故西内潔教授著作目録」 『東北福祉大学論叢』(第11号)	東北福祉大学	1972 (昭和47年3月)	pp.199-200

No.	論文題名	発行所	年次	ページ
40	「東北社会事業史の研究と課題」(1) 『東北社会福祉研究』(第4号)	東北ソーシャルワーカー協会	1972 (昭和47年4月)	pp.140-146
41	『社会福祉職専門制度に関する文献目録』 (その1)『東北社会福祉研究』(特集)	東北ソーシャルワーカー協会	1972 (昭和47年3月)	pp.56-58
42	「社会福祉政策の貧困」 『福祉ジャーナル』(第2号)	福祉ジャーナル編集会	1972 (昭和47年6月)	pp.41-43
43	「社会福祉専門性への素朴な提言」 『社会福祉学』(第12号)	日本社会福祉学会	1972 (昭和47年9月)	pp.79〜84
44	「日本社会福祉学会の発展と研究動向」 『東北福祉大学通信〈特集号〉』	東北福祉大学	1972 (昭和47年10月)	p.1
45	「月よりも遠い"福祉選挙"の現実―障害者3百万人の棄権をどうする―」 『宮城県社会福祉主事協会会報』(第7号)	宮城県社会福祉主事協会	1973 (昭和48年1月)	pp.2-3
46	「仏教社会事業の回顧と東北仏教社会福祉の研究」『日本仏教社会福祉学会年報』(第4・5号)	日本仏教社会福祉学会	1973 (昭和48年3月)	pp.23-31
47	「社会福祉職専門制度の諸問題―社会福祉士法制定試案をめぐって―」 『福祉ジャーナル』(第3号)	福祉ジャーナル編集会	1973 (昭和48年6月)	pp.6-16
48	「東北社会事業史の研究と課題―東北の施設〈処遇〉史検討の一断面―」(2) 『東北社会福祉研究』(第5号)	東北ソーシャルワーカー協会	1973 (昭和48年6月)	pp.151-161
49	「家庭崩壊をよぶ"植物人間"の周辺」 『月刊福祉』(第56巻第6号)	全社協	1973 (昭和48年6月)	pp.26-32
50	「東北地方部会報告」 『社会福祉学』(第14号)	日本社会福祉学会	1973 (昭和48年9月)	pp.156-157
51	「東北仏教社会福祉事業の歴史的検討―福島県仏教社会事業の一断面―」 『日本仏教社会福祉学会年報』(第6号)	日本仏教社会福祉学会	1973 (昭和48年3月)	pp.23-37
52	「仙台における福祉の街づくり運動の経過」 『福祉ジャーナル』(第4号)	福祉ジャーナル編集会	1974 (昭和49年4月)	pp.28-34
53	「宮城県内の〈障害児・者〉実態小史」 『福祉ジャーナル』(第4号)	福祉ジャーナル編集会	1974 (昭和49年4月)	pp.91-102
54	「社会福祉への道」(1) 『福祉大学新聞』(第7号)	東北福祉大学	1974 (昭和49年4月)	p.3
55	「戦後の東北社会福祉活動について―2―」 『東北ソーシャルワーカー協会会報』(No.25号)	東北ソーシャルワーカー協会	1974 (昭和49年9月)	pp.7-8
56	「東北部会報告」 『社会福祉学』(第15号)	日本社会福祉学会	1974 (昭和49年9月)	
57	「コミュニティーオーガニゼーションの問題状況」『福祉ジャーナル』(第5号)	福祉ジャーナル編集会	1974 (昭和49年10月)	pp.49-56
58	東北社会事業史の研究と課題―福島県内戦前の〈障害者〉施設史素描―」(3) 『東北社会福祉研究』(第6号)	東北ソーシャルワーカー協会	1974 (昭和49年12月)	pp.73-45

田代国次郎著作目録

No.	論文題名	発行所	年次	ページ
59	「戦後の東北社会福祉活動について―3―」『東北ソーシャルワーカー協会会報』(第26号)	東北ソーシャルワーカー協会	1975 (昭和50年2月)	pp.5-8
60	「救護施設調査とその問題」『福祉ジャーナル』(第6号)	福祉ジャーナル編集会	1975 (昭和50年6月)	pp.8-9
61	「戦後の東北社会福祉活動について―4―」『東北ソーシャルワーカー協会会報1』(No.27号)	東北ソーシャルワーカー協会	1975 (昭和50年6月)	pp.8-11
62	「市民と共に育つ福祉へ」『社問協ニュース』(No.5)		1975 (昭和50年7月1日)	
63	「第一分科会・くらしと生命・報告」『宮城の社会福祉運動』(第1号)	宮城県社会福祉問題連絡協議会	1975 (昭和50年7月)	pp.1-2
64	(共)「耕英地区住民生活実態調査中間報告書」(東海林栄芳と共同調査)	田代研究室	1975 (昭和50年9月)	p.12
65	「東北部会報告」『社会福祉学』(第16号)	日本社会福祉学会	1975 (昭和50年9月)	p.90
66	「第一回社会福祉講座」『社問協ニュース』(No.6)		1975 (昭和50年9月)	p.1
67	「福祉モデル都市と住民」(その1)『福祉の広場』(第1号)	社会福祉研究センター	1975 (昭和50年10月)	pp.21-30
68	「東北の社会事業」(その1)『福祉の広場』(第1号)	社会福祉研究センター	1975 (昭和50年10月)	pp.68-82
69	「高齢者の労働実態」『福祉の広場』(第1号)	社会福祉研究センター	1975 (昭和50年10月)	pp.83-90
70	「東北社会事業史の研究の動向」『社会事業研究』(第3号)	社会事業史研究会	1975 (昭和50年10月)	pp.37-57
71	(共)「東北六県救護施設実態調査報告」(その1)(その2)	東山荘ボランティアチーム	1974-1975 (昭和49年12月) (昭和50年9月)	p.26 p.60
72	「戦後の東北社会福祉活動について―5―」『東北ソーシャルワーカー協会会報』(No.28号)	東北ソーシャルワーカー協会	1975 (昭和50年10月)	pp.11-15
73	(共)『岩出山農家高齢者生活実態調査報告書』(東北家族研究会)	東北家族研究	1976 (昭和51年2月)	pp.1-11
74	「50年度活動総括―社問協活動の課題―」『昭和50年度、社会福祉問題連絡協議会総会資料集』		1976 (昭和51年3月)	pp.2-4
75	(編)『宮城の社会福祉運動』(第2号)	宮城県社会福祉連絡協議会	1976 (昭和51年3月)	pp.1-15
76	「東北の社会事業」(その2)『福祉の広場』(第2号)	社会福祉研究センター	1976 (昭和51年3月)	pp.225-236
77	「東北凶作下の宮城県内窮乏化状況」『福祉の広場』(第2号)	社会福祉研究センター	1976 (昭和51年3月)	pp.237-242
78	(共)『一人暮らし老人の生活実態調査報告書』	社会福祉研究センター	1976 (昭和51年5月)	pp.1-11
79	「東北社会事業史の研究と課題 (4)」『東北社会福祉研究』(第7号)	東北ソーシャルワーカー協会	1976 (昭和51年6月)	pp.151-162

No.	論文題名	発行所	年次	ページ
80	(共)「開拓地における福祉問題」 『東北社会福祉研究』(第7号)	東北ソーシャルワーカー協会	1976 (昭和51年6月)	pp.31-39
81	「ソーシャルワーカー協会の状況と今後の課題」 『東北ソーシャルワーカー協会会報』(第30号)	東北ソーシャルワーカー協会	1976 (昭和51年6月)	p.15-16
82	「福祉モデル都市と住民」(2) 『福祉の広場』(第3号)	社会福祉研究センター	1976 (昭和51年6月)	pp.39-45
83	「宮城県下児童福祉史の一断面」 『福祉の広場』(第3号)	社会福祉研究センター	1976 (昭和51年6月)	pp.46-55
84	(共)「東北の〈ポックリ信仰〉と老後問題」 『福祉ジャーナル』(第7号)	福祉ジャーナル編集会	1976 (昭和51年6月)	pp.1-6
85	(共)「仙台「福祉モデル都市」点検基礎調査報告」 『福祉ジャーナル』(第7号)	福祉ジャーナル編集会	1976 (昭和51年6月)	pp.7-14
86	「子どもの福祉とは―大人・親から何を学ぶのか―」 (その1)『童心会報』(第10号)	童心会	1976 (昭和51年7月)	p.1
87	(共)『仙台市内一人暮らし老人の実態―市内連坊地区のケースを中心に―』	社会福祉研究センター	1976 (昭和51年9月)	p.12
88	「東北地方部会報告」『社会福祉学』(第17号)	日本社会福祉学会	1976 (昭和51年9月)	pp.121-122
89	(共)「大曲市一人暮らし老人の実態―その生活と福祉ニーズを中心に―」	東北家族福祉研究会・大曲市社会福祉協議会	1976 (昭和51年10月)	pp.１-20
90	「子どもの福祉とは―大人・親から何を学ぶのか―」 (その2)『童心会報』(第12号)	童心会	1976 (昭和51年10月)	pp.1-2
91	「宮城の福祉風土づくり―福祉づくり運動の先縦を大切にするなかで―」 『地域福祉』(通巻122号)	日本生命済生会社会事業局	1976 (昭和51年10月)	pp.29-37
92	「子どもの福祉とは―大人・親から何を学ぶのか―」 (その3)『童心会報』(第13号)	童心会	1977 (昭和52年1月)	pp.1
93	「子どもの福祉とは―大人・親から何を学ぶのか―」 (その4)『童心会報』(第14号)	童心会	1977 (昭和52年1月)	pp.2-3
94	「コミュニティ・オーガニゼーション要論」 (広島県社会福祉主事認定講習会教材)	広島県	1977 (昭和52年1月)	pp.1-8
95	(共)「仙台市内一人暮らし老人の実態 ―市内榴ヶ岡地区のケースを中心に―	社会福祉研究センター	1977 (昭和52年2月)	pp.1-11
96	(共)『高齢者実態調査結果報告書』 (昭和51年7月1日現在)	広島市民生局	1977 (昭和52年3月)	pp.1-52
97	「子どもの福祉とは―大人・親から何を学ぶのか―」 (その5)『童心会報』(第15号)	童心会	1977 (昭和52年3月)	p.1
98	「福島の会報・仲間から多くを学ぶ」『福島社会福祉研究』 (通巻第100号)	福島社会福祉研究会	1977 (昭和52年3月)	pp.2-3
99	(共)「東北地方に於ける独居老人の生活実態―独居老人と生活問題―」『東北社会福祉研究』(第8号)	東北ソーシャルワーカー協会	1977 (昭和52年6月)	pp.163-174
100	「子どもの福祉とは―大人・親から何を学ぶのか―」 (その⑥)『童心会報』(第16号)	童心会	1977 (昭和52年6月)	p.1

田代国次郎著作目録

No.	論文題名	発行所	年次	ページ
101	(共)「街頭募金の功罪」『童心会報』(第16号)	童心会	1977 (昭和52年6月)	pp.2-3
102	「広島県社会事業年表」『福祉の広場』(第5号)	社会福祉研究センター	1977 (昭和52年7月)	pp.44-61
103	「子どもの福祉とは―大人・親から何を学ぶのか―」(その6)『童心会報』(第18号)	童心会	1977 (昭和52年9月)	pp.2-3
104	「東北地方部会報告」『社会福祉学』(第18号)	日本社会福祉学会	1977 (昭和52年9月)	pp.130-131
105	「子どもの福祉とは―大人・親から何を学ぶのか―」(その7)『童心会報』(第19号)	童心会	1977 (昭和52年11月)	p.1
106	「東北民族の輝かしいページを」『東北社会福祉研究会会報』(No.1)	童心会	1977 (昭和52年11月)	pp.3-4
107	「子どもの福祉とは―大人・親から何を学ぶのか―」(8)『童心会報』(第20号)	広島市民生局	1978 (昭和53年1月)	pp.3-4
108	(共)『母子・寡婦世帯生活実態調査結果報告書』(昭和52年7月1日現在)	鉄道弘済会	1978 (昭和53年3月)	pp.1-90
109	(書評)「真田是偏『現代の福祉』右田紀久恵(他)編『社会福祉の歴史』有斐閣」『社会福祉研究』(第22号)	童心会	1978 (昭和53年4月)	pp.91-92
110	「子どもの福祉とは―大人・親から何を学ぶのか―」⑨『童心会報』(第21号)	広島県ケースワーカー協会	1978 (昭和53年4月)	pp.1-2
111	「広島県下貧困ノート―その1―」『いしずえ』(第3号)	社会福祉研究センター	1978 (昭和53年7月)	pp.1-9
112	(共)「ボランティア活動と施設社会化」『福祉の広場』(第6号)	社会福祉研究センター	1978 (昭和53年7月)	pp.22-32
113	「広島県新庄保母養成所の発掘」『福祉の広場』(第6号)	社会福祉研究センター	1978 (昭和53年7月)	pp.33-36
114	「福祉モデル都市と住民」『福祉の広場』(第6号)	童心会	1978 (昭和53年7月)	pp.47-59
115	「子どもの福祉とは―大人・親から何を学ぶのか―」(10)『童心会報』(第22号)	東北ソーシャルワーカー協会	1978 (昭和53年7月)	pp.2-3
116	「広島の研究会だより」『東北ソーシャルワーカー協会会報』(No.36)	協会	1978 (昭和53年7月)	pp.1-6
117	「北国の歴史の証人として」『北の会会報』(第1号)	北の会	1978 (昭和53年7月)	pp.1-2
118	「地域社会福祉史の一考察―その1―」『日本社会福祉学会第26回大会発表要旨集』	日本社会福祉学会	1978 (昭和53年9月)	p.8
119	「ボランティア活動のねらい」『ひろしまボランティア・ニュース』(第1号)	広島市社協	1978 (昭和53年10月)	p.1
120	「瀬戸内の青さは」『東北ソーシャルワーカー協会会報』(No.37)	東北ソーシャルワーカー協会	1978 (昭和53年12月)	pp.11-12
121	「市民の社会福祉意識調査報告」『広島の社会福祉』(広島社会福祉資料No.1)	広島女子大学田代研究室	1979 (昭和54年1月)	pp.1-16

No.	論文題名	発行所	年次	ページ
122	「子どもの福祉とはー大人・親から何を学ぶのかー」(11)『童心会報』(第24号)	童心会	1979(昭和54年1月)	pp.3-4
123	「着実に福祉の『中味』を問うー第1回セミナーを開催してー」『北の会会報』(第2号)	北の会	1979(昭和54年1月)	pp.1-2
124	「広島社会福祉史資料」(第1号)	社会福祉研究センター	1979(昭和54年3月)	pp.1-18
125	「子どもの福祉とはー大人・親から何を学ぶのかー」J『童心会報』(最終号)	童心会	1979(昭和54年3月)	pp.1-2
126	「広島社会福祉史の発掘・形成プロセス」『福祉の広場』(第7号)	社会福祉研究センター	1979(昭和54年3月)	pp.1-39
127	「尾道市社会事業年表」『広島社会福祉史資料』(第2号)	社会福祉研究センター	1979(昭和54年5月)	pp.1-22
128	「ぬくもりをつなぐボランティア活動ーその1ー」『ひろしまボランティア・ニュース』(第2号)	広島市社協	1979(昭和54年7月)	p.1
129	「明日を切り開く福祉労働」『北の会会報』(第3号)	北の会	1979(昭和54年9月)	pp.1-9
130	「地域社会福祉史の一考察ー広島県下の尾道・呉地域の発掘を中心としてー」(その2)『日本社会福祉学会第27回大会発表要旨集』	日本社会福祉学会	1979(昭和54年9月)	pp.37-38
131	「呉市社会事業年表」『広島社会福祉史資料』(第3号)	社会福祉研究センター	1979(昭和54年10月)	pp.1-66
132	「ボランティア10戒ー翔んで翔んでタクワンになるー」「第3回ボランティアフェスティバル」	広島市社会福祉協議会	1979(昭和54年11月)	pp.8-10
133	「宮城県下農村社会事業の一断面ーとくに宮崎村隣保館資料を中心に！」『東北社会福祉史研究』(第2号)	東北社会福祉史研究連絡会	1979(昭和54年11月)	pp.1-15
134	(共)『社会福祉活動をすすめるにあたっての基礎構想（試案）』	広島市社会福祉協議会	1979(昭和54年11月)	pp.1-48
135	(共)『五日市町の一人暮らし老人調査結果』	広島女子大学田代研究室	1979(昭和54年12月)	pp.1-25
136	(共)『社会福祉活動をすすめるにあたっての基礎構想ー地域の福祉力を高めるためにー』	広島市社会福祉協議会	1980(昭和55年1月)	pp.1-71
137	(共)『五日市町の一人暮らし老人』	五日市町社会福祉協議会	1980(昭和55年2月)	pp.1-14
138	「広島の老人福祉ー1人暮らし老人の実態調査ー」(広島社会福祉資料 No.2)	広島女子大学田代研究室	1980(昭和55年2月)	pp.1-31
139	「広島の老人福祉は」『老人大学文集』(第4号)	広島市社会福祉協議会	1980(昭和55年3月)	p.1
140	「ぬくもりをつなぐボランティア活動（その2）」『ひろしまボランティア・ニュース』(第3号)	広島市社会福祉協議会	1980(昭和55年3月)	p.1
141	「各地のソーシャルワーカー協会は現在どうなっているか」胴利福祖（第63巻6月号）	全社協	1980(昭和55年6月)	pp.57-58

田代国次郎著作目録

No.	論文題名	発行所	年次	ページ
142	「嫁と姑の問題を考える」『安浦友愛大学のこの一年の歩み』（第4号）	安浦町社会福祉協議会	1980（昭和55年6月）	pp.89-91
143	「芽ばえる矢野町のボランティア活動」『昭和54年度ボランティア活動報告集』	矢野地区社会福祉協議会	1980（昭和55年7月）	pp.3-4
144	「郷土史研究に課せられた課題」『ふるさとよしうら』（第13号）	吉浦郷土史研究会	1980（昭和55年8月）	pp.1-2
145	「広島県下貧困ノート―その2―」『いしずえ』（第4号）	広島県ケースワーカー協会	1980（昭和55年9月）	pp.45-66
146	「五日市町の老人の同居者の意識―結果報告書―」	五日市町社会福祉協議会	1980（昭和55年9月）	pp.1-13
147	「会長就任にあたってひと言」『広島MSW通信』(No.1)	広島県医療社会事業協会	1980（昭和55年9月）	p.1
148	（共）『五日市町の二人暮らし老人』（調査中間報告）	広島女子大学田代研究室	1980（昭和55年9月）	pp.1-7
149	「広島地域福祉活動史の一断面―尾道慈善会活動を通して―」『福祉の広場』（第8号）	社会福祉研究センター	1980（昭和55年9月）	pp.1-17
150	「渡辺重一（東雲）と呉市社会事業―その1―」『福祉の広場』（第8号）	社会福祉研究センター	1980（昭和55年9月）	pp.64-71
151	「東北凶作下の宮城県内貧困化実態―県内凶作関係史料を中心に―（その1）」『東北社会福祉史研究』（第3号）	東北社会福祉史研究連絡会	1980（昭和55年11月）	pp.47-60
152	「社会福祉労働者はド素人でよいのか―第3回福祉セミナーを開催して―」『北の会会報』（第6号）	北の会	1980（昭和55年11月）	pp.1-10
153	「秋……東京だより」『ひろしまMSW通園（第2号）』	広島県医療社会事業協会	1980（昭和55年12月）	p.1
154	（共）『五日市町の二人暮らし老人―調査結果報告書―』	広島女子大学田代研究室	1981（昭和56年1月）	pp.1-24
155	「市民に福祉づくりの体験を」『ひろしまMSW通信』（第3号）	広島県医療社会事業協会	1981（昭和56年2月）	p.2
156	「国際障害者年を迎えて（上）」『河』（第16号）	河の会	1981（昭和56年2月）	pp.6-12
157	「栃木福祉の底流を探る」（その1）『福祉のひろば』（第11号）	栃木社会福祉教育センター	1981（昭和56年2月）	pp.2-4
158	「国際障害者年を迎えて」『患者と福祉』（第8号）	広島県医療社会事業協会	1981（昭和56年3月）	pp.1-2
159	「地域で支える老人福祉」『地域で考える老人問題』	広島市社会福祉協議会	1981（昭和56年3月）	pp.21～24
160	「日本ソーシャルワーカー協会の再建の動向」『ひろしまMSW通信＝第4号』	広島県医療社会事業協会	1981（昭和56年5月）	p.2
161	「国際障害者年を迎えて（中）」『河』（第17号）	河の会	1981（昭和56年7月）	pp.1-5

No.	論文題名	発行所	年次	ページ
162	「栃木福祉の底流を探る」(その2) 『福祉のひろば』(第13号)	栃木社会福祉教育センター	1981 (昭和56年7月)	pp.1-5
163	「渡辺重一(東雲)と呉市社会事業—その2—」 『福祉の広場』(第9号)	社会福祉研究センター	1981 (昭和56年9月)	pp.118-131
164	「秋田の社会福祉 —第4回福祉セミナーを開催して—」 『北の会福祉セミナー報告書』	北の会	1981 (昭和56年9月)	pp.1-9
165	「社会事業史研究と史資料発掘運動」 『千葉県社会事業史研究』(第5号)	千葉県社会事業史研究会	1981 (昭和56年9月)	pp.1-6
166	「広島県内の老人問題小史」(他) 『広島の老人問題』(広島社会福祉資料 No.3)	広島女子大学田代研究室	1981 (昭和56年11月)	pp.1-27
167	「福祉文化づくりとしてのボランティア活動」 『昭和55年度ボランティア活動報告集』	矢野地区社会福祉協議会	1981 (昭和56年11月)	p.3
168	「国際障害者年を迎えて—中・統一」 『河』(第18号)	河の会	1981 (昭和56年11月)	pp.4-11
169	(共)『高齢被爆者の実態—調査結果報告書—』	広島女子大学田代研究室	1981 (昭和56年12月)	pp.1-32
170	「20世紀の迷信」 『中国新聞』(夕刊)	中国新聞社	1982 (昭和57年2月)	pp.65-77
171	「広島県下貧困ノート—その3—」 『いしずえ』(第5号)	広島県ケースワーカー協会	1982 (昭和57年2月)	pp.65-77
172	「高齢化社会の諸問題」 『都市政策研究』(第2号)	広島都市政策研究会	1982 (昭和57年3月)	pp.95-136
173	「広島県内の障害者福祉小史」『広島の障害者』 (広島社会福祉資料 No.4)	広島女子大学田代研究室	1982 (昭和57年3月)	pp.1-27
174	「幻の国際老人となって」 『患者と福祉』(第9号)	広島県医療社会事業協会	1982 (昭和57年3月)	p.1
175	「横浜孤児院の史的研究」 『広島女子大学文学部紀要』(第17号)	広島女子大学	1982 (昭和57年3月)	pp.1-21
176	「国際障害者年を迎えて(下)」 『河』(第19号)	河の会	1982 (昭和57年3月)	pp.4-13
177	「栃木福祉の底流を探る—その3—」 『福祉のひろば』(第16号)	栃木社会福祉教育センター	1982 (昭和57年3月)	pp.2-5
178	「広島の老人調査」 『老人大学文集』(第6集)	広島市社会福祉協議会	1982 (昭和57年4月)	pp.25-27
179	「草の根福祉の拡大を」 『社協ふなこし』(第32号)	広島市船越地区社会福祉協議会	1982 (昭和57年4月)	p.2
180	「吉浦遊郭の一断面」 『ふるさとよしうら』(第18号)	吉浦郷土史研究会	1982 (昭和57年4月)	pp.1-7
181	「東北凶作下の宮城県内貧困化実態—その2—」 『東北社会福祉史研究』(第4号)	東北社会福祉史研究連絡会	1982 (昭和57年5月)	pp.58-78
182	「広島・中国地方発掘状況」 『東北社会福祉史研究連絡会・会報』(第5号)	東北社会福祉史研究連絡会	1982 (昭和57年5月)	p.5

田代国次郎著作目録

No.	論文題名	発行所	年次	ページ
183	『障害児の早期発見・早期訓練に関する調査』	広島リハビリテーション研究会	1982（昭和57年6月）	pp.1-50
184	「福祉専門職団の大同団結を」『ひろしまMSW通信』(第5号)	広島県医療社会事業協会	1982（昭和57年7月）	pp.1-2
185	「渡辺重一（東雲）と呉市社会事業―その3―」『福祉の広場』(第10号)	社会福祉研究センター	1982（昭和57年9月）	pp.32-63
186	「現代広島福祉の基礎―広島県社会事業成立日記―」『福祉の広場』(第10号)	社会福祉研究センター	1982（昭和57年9月）	pp.78-167
187	「栃木福祉の底流を探る―その4―」『福祉のひろば』(第17号)	栃木社会福祉教育センター	1982（昭和57年10月）	pp.2-5
188	「ヒロシマ草の根福祉群像―その1―」『河』(第21号)	河の会	1982（昭和57年11月）	pp.4-13
189	「1983年社会福祉職の岐路」『ひろしまMSW通信』(第8号)	広島県医療社会事業協会	1983（昭和58年1月）	p.2
190	「老人同居生活の実態―楠町の嫁・姑の生活―」	楠町社会福祉協議会	1983（昭和58年1月）	pp.1-24
191	「ヒロシマ草の根福祉群像―その2―」『河』(第22号)	河の会	1983（昭和58年2月）	pp.2-12
192	「ほとんど病気」『広島女子大学報』(第42号)	広島女子大学	1983（昭和58年2月）	p.1
193	「草の根福祉づくりをいま」『患者と福祉』(第10号)	広島県医療社会事業協会	1983（昭和58年3月）	p.1
194	「誰もが住みよい社会づくりをめざして」『第3回草津公民館社会福祉講座記録集』	広島市西区社会福祉協議会	1983（昭和58年3月）	pp.3-6
195	「広島の廃娼運動」『ふるさとよしうら』(第2号)	吉浦郷土史研究会	1983（昭和58年4月）	pp.1-7
196	「ヒロシマ草の根福祉群像―その3―」『河』(第23号)	河の会	1983（昭和58年7月）	pp.4-13
197	「ヒロシマ草の根福祉」(広島社会福祉資料 No.5)	広島女子大学田代研究室	1983（昭和58年8月）	pp.1-82
198	「福祉権後退の危機をどうする」『ひろしまMSW通信』(第9号)	広島県医療社会事業協会	1983（昭和58年9月）	p.2
199	「渡辺重一（東雲）と呉市社会事業―その4―」『福祉の広場』(第11号)	社会福祉研究センター	1983（昭和58年9月）	pp.50-73
200	『中年男性が家庭を考えるとき―40代サラリーマンの同居意識調査―』	広島女子大学田代研究室	1983（昭和58年10月）	pp.1-36
201	「ヒロシマ草の根福祉群像―その4―」『河』(第24号)	河の会	1983（昭和58年11月）	pp.70-83
202	「草の根『福祉権』づくりへの道」『福祉の窓』(創刊号)	道都大学北川研究室同窓会	1983（昭和58年12月）	pp.5-12
203	「緊急度の高い福祉専門職確立」『ソーシャルワーク研究』(通巻36号)	ソーシャルワーク研究所	1984（昭和59年1月）	pp.18-19

No.	論文題名	発行所	年次	ページ
204	「84年ヒロシマ社会福祉の展望」『ひろしまMSW通信＝No.10号』	広島県医療社会事業協会	1984（昭和59年2月）	pp.1-2
205	『中年男性の同居意識調査』	広島女子大学田代研究室	1984（昭和59年2月）	pp.1-21
206	「おしんと老後福祉」『老人大学文集』（第8集）	広島市社会福祉協議会	1984（昭和59年3月）	pp.22-23
207	『五日市町における在宅ねたきり老人の医療と介護に関する実態調査』	五日市町保健生活課	1984（昭和59年3月）	pp.1-28
208	「戦後日本のコミュニティオーガニゼーション」『広島女子大学文学部紀要』（第19号）	広島女子大学	1984（昭和59年3月）	pp.57-92
209	「再出発1983年11月27日―ソーシャルワーカー協会再建の日―」『隠者と福祉』（第11号）	広島県医療社会事業協会	1984（昭和59年3月）	p.1
210	（書評）「福祉はいかにあるべきか」『社会福祉研究』（第34号）	鉄道弘済会	1984（昭和59年4月）	p.99
211	「ヒロシマ福祉通信」『日本ソーシャルワーカー協会・会報』（第2号）	日本ソーシャルワーカー協会	1984（昭和59年4月）	p.29
212	「ヒロシマ草の根福祉群像―その5―」『河』（第25号）	河の会	1984（昭和59年4月）	pp.66-74
213	「現代広島福祉の基礎―広島社会事業成立日誌―」『草の根福祉』（第12号）	社会福祉研究センター	1984（昭和59年9月）	pp.27-58
214	「戦後日本の養老院設立史ノート―その1―」『草の根福祉』（第12号）	社会福祉研究センター	1984（昭和59年9月）	pp.73-86
215	「地域福祉と医療」『広島の地域と自治体』（第5号）	広島自治体研究所	1984（昭和59年11月）	pp.106-107
216	「社会福祉専門職の危機」『ひろしまMSW通信』（No.11号）	広島県医療社会事業協会	1984（昭和59年12月）	p.1
217	「座談会―20年を顧みて（広島県福祉事業団）―」『事業団通信』	広島県福祉事業団	1984（昭和59年12月）	pp.1-4
218	「ヒロシマ草の根福祉群像―その6―」『河』（第26号）	河の会	1984（昭和59年12月）	pp.44-51
219	『戦後ヒロシマの老年福祉』（広島社会福祉資料No.6)	広島女子大学田代研究室	1985（昭和60年6月）	pp.1-98
220	「広島養老院の史的研究」『広島女子大学文学部紀要』（第20号）	広島女子大学	1985（昭和60年2月）	pp.81-95
221	「福祉権撤退元年にするな」『患者と福祉』（第12号）	広島県医療社会事業協会	1985（昭和60年3月）	p.1
222	「福祉退潮のインデックス」『ひろしまMSW通信』（No.12号）	広島県医療社会事業協会	1985（昭和60年3月）	p.1
223	「転換期の社会福祉政策」『中国新聞』（第32774号）	中国新聞社	1985（昭和60年5月6日）	
224	「北九州市老年福祉のルーツ」『しいのき』（第51号）	社会福祉研修所	1985（昭和60年6月）	pp.1-2

田代国次郎著作目録

No.	論文題名	発行所	年次	ページ
225	『老人ホーム利用の生活意識調査概要』 ―原爆養護ホームの調査結果―	広島女子大学田代研究室	1985 (昭和60年6月)	pp.1-98
226	「1人ぐらしの老年者追跡調査―佐伯区1人ぐらしの老年の5年後―」(社会福祉研究シリーズ沚13)	社会福祉研究センター	1985 (昭和60年9月)	pp.1-24
227	「田代国次郎(贈訂)研究作品目録」 『草の根福祉』(第13号)	社会福祉研究センター	1985 (昭和60年9月)	pp.49-63
228	「戦後ヒロシマ社会福祉日記―ヒロシマ草の根福祉権確立を願って―」 『草の根福祉』(第14号)	社会福祉研究センター	1985 (昭和60年9月)	pp.109-155
229	「ヒロシマ熱い夏」 『ひろしまMSW通信』(No.13号)	広島県医療社会事業協会	1985 (昭和60年9月)	p.1
230	「ヒロシマ草の根福祉群像―その7―」 『河』(第27号)	河の会	1985 (昭和60年11月)	pp.8-20
231	「青春の本棚―社会問題への開眼―」 『中国新聞』(夕刊)	中国新聞社	1985 (昭和60年11月6日)	p.1
232	『続・戦後ヒロシマの老年福祉』 (広島社会福祉資料 No.7)	広島女子大学田代研究室	1986 (昭和61年2月)	pp.1-71
233	「地域の福祉と医療」 『ひろしまの地域とくらし』(増刊号)	広島自治体研究室	1986 (昭和61年3月)	pp.60-62
234	「21世紀は老年者世紀」 『患者と福祉』(第13号)	広島県医療社会事業協会	1986 (昭和61年3月)	p.1
235	「ヒロシマ・老人ホームの諸問題」 『患者と福祉』(第13号)	広島県医療社会事業協会	1986 (昭和61年3月)	pp.17-21
236	「戦後日本のセツルメント施設史序説」 『広島女子大学文学部紀要』(第21号)	広島女子大学	1986 (昭和61年3月)	pp.17-34
237	「21世紀とヒロシマの老年問題―東区内の老年者実態―」	21世紀研究班(広島市)	1986 (昭和61年3月)	pp.1-24
238	「失敗した彼女とのデート」 『第17回生社会福祉学科報』(創刊号)	広島女子大学	1986 (昭和61年4月)	pp.3-4
239	『広島市地域福祉計画』	地域福祉計画検討委員会(広島市)	1986 (昭和61年4月)	pp.1-39
240	「寮母職のルーツを探る(1)」 『しいのき』(第62号)	社会福祉研修所	1986 (昭和61年5月)	pp.1-2
241	「どう生きるか老人 "核家族" の時代」 『月刊家族』(第4号)	家族社	1986 (昭和61年6月)	p.4
242	「寮母職のルーツを探る(2)」 『しいのき』(第63号)	社会福祉研修所	1986 (昭和61年6月)	pp.1-2
243	『続・老人ホーム利用の生活意識調査概要』 ―原爆養護ホームの調査結果―	広島女子大学田代研究室	1986 (昭和61年6月)	pp.1-141
244	『戦後ヒロシマの母子福祉』 (広島社会福祉資料 No.8)	広島女子大学田代研究室	1986 (昭和61年7月)	pp.1-71
245	「2人ぐらしの老年者追跡調査」 (社会福祉研究シリーズ No.14)	社会福祉研究センター	1986 (昭和61年9月)	pp.1-30

No.	論文題名	発行所	年次	ページ
246	「ひろしまの明日を探る」（座談会） 『点検・ひろしま―第二次広島県政白書―』		1986 (昭和61年10月)	pp.116-139
247	「ポックリ死信仰と老後保障」 『広島保険医新聞』（第104号）		1986 (昭和61年11月)	p.1
248	「ヒロシマ草の根福祉群像―その8―」 『河』（第28号）	河の会	1986 (昭和61年12月)	pp.18-28
249	「同居の困難時代」 『昭和61年度老人大学アルバム』	広島市社会福祉協議会	1987 (昭和62年3月)	p.39
250	「国家試験による社会福祉専門職制度確立」 『患者と福祉』（第14号）	広島県医療社会事業協会	1987 (昭和62年3月)	p.1
251	「転換期ヒロシマ社会福祉の諸問題」 『患者と福祉』（第14号）	広島県医療社会事業協会	1987 (昭和62年3月)	pp.15-20
252	(共)「ヒロシマ「老いを支える」市民ホーラム」 『患者と福祉』（第14号）	広島県医療社会事業協会	1987 (昭和62年3月)	pp.14-28
253	「北九州での老後問題（上）」 『しいのき』（第74号）	社会福祉研修所	1987 (昭和62年5月)	pp.1-2
254	「北九州での老後問題（下）」 『しいのき』（第75号）	社会福祉研修所	1987 (昭和62年6月)	pp.1-2
255	「社会福祉士及び介護福祉士法の諸問題」 『ひろしまMSW通信』（No.15号）	広島県医療社会事業協会	1987 (昭和62年7月)	p.1
256	「ヒロシマ草の根福祉群像―その9―」 『河』（第29号）	河の会	1987 (昭和62年11月)	pp.29-39
257	『ヒロシマのやさしさの中で―くすのき苑5周年記念誌―』	くすのき苑	1987 (昭和62年11月)	p.60
258	「二人暮らし老人の集い」 『福祉レポート』（第54号）	福祉法人、佐伯区社協	1987 (昭和62年12月)	pp.2-3
259	『高年期の性意識調査―広島市・和歌山市の調査結果―1（社会福祉研究シリーズNo.15）	社会福祉研究センター	1988 (昭和63年1月)	p.36
260	「高年期の性問題」 『広島女子大学文学部紀要』（第23号）	広島女子大学	1988 (昭和63年1月)	pp.87-102
261	『老いを支える―広島市における老親問題の現状と課題―』	広島市社会福祉協議会	1988 (昭和63年3月)	pp.1-66
262	「高年期の性と生」（上） 『しいのき』（第84号）	社会福祉研修所	1988 (昭和63年3月)	pp.1-2
263	「社会福祉専門職制度の諸問題」 『患者と福祉』（第15号）	広島県医療社会事業協会	1988 (昭和63年3月)	
264	「高年期の性意識調査」 『月刊・ロングライフ』（第12号）	(株)新聞編集センター	1988 (昭和63年3月)	pp.36-42
265	「高年期の性と生」（中） 『しいのき』（第85号）	社会福祉研修所	1988 (昭和63年4月)	pp.1-2
266	「2人ぐらしの老年追跡調査」 『月刊・ロングライフ』（第13号）	(株)新聞編集センター	1988 (昭和63年4月)	pp.10-14

田代国次郎著作目録

No.	論文題名	発行所	年次	ページ
267	「高年期の性と生」(下)『しいのき』(第86号)	社会福祉研修所	1988(昭和63年5月)	pp.1-2
268	「ヒロシマ草の根福祉群像―その10―」『河』(第30号)	河の会	1988(昭和63年8月)	pp.60-71
269	『母子・寡婦世帯実態調査報告書』	広島市民生局	1988(昭和63年8月)	pp.1-139
270	「高年期福祉権とセクシャリティー権の問題」『草の根福祉』(第16号)	社会福祉研究センター	1988(昭和63年9月)	pp.70-106
271	「展望車」『福祉展望』(第16号)	東京都福祉協議会	1988(昭和63年9月)	p.124
272	「人間らしく生きる根源」『いっと』(第25号)	いっと編集室	1988(昭和63年11月)	pp.10-13
273	『現代社会福祉事典』(改訂新版)	全社協	1988(昭和63年12月)	p.528
274	「ヒロシマ社会福祉風土の雑感」『ひろしまMSW通信』(Nd16号)	広島県医療社会事業協会	1988(昭和63年12月)	p.1
275	「日本社会福祉の史的展開(1)」『広島女子大学文学部紀要』(第24号)	広島女子大学	1989(平成元年1月)	pp.1-50
276	(監修)『歩みつづけて40年―創立40周年記念誌―』	広島市母子寡婦福祉連合会	1989(平成元年1月)	pp.1-47
277	「老人福祉法の個人的提案」『ひろしま経営協』(第4号)	広島県社会福祉施設経営者協議会	1989(平成元年2月)	pp.6-9
278	「高年期セクシャリティー権調査」『女性の社会福祉調査』(第一集ヒロシマ社会福祉研究シリーズNo.1)	田代研究室	1989(平成元年3月)	pp.122-133
279	「第一回介護福祉士試験に想う」『老人大学アルバム』(昭和63年度)	広島市社会福祉協議会	1989(昭和63年度)	p.57
280	「協会結成30周年に想う」『患者と福祉』(第16号)	広島県医療社会事業協会	1989(平成元年3月)	p.1
281	「共に生きる―寿老園老人ホーム35周年記念誌―」	寿老園	1989(平成元年5月)	pp.1-209
282	「ヒロシマ草の根福祉群像―その11―」『河』(第31号)	河の会	1989(平成元年8月)	
283	(共)「山口県における高年期福祉の諸問題―その1―」『草の根福祉』(第17号)	社会福祉研究センター	1989(平成元年9月)	pp.97-134
284	(監修)『生きとし生ける年輪―40周年記念誌―』	広島県母子寡婦福祉連合会	1989(平成元年10月)	p.205
285	「本物のソーシャルワーカーに出会う」『戦後社会事業その折々』(永井健二著)		1989(平成元年10月)	p.193
286	「梶村君の実践遺産から学ぶ」『夢と勇気を送り続けて―梶原俊寿を偲んで―』	梶原君追悼文集編集委員会	1989(平成元年10月)	p.54

No.	論文題名	発行所	年次	ページ
287	「高齢者実態調査をとおしての今後の地域福祉の課題」（講演要旨）『保健・福祉みなみくネットワークだより』（第2号）	南区地域保健・福祉推進連絡会議	1989（平成元年11月）	p.1
288	「福祉の原点・半田救護所」中国新聞、1990（1月9日付）（上記論文は『月刊社会福祉』（通巻29号）に転載される）	エル・シー・エル発行	1990（平成2年5月）	
289	転任にあたって『広島女子大学報』（No.63）	広島女子大学	1990（平成2年2月）	p.4
290	「これからのヒロシマが面白い」『広島女子大学紫水会会報』（第34号）	広島女子大学紫水会	1990（平成2年3月）	p.2
291	「国立高年期福祉大学設立の急務」『老人大学アルバム』（平成元年度）	広島市社会福祉協議会	1990（平成2年3月）	p.52
292	「天草卓郎教授の定年退任にあたって」『記念録』	天野教授退官記念録編	1990（平成2年3月）	pp.19-20
293	「日本一高齢地域とソーシャルサポート問題―」『地域の社会福祉調査』（ヒロシマ社会福祉研究シリーズNo.2)	集委員会	1990（平成2年3月）	pp.122-134
294	「社会福祉職員の大同団結を願う」『患者と福祉』（第17号）	広島女子大学田代研究室	1990（平成2年3月）	p.1
295	『広島県母子・寡婦世帯実態調査報告書』	広島県医療社会事業協会	1990（平成2年3月）	p.94
296	「原爆被爆者の家族問題」『戦後広島にみる「都市診断」―社会的・社会病理学的立場から―』	広島県母子寡婦福祉連合会	1990（平成2年3月）	pp.93-98
297	「旅人」『吾陵ニュース』（No.75）	文部省科学研究費（総合研究A）報告書	1990（平成2年7月）	p.1
298	「新地方福祉時代の幕開け」（上・下）	福島大学広報委員会	1990（平成2年8月4日）	
299	「戦後福島県内の人身売買問題」『草の根福祉』（第18号）	福島民報	1990（平成2年9月）	pp.1-21
300	（共）「山口県における高年期福祉の諸問題」『草の根福祉』（第18号）	社会福祉研究センター	1990（平成2年9月）	pp.76-98
301	「社会福祉制度体系の再編元年！―福祉八法改正の諸問題―」『福島社会福祉研究』（第134号）	社会福祉研究センター	1990（平成2年6月）	pp.1-4
302	「社会福祉制度体系の再編元年！―福祉八法改正の諸問題―」『福島社会福祉研究』（第135号）	福島社会福祉研究会	1990（平成2年8月）	pp.1-5
303	「戦後日本の売春問題―広島県内の売春問題を中心に〈1〉―」『行政社会論集』（第3巻2号）	福島社会福祉研究会	1990（平成2年10月）	pp.1-34
304	「戦後社会福祉の一断面」『東北社会福祉史研究』（第10号）	東北社会福祉史研究連絡会	1990（平成2年12月）	pp.75-97
305	「社会福祉制度体系の再編元年③―福祉八法改正の諸問題―」『福島社会福祉研究』（第137号）	福島社会福祉研究会	1990（平成2年12月）	pp.1-7
306	「新保健福祉時代の諸問題（上）」「福島の国保」（第39巻4・5号）	福島県国民健康保険団体連合会	1991（平成3年1月）	pp.4-10

田代国次郎著作目録

No.	論文題名	発行所	年次	ページ
307	「高齢期保健福祉の諸問題」『ふくしま社会福祉』（第1集）	福島大学田代研究室	1991（平成3年3月）	pp.39-61
308	「新保健福祉時代の諸問題（中）」『福島の国保』（第39巻6号）	福島県国民健康保険団体連合会	1991（平成3年3月）	pp.6-12
309	「戦後日本の売春問題ー2ー」『行政社会論集』（第3巻4号）	福島大学行政社会学会	1991（平成3年3月）	pp.128-153
310	「ヒロシマ草の根福祉群像（最終回）」『河』（第32号）	河の会	1991（平成3年4月）	pp.4-15
311	「新保健福祉時代の諸問題（下）」『福島の国保』（第40巻1号）	福島県国民健康保険団体連合会	1991（平成3年5月）	pp.6-14
312	「戦後日本の売春問題」（3）『行政社会論集』（第3巻4号）	福島大学行政社会学会	1991（平成3年6月）	pp.1-38
313	「社会福祉制度体系の再編元年④―福祉八法改正の諸問題―」『福島社会福祉研究』（第210号）	福島社会福祉研究会	1991（平成3年8月）	pp.1-3
314	「東北の社会福祉学研究者・有馬英一郎先生を追悼する」『福島社会福祉研究』（第210号）	福島社会福祉研究会	1991（平成3年8月）	pp.7-8
315	「福島高齢期保健福祉権の諸問題」『草の根福祉』（第19号）	社会福祉研究センター	1991（平成3年9月）	pp.1-9
316	「戦後福島の高齢期福祉権展開ー1ー」『草の根福祉』（第19号）	社会福祉研究センター	1991（平成3年9月）	pp.123-134
317	「保健福祉システムの新展開ー1ー」『河』（第33号）	河の会	1991（平成3年10月）	pp.84-93
318	「高齢期在宅福祉サービスの新展開ーその1ー」『福島の国保』（第40巻第5号）	福島県国民健康保険団体連合会	1990（平成2年1月）	pp.4-10
319	「セクシュアリティと高年期の関連性」『月刊自治』（通巻20号）	全国自治行政協会	1992（平成4年2月）	pp.-32-38
320	「高齢期在宅福祉サービスの新展開ーその2ー」『福島の国保』（第40巻第5号）	福島県国民健康保険団体連合会	1992（平成4年2月）	pp.2-8
321	「福島県内過疎地域の高年齢福祉権問題」『ふくしま社会福祉』（第2集）	福島大学田代研究室	1992（平成4年3月）	pp.1-26
322	「社会福祉権利法制度の検討課題ーその1ー」『ふくしま社会福祉』（第2集）	福島大学田代研究室	1992（平成4年3月）	pp.184-190
323	（共）「ひとり暮らし高齢者生活調査概要」『ふくしま社会福祉』（第2集）	福島大学田代研究室	1992（平成4年3月）	pp.150-183
324	「高齢期在宅福祉サービスの新展開ーその3ー」『福島の国保』（第41巻第1号）	福島県国民健康保険団体連合会	1992（平成4年3月）	pp.6-11
325	「高齢期在宅福祉サービスの新展開ーその4ー」『福島の国保』（第41巻第2号）	福島県国民健康保険団体連合会	1992（平成4年5月）	pp.6-11
326	「戦後福島の高齢期福祉権展開ーその2ー」『草の根福祉』（第20号）	社会福祉研究センター	1992（平成4年9月）	pp.1～23
327	（共）「福島県老人保健福祉計画モデル調査報告書」	福島大学・福島地域ケア研究会（代表、田代国次郎）	1992（平成4年9月）	pp.1-42

田代国次郎先生追悼論文集

No.	論文題名	発行所	年次	ページ
328	「日本社会福祉学会の新執行部決定―新しい代表理事に仲村優一氏―」『福祉地域ケア研究会会報』（第25号）		1992（平成4年10月）	p.7
329	「さまざまな出逢い」『吾陵ニュース』（No.84）	福島大学広報委員会	1992（平成4年11月）	p.14
330	「92年保健福祉10大ニュースの周辺―その1―」『福祉地域ケア研究会会報』（No.27号）		1992（平成4年12月）	pp.6-9
331	「二本松市に県内唯一の介護福祉専門学校設立誘致気運高まる」『福祉地域ケア研究会会報』（No.27号）		1992（平成4年12月）	p.10
332	「新しい時代への脱皮を」『東北・北海道合同研究会ニュース』（第1号）		1992（平成4年11月）	p.5
333	（共）「福島県高齢期保健福祉の現状と課題―その1―」『福島の国保』（第41巻第5号）	福島県国民健康保険団体連合会	1992（平成4年12月）	pp.9-11
334	「福島県ひとり暮らし高齢者生活の歴史と現状」『東北社会福祉史研究』（第12号）	東北社会福祉史研究連絡会	1992（平成4年12月）	pp.38-66
335	「92年保健福祉10大ニュースの周辺―その2―」『福祉地域ケア研究会会報』（No.28号）		1993（平成5年1月）	
336	「保険福祉システムの新展開―その2―」『河』（第34号）	河の会	1993（平成5年1月）	pp.4-18
337	「高齢化社会とこれからの福祉」（講演内容）『福祉人材バンクのしおり』（第2集）	相馬市社会福祉協議会	1993（平成5年2月）	pp.9-18
338	「福祉・福島の新しい動向」『準備会ニュース』（第4号）	福島県介護福祉士会（仮称）	1993（平成5年2月）	p.5-9
339	「保険福祉オンブズマン制度の創設と課題―その1―」『福祉地域ケア研究会会報』（No.29号）		1993（平成5年2月）	p.7-11
340	（共）「福島県高齢期保健福祉の現状と課題―その2―」『福島の国保』（第41巻第6号）	福島県国民健康保険団体連合会	1993（平成5年2月）	pp.5-10
341	「各地の社会福祉士会結成と今後の課題」『福祉地域ケア研究会会報』（No.30号）		1993（平成5年3月）	pp.9-18
342	「元東北ソーシャルワーカー協会会長田代不二男先生を追悼する」『福島社会福祉研究』（通巻219号）	福島社会福祉研究会	1993（平成5年2月）	pp.5-7
343	「保健福祉オンブズマン制度の創設と課題―その2―」『福祉地域ケア研究会会報』（No.21号）		1993（平成5年3月）	pp.6-16
344	（共）『看護職員の就業に関する調査』	社団法人福島県看護協会	1993（平成5年8月）	pp.1-28
345	「戦後福島の高齢期福祉権展開―その3―」『草の根福祉』（No.21号）	社会福祉研究センター	1993（平成5年12月）	pp.90-129
346	「福島市高齢者福祉の現代史―その1―」『東北の社会福祉史研究』（第13号）	東北社会福祉史研究連絡会	1993（平成5年12月）	pp.34-50
347	「福島市の在宅福祉はこれでよいのか」『ふれあいの会＝第16号』		1994（平成6年4月）	p.1

311

田代国次郎著作目録

No.	論文題名	発行所	年次	ページ
348	「高齢者保健福祉計画検証の分析視点と課題―その1―」『福島社会福祉研究』（通巻第226号）	福島社会福祉研究会	1994（平成6年4月）	pp.1-4
349	「高齢者保健福祉計画検証の分析視点と課題―その2―」『福島社会福祉研究』（通巻第227号）	福島社会福祉研究会	1994（平成6年6月）	pp.3-6
350	「社会福祉改革と福島県の福祉動向」『福島県社会福祉士会会報』（第2号）		1994（平成6年8月）	pp.2-6
351	「高齢者保健福祉計画検証の分析視点と課題―その3―」『福島社会福祉研究』（通巻第228号）	福島社会福祉研究会	1994（平成6年8月）	pp.1-4
352	「過疎地域の高齢者保健福祉計画検証」『草の根福祉』（第22号）		1994（平成6年9月）	pp.108-127
353	「高齢者保健福祉計画検証の分析視点と課題―その4―」『福島社会福祉研究』（通巻第229号）	社会福祉研究センター	1994（平成6年10月）	pp.4-7
354	「香川亀人先生を偲んで・偉大なヒロシマ福祉開拓の先駆者―」『ふるさとよしうら』（第38号）	吉浦郷土史研究会	1994（平成6年12月）	pp.37-46
355	「保健福祉システムの新居開―その3―」『河』（第35号）	河の会	1994（平成6年12月）	pp.4-19
356	「高齢者保健福祉計画検証の分析視点と課題―その5―」『福島社会福祉研究』（通巻第230号）	福島社会福祉研究会	1994（平成6年12月）	pp.4-6
357	「福島市高齢者福祉の現代史―その2―」『東北社会福祉史研究』（第14号）	東北社会福祉史研究連絡会	1994（平成6年12月）	pp.89-109
358	「「福祉」最下位県からの脱出を探る―その1―」『介護福祉士』（第20号）	福島県介護福祉士会	1995（平成7年1月）	pp.3-5
359	「高齢者福祉の諸問題」『ふくしのこころ―いわき・ふれあい・ふくし塾講演記録集1―』	いわき市	1995（平成7年1月）	pp.103-111
360	「新ゴールドプラン策定問題と課題（上）」『ゴールドプランの検討』（社会福祉研究センターNo.16）	社会福祉研究センター	1995（平成7年2月）	pp.1-6
361	「「福祉」最下位県からの脱出を探る―その2―」『介護福祉士』（No.22号）	福島県介護福祉士会	1995（平成7年3月）	pp.4-6
362	『市町村地域福祉活動発展計画策定の手引き』	（法人）福島県社会福祉協議会	1995（平成7年3月）	pp.1-80
363	「転換期の高齢者福祉問題」『介護福祉研究ノート』（『介護福祉研究』第2巻2号1994年10月1日発行から転載）	大学教育出版	1995（平成7年4月）	pp.72-81
364	「災害福祉の充実を願う」『震災と行政の社会』（改定増補版）	福島大学行政社会学部	1995（平成7年5月）	p.22
365	「「福祉」最下位県かちの脱出を探る―その3―」『介護福祉士』（No.23号）	福島県介護福祉士会	1995（平成7年5月）	pp.9-12
366	「高齢者保健福祉計画検証の分析視点と課題―その6―」『福島社会福祉研究』（通巻第233号）	福島社会福祉研究会	1995（平成7年6月）	pp.6-7
367	「社会的支援システムの再構築」『社会福祉研究の新基軸』（社会福祉研究シリーズ馳18）	社会福祉研究センター	1995（平成7年7月）	pp.14-26

No.	論文題名	発行所	年次	ページ
368	「高齢者保健福祉計画検証の分析視点と課題―その7―」『福祉社会福祉研究』(通巻第234号)	福島社会福祉研究会	1995 (平成7年8月)	pp.7-8
369	「保健福祉システムの新居開―その4―」『河』(第36号)	河の会	1995 (平成7年10月)	pp.20-37
370	「福島介護福祉専門学校設立のドラマと夢」『河』(第36号)	河の会	1995 (平成7年10月)	pp.38-41
371	「高齢者福祉研究の軌跡―その1―」『草の根福祉』(第23号)	社会福祉研究センター	1995 (平成7年10月)	pp.109-122
372	「高齢者保健福祉計画検証の分析視点と課題―その8―」『福島社会福祉研究』(通巻第235号)	福島社会福祉研究会	1995 (平成7年11月)	pp.6-8
373	「編集後記」『日本社会福祉学会―東北ブロック会員名簿―』		1995 (平成7年1月)	p.9
374	「仮設住宅と高齢者福祉」『(仮称)震災研ニュース』(No.16号)	福島大学1995特定研究グループ世話人会	1995 (平成7年12月)	pp.2-4
375	「河添邦俊先生を偲ぶ」『河添邦俊追悼集』	河添邦俊を偲ぶ会実行委員会	1995 (平成7年12月)	pp.5-6
376	「高齢者保健福祉計画検証の分析視点と課題―その9―(最終回)」『福島社会福祉研究』(通巻236号)	福島社会福祉研究会	1995 (平成7年12月)	pp.6-8
377	「高齢者介護殺人、自殺、心中問題等の実態」『高齢者福祉の再構築』(社会福祉研究シリーズNo.19)	社会福祉研究センター	1996 (平成8年2月)	pp.30-45
378	「仮設住宅と高齢者福祉」『地震災害に関する社会科学的研究―阪神大震災を中心にした総合研究―』	福島大学行政社会学部	1996 (平成8年3月)	pp.96-101
379	「戦後高齢者福祉の研究ノート」『福島大学地域研究』(第7巻第4号)	福島大学地域研究センター	1996 (平成8年3月)	pp.43-70
380	『福島市障害者施策新長期計画』	福島市	1996 (平成8年3月)	pp.1-231
381	「老人福祉法と今城貢二」『高齢者福祉の再点検』(社会福祉研究シリーズNo.20)	社会福祉研究センター	1996 (平成8年6月)	pp.32-44
382	「介護保険制度の検討課題―その1―」『高齢者福祉の再点検』(社会福祉研究シリーズNo.20)	社会福祉研究センター	1996 (平成8年6月)	pp.45-58
383	「福島市社会的不利益者福祉の現代史―その1―」『東北社会福祉史研究』(第15号)	東北社会福祉史研究連絡会	1996 (平成8年8月)	pp.42-70
384	「限りない人間の可能性を求めて」『第1会福島県介護福祉士会公開講座報告書』		1996 (平成8年6月)	pp.44-45
385	「介護保険制度の検討課題―その2―」『草の根福祉』(第24号)	社会福祉研究センター	1996 (平成8年10月30日)	pp.18-38
386	「介護保険制度の検討課題」『月刊総合ケア』(第6号第12号)		1996 (平成8年12月)	p.52
387	「筆者から一筆啓上(草の根福祉:第24号)」『総合社会福祉研究所所報』(第38号)		1996 (平成8年12月)	p.9

田代国次郎著作目録

No.	論文題名	発行所	年次	ページ
388	「7つの福祉改革を」	山陽新聞	1997 (平成9年3月30日)	p.1
389	「高齢者福祉権の検証―その1―」 『草の根福祉』(第25号)	社会福祉研究センター	1997 (平成9年5月)	pp.65-89
390	「岡山県高齢者福祉の現代史―その1―」 『草の根福祉』(第26号)	社会福祉研究センター	1997 (平成9年10月)	pp.34-56
391	「石井十次と西内潔先生」 『ゆうばな』(第15号)	倉敷市立短期大学同窓会	1997 (平成9年10月)	p.5
392	「野菊咲く"田代文庫"想う」 『LIBRARY』(No.23)	倉敷短期大学付属図書館	1997 (平成9年10月)	p.2
393	「現代の福祉事件を考える」 『地域福祉情報』(通巻66号)	ジャパン通信情報センター	1997 (平成9年11月)	pp.7-16
394	(共)『事例追跡による秋保町二人暮らし高齢者生活実態調査報告』	山口地域ケア研究会	1997 (平成9年12月)	pp.1-86
395	「介護保険制度導入の諸問題」 『東北介護福祉研究』(第1号)	福島介護福祉専門学校	1998 (平成10年3月)	pp.8-29
396	「福祉マンパワーの充実急務」 『月刊介護保険』(第3巻第26号)		1998 (平成10年5月)	pp.40-41
397	(共)『平成9年度自己評価委員会報告書―本学の教育とその周辺―』	倉敷市立短期大学自己評価委員会	1998 (平成10年5月)	pp.1-33
398	「保健福祉システムの新展開―その5―」 『河』(第37号)	河の会	1998 (平成10年6月)	pp.41-57
399	「福祉専門職をめぐる諸問題」 『草の根福祉』(第27号)	社会福祉研究センター	1998 (平成10年6月)	pp.12-32
400	「日本型ビッグバンの諸問題」 『草の根福祉』(第27号)	社会福祉研究センター	1998 (平成10年6月)	pp.33-53
401	「日本児童福祉史の先駆的遺産」 『草の根福祉』(第27号)	社会福祉研究センター	1998 (平成10年6月)	pp.81-93
402	「福祉・保育のビッグバンを迎えて」 『ゆうばな』(第16号)	倉敷市立短期大学同窓会	1998 (平成10年9月)	p.1
403	「岡山県高齢者福祉の現代史―その2―」 『草の根福祉』(第28号)	社会福祉研究センター	1998 (平成10年10月)	pp.22-52
404	(共)「一人暮らし高齢者生活実態追跡調査」 『草の根福祉』(第28号)	社会福祉研究センター	1998 (平成10年10月)	pp.91-105
405	「国際高齢者年をめぐる諸課題」 『東北介護福祉研究』(第2号)	福島介護福祉専門学校	1999 (平成11年3月)	pp.2-16
406	「埼玉県高齢者福祉の現代史―その1―」 『草の根福祉』(第29号)	社会福祉研究センター	1999 (平成11年6月)	pp.122-145
407	「高齢者自殺問題への接近」 『草の根福祉』(第30号)	社会福祉研究センター	1999 (平成11年9月)	pp.49-67
408	「世紀末開催の福祉学会風景」 『立正大学社会福祉学部ニュース・ヒタ』(第5号)		1999 (平成11年12月)	p.12

No.	論文題名	発行所	年次	ページ
409	「官僚福祉脱出を願う筑前ソーシャルワーク」『デクノボウ・ベニ助先生を偲んで』	筑前勘七追悼集編集委員会	2000 (平成12年2月)	pp.96-97
410	「長期不況時代の中高年自殺問題」『東北介護福祉研究』(第3号)	福島介護福祉専門学校	2000 (平成12年3月)	pp.2-16
411	「戦後社会福祉史研究ノート（その1）」『立正大学社会福祉研究所年報』(第2号)		2000 (平成12年3月)	pp.45-82
412	「田代運営委員の社会福祉・オンブズマン関係文献紹介コーナー①」『福祉オンブズおかやま会報』(創刊号)	福祉オンブズおかやま	2000 (平成12年6月)	p.1
413	「戦後倉敷市社会福祉の展開—その1—」『草の根福祉』(第31号)	社会福祉研究センター	2000 (平成12年6月)	pp.115-132
414	「豊かな人間性—21世紀めざして—」『立正大学学園新聞』(第70号)		2000 (平成12年7月1日)	p.1
415	「日本老人福祉施設政策の展開と現状」『高齢社会と老人福祉施設』	(韓国)新羅大学社会科学研究所	2000 (平成12年9月)	pp.25-42
416	「21世紀を福祉の世紀に」『立正大学橘父兄会会報』(第58号)	立正大学	2000 (平成12年10月)	p.41
417	「福祉オンブズマン制度に関する諸問題」『福島社会福祉研究』(通巻第256号)	福島社会福祉研究会	2000 (平成12年10月)	pp.4-10
418	「田代運営委員の社会福祉・オンブズマン関係文献紹介コーナー②」『福祉オンブズおかやま会報』(第2号)	福祉オンブズおかやま	2000 (平成12年10月)	pp.6-7
419	「戦後倉敷市社会福祉の展開—その2—」『草の根福祉』(第32号)	社会福祉研究センター	2000 (平成12年11月)	pp.129-147
420	「田代運営委員の社会福祉・オンブズマン関係文献紹介コーナー③」『福祉オンブズおかやま会報』(第3号)	福祉オンブズおかやま	2001 (平成13年1月)	pp.6-7
421	「市場原理型福祉号は何処に行く」『福祉オンブズおかやま会報』(第3号)	福祉オンブズおかやま	2001 (平成13年1月)	p.3
422	「21世紀の社会福祉改革—その1—」『河』(第38号)	河の会	2001 (平成13年1月)	pp.4-22
423	「戦後社会福祉史研究ノート—その2—」『人間と福祉』(第9号)	立正大学	2001 (平成13年2月)	pp.1-25
424	「21世紀社会福祉像の再生をさぐる」『地域福祉情報』(通巻106号)	ジャパン通信情報センター	2001 (平成13年3月)	pp.10-16
425	「秩父市社会福祉の展開」『福祉コミュニティーの形成に関する総合的研究—秩父市の場合—』	立正大学社会福祉研究所	2001 (平成13年3月)	pp.3-35
426	「世紀末高齢者福祉の一断面」『東北介護福祉研究』(第4号)	福島介護福祉専門学校	2001 (平成13年4月)	pp.41-51
427	「田代運営委員の社会福祉・オンブズマン関係文献紹介コーナー④」『福祉オンブズおかやま会報』(第4号)	福祉オンブズおかやま	2001 (平成13年3月)	pp.2-16

田代国次郎著作目録

No.	論文題名	発行所	年次	ページ
428	「田代運営委員の社会福祉・オンブズマン関係文献紹介コーナー⑤」 『福祉オンブズおかやま会報』(第5号)	福祉オンブズおかやま	2001 (平成13年6月)	pp.45-82
429	「立正大学社会福祉教育の歩み―その1―」 『立正大学社会福祉研究』(第3巻1号)	立正大学社会福祉学会	2001 (平成13年9月)	p.1
430	「歴史的基礎に根ざす福祉専門職養成」 『立正大学学園新聞』(第75号)		2001 (平成13年10月)	pp.115-132
431	「田代運営委員の社会福祉・オンブズマン関係文献紹介コーナー⑥」 『福祉オンブズおかやま会報』(第6号)	福祉オンブズおかやま	2001 (平成13年10月)	pp.1-2
432	「新しい21世紀に吹く風は」 『中国四国社会福祉史研究会会報』(第1号)	中国四国社会福祉史研究会	2001 (平成13年10月)	p.1
433	「田代運営委員の社会福祉・オンブズマン関係文献紹介コーナー⑦」 『福祉オンブズおかやま会報』(第7号)	福祉オンブズおかやま	2002 (平成14年1月)	pp.1-2
434	「田代運営委員の社会福祉・オンブズマン関係文献紹介コーナー⑧」 『福祉オンブズおかやま会報』(第8号)	福祉オンブズおかやま	2002 (平成14年3月)	pp.1-2
435	「地域の社会福祉史研究をさぐる」 『北信越社会福祉史研究』(第1号)	北信越社会福祉史研究会	2002 (平成14年3月)	pp.5-11
436	「期待・夢と希望」 『地域社会福祉史研究会連絡協議会会報』(第1号)	地域社会福祉史研究会連絡協議会	2002 (平成14年5月)	pp.4-6
437	「田代運営委員の社会福祉・オンブズマン関係文献紹介コーナー⑨」 『福祉オンブズおかやま会報』(第9号)	福祉オンブズおかやま	2002 (平成14年6月)	pp.1-2
438	「社会福祉労働の危機を問う」 『中国四国社会福祉史研究』(第1号)	中国四国社会福祉史研究会	2002 (平成14年6月)	pp.1-10
439	「21世紀社会福祉問題実態―その1―」 『東北介護福祉研究』(第5号)	福島介護福祉専門学校	2002 (平成14年8月)	pp.1-25
440	「田代運営委員の社会福祉・オンブズマン関係文献紹介コーナー⑩」 『福祉オンブズおかやま会報』(第10号)	福祉オンブズおかやま	2002 (平成14年10月)	pp.1-2
441	「福祉オピニオンリーダーを問え」 『中国四国社会福祉史研究会会報』(第2号)	中国四国社会福祉史研究会	2002 (平成14年10月)	pp.1-2
442	「戦後倉敷市社会福祉の展開―その3―」 『草の根福祉』(第34号)	社会福祉研究センター	2002 (平成14年11月)	pp.129-157
443	「冷たい社会福祉物故者への追悼評価」 『中国四国社会福祉史研究会会報』(第3号)	中国四国社会福祉史研究会	2003 (平成15年2月)	pp.1-2
444	「田代運営委員の社会福祉・オンブズマン関係文献紹介コーナー⑪」 『福祉オンブズおかやま会報』(第11号)	福祉オンブズおかやま	2003 (平成15年3月)	pp.1-2
445	「田代運営委員の社会福祉・オンブズマン関係文献紹介コーナー⑫」 『福祉オンブズおかやま会報』(第12号)	福祉オンブズおかやま	2003 (平成15年4月)	pp.5-6

No.	論文題名	発行所	年次	ページ
446	「社会福祉の原点を深めよ」 『中国四国社会福祉史研究』(第2号)	中国四国社会福祉史研究会	2003 (平成15年6月)	pp.1
447	「ヒロシマ地域社会福祉史の一断面―呉市社会事業と香川亀人を中心に―」 『中国四国社会福祉史研究会会報』(第2号)	中国四国社会福祉史研究会	2003 (平成15年6月)	pp.29-48
448	「21世紀社会福祉史福祉問題実態―その2―」 『東北介護福祉研究』(第6号)	福島介護福祉専門学校	2003 (平成15年8月)	pp.71-90
449	「田代運営委員の社会福祉・オンブズマン関係文献紹介コーナー⑬」 『福祉オンブズおかやま会報』(第14号)	福祉オンブズおかやま	2003 (平成15年10月)	pp.5-6
450	「反戦歌と社会福祉原則―その1―」 『草の根福祉』(第35号)	社会福祉研究センター	2003 (平成15年11月)	pp.85-160
451	「社会福祉実践の過去・現在・未来―私の40余年社会福祉研究の夢とロマン―」 『福島社会福祉研究』(通巻第266号)	福島社会福祉研究会	2003 (平成15年11月)	pp.1-4
452	「田代運営委員の社会福祉・オンブズマン関係文献紹介コーナー⑭」 『福祉オンブズおかやま会報』(第15号)	福祉オンブズおかやま	2004 (平成16年1月)	pp.5-6
453	「地域総合福祉政策へのアプローチ」、「高齢者福祉の動向」(福祉コミュニティーに関する比較研究)『立正大学社会福祉研究所年報』(第6号) (プロジェクト研究報告書『福祉コミュニティーに関する比較研究I 埼玉県上福岡市と小鹿野町を事例として―』立正大学社会福祉研究所)	立正大学社会福祉研究所	2004 (平成16年3月)	pp.1-267
454	「田代運営委員の社会福祉・オンブズマン関係文献紹介コーナー⑮」 『福祉オンブズおかやま会報』(第16号)	福祉オンブズおかやま	2004 (平成16年4月)	pp.5-6
455	「社会福祉オンブズマン制度の拡大を」 『中国四国社会福祉史研究』(第3号)	中国四国社会福祉史研究会	2004 (平成16年6月)	pp.1-4
456	「反戦平和と社会福祉原則」 『中国四国社会福祉史研究』(第3号)	中国四国社会福祉史研究会	2004 (平成16年6月)	pp.5-25
457	「史料(1)中国・四国地方社会事業紹介」 『中国四国社会福祉史研究』(第3号)	中国四国社会福祉史研究会	2004 (平成16年6月)	pp.1-82
458	「借金王国日本の行方はどこか」(巻頭言) 『中国四国社会福祉史研究』(第4号)	中国四国社会福祉史研究会	2004 (平成16年8月)	pp.1-2
459	「21世紀社会福祉史福祉問題実態―その3―」 『東北介護福祉研究』(第6号)	福島介護福祉専門学校	2004 (平成16年8月)	pp.41-54
460	(共)「東北部会史」『社会福祉の学研究の50年―日本社会福祉学会のあゆみ―』(日本福祉学会編)	ミネルヴァ書房	2004 (平成16年10月)	pp.367-387
461	「田代運営委員の社会福祉・オンブズマン関係文献紹介コーナー⑯」 『福祉オンブズおかやま会報』(第18号)	福祉オンブズおかやま	2004 (平成16年10月)	pp.5-6
462	「戦後倉敷市社会福祉の展開―その4―」 『草の根福祉』(第36号)	社会福祉研究センター	2004 (平成16年10月)	pp.75-111

田代国次郎著作目録

No.	論文題名	発行所	年次	ページ
463	「現場を脅かす市場原理―福祉自由化の落とし穴―」『中国新聞』（朝刊）		2005（平成17年4月3日）	
464	「反戦・平和がない国に社会福祉は育たない」『じむきょく通信』（第17号）	報復戦争に反対する会	2005（平成17年1月）	pp.4
465	「地域福祉ニューユニオン結成を願う」（巻頭言）『中国四国社会福祉史研究』（第4号）	中国四国社会福祉史研究会	2005（平成17年）	pp.1
466	「史料（2）中国・四国地方社会事業紹介」『中国四国社会福祉史研究』（第4号）	中国四国社会福祉史研究会	2005（平成17年）	pp.117-126
467	「戦後社会福祉崩壊史の一断面―その1―」『中国四国社会福祉史研究』（第4号）	中国四国社会福祉史研究会	2005（平成17年）	pp.73-99
468	「21世紀社会福祉問題実態―その4―」『東北介護福祉研究』（第8号）	福島介護福祉専門学校	2005（平成17年）	
469	「戦後社会事業史の開拓者・吉田久一先生を追悼する」『東北社会福祉史研究連絡会報』（第28号）	東北社会福祉史研究連絡会	2006	2～3p.
470	「田代運営委員の社会福祉・オンブズマン関係文献紹介コーナー（18）」『福祉オンブズおかやま会報』（第24号）	福祉オンブズおかやま	2006	10～11p.
471	「追悼・吉田久一社会事業史学の周辺」『中国四国社会福祉史研究会会報』（第6号）	中国四国社会福祉史研究会	2006	1～2p.
472	「社会福祉研究連携運動の再構築を願う」『中国四国社会福祉史研究会会報』（第5号）	中国四国社会福祉史研究会	2006	1～4p.
473	「反戦詩と社会福祉原則」『草の根福祉』（第37号）	社会福祉研究センター	2006	211～241p.
474	「戦後社会福祉崩壊史の一断面―その2―」『中国四国社会福祉史研究会会報』（第5号）	中国四国社会福祉史研究会	2006	41～90p.
475	「戦後社会福祉崩壊ドキュメント断面―その1―」『東北介護福祉研究』（第9号）	東北介護福祉専門学校	2006	1～39p.（34～72p.）
476	「戦後社会福祉崩壊ドキュメント史―その1―」『草の根福祉』（第38号）	社会福祉研究センター	2006	173～227p.
477	「日本福祉列島『沈没』物語―その1―」『福島社会福祉研究』（第280号）	福島社会福祉研究会	2006	1～5p.
478	「日本福祉列島『沈没』物語―その2―」『福島社会福祉研究』（第280号）	福島社会福祉研究会	2006	6～12p.
479	「旧白峰村地区一人暮らし高齢者の実態」（第1集）	金城大学一人暮らし高齢者調査グループ	2006	1～24p.
480	「社会福祉の未来はどうなるのか」『福島社会福祉研究』（第281号）	福島社会福祉研究会	2006	22～27p.
481	「日本福祉列島『沈没』物語―その3、4―」『福島社会福祉研究』（第281号）	福島社会福祉研究会	2006	1～20p.
482	「日本福祉列島＜沈没＞物語―その5―」『福島社会福祉研究』（第282号）	福島社会福祉研究会	2007	2～10p.
483	「岡山県社会事業史研究と守屋茂の周辺―その1―」『中国四国社会福祉史研究会会報』（第6号）	中国四国社会福祉史研究会	2007	47～72p.

No.	論文題名	発行所	年次	ページ
484	「戦後社会福祉崩壊ドキュメント断面―その2―」『東北介護福祉研究』(第10号)	東北介護福祉専門学校	2007	31～56p.
485	「追悼・斉藤浩哉校長を偲んで」『東北介護福祉研究』(第10号)	東北介護福祉専門学校	2007	2～3p.
486	「歴史・逆行を厳しく問え」〈巻頭言〉『中国四国社会福祉史研究会会報』(第7号)	中国四国社会福祉史研究会	2007	1～2p.
487	「社会福祉研究実践運動」(著書紹介)『図書館だより』(第18号)	関西福祉大学	2007	2p.
488	「戦後社会福祉崩壊ドキュメント史―その2―」『草の根福祉』(第39号)	社会福祉研究センター	2007	187～229p.
489	「無知をいかに認めるか」『図書館だより』(第1号)	山口福祉文化大学	2007	1p.
490	「若い新人類に期待する」『東北社会福祉史研究連絡会』(第30号)〈30周年特集号〉	東北社会福祉史研究連絡会	2008	1p.
491	「斉藤浩哉初代校長の福祉思想に学ぶ」『熱き祈り―斉藤浩哉先生追悼、福島介護福祉専門学校のあゆみ―』	福島介護福祉専門学校	2008	195～220p.
492	「〈こころ〉の声を聴く」『図書館だより』(第2号)	山口福祉文化大学図書館	2008	1p.
493	「本田久市がやり残した研究の継承を」『東北社会福祉史研究』(第26号)	東北社会福祉史研究連絡会	2008	1～2p.
494	「岡山県社会事業史研究と守屋茂の周辺―その2―」『中国四国社会福祉史研究会会報』(第7号)	中国四国社会福祉史研究会	2008	47～71p.
495	「追悼・やさしい風と光の唯木君を偲ぶ」『東北介護福祉研究』(第11号)	東北介護福祉専門学校	2008	2～3p.
496	「戦後社会福祉崩壊ドキュメント断面―その3―」『東北介護福祉研究』(第11号)	東北介護福祉専門学校	2008	32～54p.
497	「著書紹介・地域社会福祉史入門」『図書館だより』(No.19)	関西福祉大学	2008	1p.
498	「戦後社会福祉崩壊ドキュメント史―その3―」『草の根福祉』(第40号)	社会福祉研究センター	2008	181～205p.
499	「戦後社会福祉崩壊ドキュメント史―その4―」『草の根福祉』(第40号)	社会福祉研究センター	2008	207～253p.
500	「冷静に原点を見つめる」〈巻頭言〉『中国四国社会福祉史研究会会報』(第8号)	中国四国社会福祉史研究会	2008	1～2p.
501	「新しい風を呼び起すには」『ゆたかなくらし』	本の泉社	2009	2～3p.
502	「唯木君追悼記念論集発刊を記念して」『唯木雅剛君追悼記念論集―雨にも負けず―』	唯木雅剛君追悼記念論集会	2009	1～3p.
503	「高度経済成長期の社会福祉崩壊断面」『唯木雅剛君追悼記念論集―雨にも負けず―』	唯木雅剛君追悼記念論集会	2009	153～207p.
504	「岡山県社会事業史研究と守屋茂の周辺―その3―」『中国四国社会福祉史研究』(第8号)	中国四国社会福祉史学会	2009	55～83p.
505	「大胆な研究視点の転換を問う」『中国四国社会福祉史研究学会報』(第9号)	中国四国社会福祉史学会	2009	1～2p.

田代国次郎著作目録

No.	論文題名	発行所	年次	ページ
506	「私説・近現代社会福祉人物史―その1―」 『東北介護福祉研究』（第12号）	東北介護福祉専門学校	2009	68～102p.
507	「再連載・保健福祉システムの新展開（その1・2）」 『河』（第39号）	河の会	2009	61～85p.
508	「10年先の明るい社会福祉未来を」 『福祉のひろば』（2009年10月号）	大阪福祉事業財団	2009	6～7p.
509	「350万社会福祉労働者の団結を願う」 『中国四国社会福祉史学会会報』（第10号）	中国四国社会福祉史学会	2009	1～3p.
510	「岡山の社会福祉裁判を問う」 『中国四国社会福祉史学会会報』（第11号）	中国四国社会福祉史学会	2010	1～3p.
511	「岡山県社会事業史研究と守屋茂の周辺―その4―」 『中国四国社会福祉史研究』（第9号）	中国四国社会福祉史学会	2010	45～80p.
512	「福祉施設内虐待問題等は防止できるのか―その1―」 『福祉オンブズおかやま会報』（第41号）	福祉オンブズおかやま	2010	9～10p.
513	「福祉施設内虐待問題等は防止できるのか―その2―」 『福祉オンブズおかやま会報』（第42号）	福祉オンブズおかやま	2010	6～8p.
514	「新しい社会福祉実践への指針―その1―」 『東北介護福祉研究』（第13号）	東北介護福祉専門学校	2010	35～65p.
515	「福島の社会福祉発展に新しい光を」 『福島社会福祉研究』（最終号）	福島社会福祉研究会	2010	
516	「名誉会員の推挙に寄せて」 『日本社会福祉学会学会ニュース』（M57号）	日本社会福祉学会学会	2011	7p.
517	「岡山県社会事業史研究と守屋茂の周辺―その5―」 『中国四国社会福祉史研究』（第10号）	中国四国社会福祉史学会	2011	57～88p.
518	「福祉施設内虐待問題等は防止できるのか―その3―」 『福祉オンブズおかやま会報』（第43号）	福祉オンブズおかやま	2011	6～8p.
519	「新しい社会福祉実践への指針―その2―」 『東北介護福祉研究1』（第14号）	東北介護福祉専門学校	2011	42～66p.
520	「〈巻頭言〉草の根は生きている」 『草の根福祉』（第41号復刊記念号）	社会福祉研究センター	2011	1～2p.
521	「生命誕生から墓場まで「平和的生存権」保障―その1―」 『草の根福祉』（第41号復刊記念号）	社会福祉研究センター	2011	115～160p.
522	「岡山県社会事業史の一断面」 『東北社会福祉史研究』（第30号）	東北社会福祉史研究連絡会	2012	63～91p.
523	「混沌化する社会福祉学研究を問う」 『北信越社会福祉史研究』（第9号）	北信越社会福祉史研究学会	2012	35-59p.
524	「岡山県社会事業史研究と守屋茂の周辺―その6―」 『中国四国社会福祉史研究』（第11号）	中国四国社会福祉史学会	2012	63～86p.

No.	論文題名	発行所	年次	ページ
525	「〈巻頭言〉東日本大震災の現場に立つ」 『中国四国社会福祉史学会会報』（第13号）	中国四国社会福祉史学会	2012	1～4p.
526	「私の実践・研究を振り返って―母との約束「平和的生存権」を守れ―」 『社会福祉研究』（第114号）	鉄道弘済会	2012	75～82p.
527	「岡山県社会事業史研究と守屋茂の周辺―その7―」 『中国四国社会福祉史研究』（第12号）	中国四国社会福祉史学会	2013	23～39p.
528	「私の研究史(第1回)私の研究史断想」 『社会事業史研究』（第44号）	社会事業史学会	2013	187～198p.
529	「終の住処を朝日訴訟の地に」 『人間裁判』（NO7）		2013	29～31p.
530	「戦後社会福祉現代史を切り開く―その1―」 『東北社会福祉史研究』（第32号）	東北社会福祉史研究連絡会	2014	34～64p.

あとがき

　田代国次郎は最後の主著となる『続・社会福祉学とは何か―「平和的生存権」実現運動―』（本の泉社、2013年）のなかで「悪夢の日が来た。2013年7月21日、第23回参議院選挙の結果、「アベノミックス」を前面に掲げ、さらに憲法改正、原発政策などを主争点とした、保守右翼政党が大勝し、これからの国会を一極支配することになった。」と述べ、「戦争の出来る国」への転落を心配していたが、一年後の7月1日、その心配は現実のものとなり、阿部内閣は臨時閣議で、集団的自衛権の行使を認める閣議決定をし、「戦争の出来る国」となり、「平和的生存権」が将に瀕死の状態となりますます希望が持てない深刻な社会状況となっている。

　阿部政権は経済最優先、原発推進、ＴＰＰ参加、武器三原則を見直し（防衛装備移転三原則）、特定秘密保護法の公布、生活保護基準の切り下げ、年金支給額の引き下げ、さらには保育制度の改悪（子ども・子育て新システム）など、軍事及び産業優先、一方で社会福祉削減と、まさに新自由主義政策路線で暴走している。そうした中での集団的自衛権行使を認める閣議決定である。田代の言及する反戦、反権力、反新自由主義に基づく平和的生存権を実現する実践運動の重要性がますます高まってきている。

　本書の筆者らはこうした視点を基底に据えながら、「新潟県社会福祉史の総合的研究」をテーマに研究活動を行っている。

　各論文をまとめるための基本資料は、新潟県立図書館、新潟県立文書館、新潟県社会福祉協議会資料室、新潟県内の各市町村図書館、戦前からの新潟県内の社会福祉施設や団体、社会事業に関わった寺院、国立国会図書館、大阪府立中央図書館および日本社会事業大学図書館等で調査収集したが、いずれも限られた文献・資料に依拠しているため、満足のいくものではない。また、急きょ本書を出版することになり、遺漏の点も多いのではないかと心配している。誤認や、誤記と資料の補足につい

てご教示いただければ幸いである。

　最後になりましたが、本書の出版について快くお引き受けいただき、ご尽力下さいました本の泉社の比留川洋社長に厚く御礼申し上げるとともに、編集作業に当たられた社員の皆様方にも、御礼申し上げます。
　　　　　　　　　　　　　　　2014年11月
　　　　　　　　　　　　　　　　　　長野県上田にて、矢上克己

■故・田代 国次郎 先生 略歴

故・田代 国次郎 先 生 遺 影（吉田博行撮影）

1935年	栃木県生まれ
1961年	立正大学文学部社会学科卒業（文学士）
1963年	立正大学大学院文学研究科卒業（文学修士）
1975年	東北福祉大学教授
1982年	広島女子大学教授
1990年	福島大学行政社会学部教授
1993年	福島大学大学院教授
1999年	立正大学社会福祉学部教授
2000年	立正大学大学院社会福祉学研究科教授（研究科長）
2011年	日本社会福祉学会名誉会員
2014年	逝　去

役　職

1、東北ソーシャルワーカー協会理事
1、日本社会福祉学会理事
1、広島県医療社会事業協会会長
1、福島介護福祉専門学校顧問
1、日本介護福祉学会評議員
1、中国四国社会福祉史学会会長

■執筆者紹介（執筆順）

田代 国次郎　（日本社会福祉学会名誉会員）
橋本 理子　　（城西国際大学助教）
石坂 公俊　　（高崎健康福祉大学専任講師）
大塚 良一　　（東京成徳短期大学教授）
吉田 博行　　（埼玉県社会福祉事業団 花園主査）
畠中 耕　　　（神戸医療福祉大学准教授）
荻野 基行　　（東京福祉大学専任講師）
矢上 克己　　（清泉女学院短期大学教授）

新潟県社会福祉史の基礎的研究
―田代国次郎先生追悼論集―

編著●矢上 克己

2014年11月29日 初版第1刷発行

発行者●比留川洋
発行所●株式会社 本の泉社
　　　　〒113-0033
　　　　東京都文京区本郷2-25-6
　　　　TEL. 03-5800-8494
　　　　FAX. 03-5800-5353
　　　　mail：mail@honnoizumi.co.jp
　　　　www.honnoizumi.co.jp/

DTP ●㈱西崎印刷
印刷●音羽印刷株式会社
製本●株式会社村上製本所

落丁本、乱丁本は小社にてお取り替えいたします。
定価はカバーに記載されております。
本書の内容を無断で複写複製、転載することは、法律で定められた場合を
除き、著作権の侵害となります。

©2014/HONNOIZUMISHA INC.
Printed in Japan ISBN978-4-7807-1198-1